Boris Grundl
Diktatur der Gutmenschen

Boris Grundl

Diktatur der Gutmenschen

Was Sie sich nicht gefallen lassen dürfen,
wenn Sie etwas bewegen wollen

Econ

FSC
Mix
Produktgruppe aus vorbildlich
bewirtschafteten Wäldern und
Recyclingholz oder - fasern

Zert.-Nr. SGS-COC-003091
www.fsc.org
© 1996 Forest Stewardship Council

3. Auflage 2010

Econ ist ein Verlag
der Ullstein Buchverlage GmbH

ISBN 978-3-430-20041-7
© Ullstein Buchverlage GmbH, Berlin 2010
Alle Rechte vorbehalten
Gesetzt aus der Caslon 540
Satz: Pinkuin Satz und Datentechnik, Berlin
Druck und Bindung: Bercker, Kevelaer
Printed in Germany

Inhalt

Vorwort: Auftrag 9

1. Woran man die Gutmenschen erkennt 15
  1 Besserwisser: Die Müsser, die nie wollen 17
  2 Gerechtigkeitsfanatiker: Unerbittlich sozial 23
  3 Idealisten: Hilfreichtum und Gutgewissen 33
  4 Machtlose: Unrat unterm runden Tisch 40
  5 Helfersüchtige: Opfer für die guten Täter 50
  6 Revolutionäre: Diktatur und andere
     gute Absichten 63
  7 Kuschelchefs: Harmoniewall gegen Machtverfall . . 73
  8 Angsteltern: Wer schwache Kinder hat,
     ist nie allein 83
  9 Moralisten: Was sie wirklich wollen 94

2. Woran die Gesellschaft der Gutmenschen krankt . . . 105
  10 Harmoniesucht: Zoffen zu Hause –
      Kuscheln im Büro 107
  11 Kapitalismushass: Schule der
      Durchschnittsmacher 117
  12 Konsensstreben: Jasagergesellschaft mbH 126
  13 Statusbesessenheit: Symbole statt Leistung 135
  14 Schwächebedürfnis: Da menschelt es prächtig . . . 144
  15 Verantwortungsscheu: Die Suche nach dem
      Schuldigen 154
  16 Sensationsgier: Brot und Spiele 164

3. Was uns gesunden lässt: Menschenentwicklung 173
  17 Wirkung als Kompass 175
  18 Geistige Flexibilität 185
  19 Die Macht des Dienens 195
  20 Zugewinn durch Triebverzicht 204
  21 Anerkennung statt Neid 214
  22 Respekt für Verantwortungsträger 224
  23 Der Menschenentwickler 232
  24 Raum für Wachstum 241

Nachwort: Mehr Charakter wagen 253

Danksagung 263

*Für alle Menschen, denen die Entwicklung anderer am Herzen liegt.
Ihre Zeit wird kommen.*

Vorwort: Auftrag

Noch heute zeugen meine Bissspuren im Lenkrad von diesem denkwürdigen Termin. Immer wenn ich sie heute sehe, freue ich mich, dass ich es geschafft habe, die Wut von damals umzulenken und zu kanalisieren – in dieses Buch.

Was damals passierte, ist kurz erzählt: Die Personalabteilung eines Konzerns hatte mich in die Firma geholt. Einer ihrer Mitarbeiter hatte mich bei einem Vortrag gesehen und den anderen begeistert von unserer Führungs-Akademie erzählt. Es hatte ein Vorgespräch im Führungskreis des Unternehmens gegeben, und die Mitarbeiter hatten sich genau über die Arbeit der Akademie informiert: alles sehr professionell. Mein Job sollte es sein, die Führungsfähigkeiten der Führungskräfte zu verbessern. Also wurde ich eingeladen: zum Chef. Der sollte mich einkaufen.

Aufgrund der Vorgespräche mit den Mitarbeitern hatte ich mit einem offenen Gespräch gerechnet, in dem mir der Mann in ehrlichen Worten seine Lage schildern und klipp und klar sagen würde, was er von mir erwartet. Meine Aufgabe wäre es dann gewesen, seine Erwartungen mit einer intensiven ergebnisorientierten Arbeit zu erfüllen. Genau das ist mein Job – und meine Berufung. Immerhin würde er auch nicht wenig Geld in mich investieren.

Aber es lief alles anders: Der Herr Chef gewährt mir eine Audienz. Vor seiner versammelten Mannschaft. Eine Stunde lang ist erst einmal er an der Reihe. Er nutzt sein Büro als Bühne, seine leitenden Mitarbeiter und mich als Publikum. Und ich soll doch bitte staunen: So toll funktioniert bei ihm alles, so super hat er den Laden im Griff, dies und jenes sind die neuesten, doch sehr beeindruckenden Zahlen, diese und jene bedeutende Innovation im Führungszirkel wurde bereits umgesetzt, so phantastisch ist das Betriebsklima, so vertrauensvoll und achtsam gehen alle miteinander um, derart geschmiert läuft all das, wo er die Finger drin hat, so ethisch und moralisch einwandfrei, so klinisch sauber, so sozial und gerecht, ein wahrer Held, ein Zauberer, der alles, was er berührt, zu Gold macht.

Kunstpause.

Der beeindruckenden Wirkung seiner Worte bewusst, lehnt er sich nach vorne. Er stützt die Ellenbogen auf, spreizt die Finger und legt die manikürten Fingerspitzen seiner beiden Hände zärtlich zusammen. Dann der Blick mit hochgezogenen Augenbrauen durch die randlose Brille und die leise Frage: »Und? Was können Sie für mich tun?«

Irritiert durch seine Darstellung stelle ich erst einmal Fragen: Was würden Sie sich für die Zukunft des Unternehmens wünschen? Was genau soll anders, besser werden? Welchen Ansatzpunkt für eine Optimierung sehen Sie? Welche Verbesserungsvorschläge haben Ihre Mitarbeiter? Er antwortet, alles sei bestens, alles super, nein, nein, es ginge schon alles seinen Gang. Friede, Freude, Eierkuchen.

Seine Mitarbeiter sacken in ihren Stühlen zusammen. Keiner traut sich, ihm zu widersprechen. Ich werde unruhig und wundere mich, warum ich eigentlich eingeladen wurde. Das Gespräch wird immer merkwürdiger. Solange ich dem Chef meine Anerkennung und Bewunderung signalisiere, lässt er mich wohlwollend weiterreden. Sobald es in Richtung zukünftiger Veränderungen geht, reißt er das Gespräch sofort an sich. Dann höre ich ihn erneut fragen: »Und? Was können Sie *sonst* noch für mich tun?«

Jetzt war die Garzeit lang genug. Mittlerweile koche ich vor Wut. Der Dampfdruck ist kurz davor, mein Sicherheitsventil durch die Schädeldecke zu jagen. Was ich für ihn tun kann? Ihm bestätigen, wie toll er ist? Ihm in den Hintern kriechen, um an den Auftrag zu kommen? Aber ich beherrsche mich.

»Ich habe Ihnen genau zugehört. Sehr genau. Und ich habe verstanden: Für Sie kann ich nichts tun. Auf Wiedersehen.« Und raus bin ich. Den Brüller lasse ich erst in der Tiefgarage im Auto los – und beiße zu.

In den Tagen danach kreisten meine Gedanken permanent um dieses »Gespräch«. Warum nur war ich so aggressiv gewesen? Was hatte mich so wütend gemacht? War es das verlorene Geld? Ich glaube nicht, denn das Jahr war für unser Unternehmen auch ohne diesen Auftrag schon ein gigantischer Erfolg. Ich brauchte den Auftrag nicht. War es die unter der klebrigen Schicht aus Menschenfreundlichkeit nur mühsam verborgene Arroganz? Kaum. Mir war klar, wer so viel Energie in die Selbstdarstellung pumpt, der leidet unter einem schwachen Selbstwertgefühl.

Es war doch völlig offensichtlich: Der Mann wollte nichts verändern. Er wollte sich und seine Organisation nicht weiterentwickeln. Ihm ging es primär nicht um die Firma, nicht um die Mitarbeiter, nicht um die Kunden. Ihm ging es in erster Linie um sich selbst und die Rechtfertigung seines Daseins. Mich sah er als Bedrohung. Nicht als Chance. Aber warum? Schließlich ging es nicht um die Versäumnisse der Vergangenheit, sondern um Alternativen für die Zukunft. Die Antwort: Er wollte sich seine guten Gefühle erhalten und vor den anderen gut dastehen. Dazu benutzte er seinen Einfluss. Und er wollte ein Exempel statuieren. Er machte seinen Mitarbeitern unmissverständlich klar, wer hier was zu sagen hat. Sein Team würde es nie wieder wagen, an seiner Unfehlbarkeit zu zweifeln und irgendwelche Besserwisser einkaufen zu wollen.

Wenn ich überhaupt etwas für ihn tun könnte, dann Bestätigung. Ich sollte ihm bestätigen, wie toll er ist. Um seine Selbstgerechtigkeit zu zementieren. Dann wäre er vielleicht sogar bereit gewesen, einen dicken Haufen Geld auf den Tisch zu legen. Denn für die Befriedigung seiner eigenen Bedürfnisse – dafür hätte er sicher liebend gerne das Geld der Firma ausgegeben.

Seine eigentliche Absicht war leicht zu durchschauen. Und leider ist sein Verhalten kein Einzelfall. Solche Gespräche erlebe ich immer wieder. Mir ist es von Anfang an schwergefallen, Respekt vor Menschen mit solchen Motiven zu haben. Aber warum regte mich seine Inszenierung dann so auf? Was genau hatte mich auf hundertachtzig gebracht?

Tage später verstand ich es plötzlich: Was mich so maßlos ärgerte, war die Tatsache, dass seine Mitarbeiter genau kapiert hatten, was in ihrem Unternehmen besser laufen müsste. Sie hatten verstanden, dass ich ihnen helfen könnte, die Organisation aus dem Würgegriff der verordneten Harmoniesucht zu befreien. Um diese Mitarbeiter des Unternehmens ging es mir. Sie lagen mir am Herzen. Ich war enttäuscht, dass ich sie im Stich lassen musste, weil ich es einfach nicht fertigbrachte, diesem emotionalen Erpresser Honig ums Maul zu schmieren. Natürlich hatte der Chef Interesse an der Entwicklung seiner Mitarbeiter. Aber eben nur sekundär. Um als Menschenentwickler wirken zu dürfen, hätte ich mich zunächst mal selbst verraten müssen. Das war unmöglich. Ich wollte dem Unternehmen und seinen Mitarbeitern dienen. Sie vorwärtsbringen. Mit Herz und Verstand. Keine Eitelkeiten befriedigen.

Heute bin ich für dieses Erlebnis dankbar. Es hat meine Sinne geschärft. Mir ist klargeworden, wie massiv die angemaßte Macht der »Gutmenschen« ist. Und der Chef aus meiner Geschichte ist ein solcher Gutmensch. Das können ganz unterschiedliche Personen sein: Eltern, Lehrer, Politiker, Sozialarbeiter, Führungskräfte … Und doch gibt es etwas, das sie eint: Sie wollen vor anderen immer gut dastehen. Deswegen tun sie so, als würden sie sich für andere aufopfern und nichts für sich selbst tun. Aber das Gegenteil ist der Fall. Sie sind süchtig nach Status oder Anerkennung. Sie wollen geliebt oder gebraucht werden. Sie sind harmoniesüchtig und überdecken ihre unverarbeiteten Verletzungen mit einem Bild der Unverletzbarkeit und Stärke. Dabei sind sich die meisten von ihnen dessen gar nicht bewusst. Der Chef aus meiner Geschichte denkt wahrscheinlich sogar, er weiß, was gut für seine Mitarbeiter ist und was sie wirklich brauchen. Er glaubt, er muss sie vor sich selbst schützen, damit sie nicht in die falsche Richtung laufen. Diese respektlose Selbstüberhöhung bekommt er oft selbst gar nicht mit. Seine wahren Absichten zeigen sich jedoch am Ende durch seine Wirkung: Eine Weiterentwicklung der Mitarbeiter wird durch sein Verhalten nämlich unmöglich. Sie erstarren in einem Abhängigkeitsverhältnis, das sowohl ihr eigenes als auch das Wachstum der Firma hemmt.

Es mangelt Gutmenschen an Selbsterkenntnis. Erst ihre Ergebnisse entlarven ihre tatsächlichen Motive. Sie sprechen zwar von »hehren Absichten«, aber was sie tatsächlich antreibt und was die Folge ihres Handelns ist, das merken sie nicht oder wollen es nicht merken. Sie fordern »Weltfrieden«, lösen aber nicht einmal die Konflikte in der eigenen Familie oder in ihrem eigenen Team. Sie fordern Authentizität, aber ihre innere Zerrissenheit zwischen Schein und Sein lässt sie selbst emotional ausbrennen.

Das Gutmenschentum ist auf allen Ebenen unserer Gesellschaft verbreitet. Ich habe viele Gutmenschen kennengelernt. Und ich habe gemerkt, wie dick die süßliche Glasur von sozialer Gerechtigkeit und Moral ist, mit der sie unser Land überziehen und zur Erstarrung bringen. Wie furchtbar allgegenwärtig die Diktatur der Gutmenschen ist. Wie schwer ihre Macht zu brechen, ja wie unmenschlich sie ist, weil sie die wahre Größe des Menschen leugnet, die in seiner Entwicklungsfähigkeit liegt. Und als mir das alles klargeworden ist, habe ich beschlossen, dieses Buch zu schreiben.

Der Gegenpol zum Gutmenschen ist der Menschenentwickler. Er kennt die verborgenen, ich-zentrierten Motive des Gutmenschen sehr genau. Denn auch er war und ist immer mal wieder selbst Gutmensch. Doch es ist ihm gelungen, seinen eigenen Eitelkeiten ins Gesicht zu sehen und sie zu akzeptieren. Durch diese Akzeptanz konnte er sie auf eine höhere Ebene transformieren. Aus dem »Statussüchtigen« wurde ein »Wirkungsfan«. Er hat es gelernt, seine Wirkungen und Ergebnisse mehr zu lieben als den Status, den er für seine erreichten Ziele erhält. Aus dem »Abhängigmacher« wurde ein »Unabhängigmacher«. Er möchte nicht mehr der Einäugige unter den Blinden sein. Er hat verstanden, dass er selbst noch größer wird, wenn er Menschen zu Unabhängigkeit und Stärke führt.

Wir müssen die Entwicklung von Menschen in den Mittelpunkt unseres Handelns stellen. Denn für die Zukunft unseres Landes brauchen wir starke, selbstbewusste Menschen. Eine verantwortliche Politik, ein verantwortungsvoller Chef, eine verantwortungsvolle Lehrerin oder Mutter, sie alle müssen sich diesem Ziel verpflichten. Damit das passiert, habe ich das Buch geschrieben. Es geht nicht darum, ob alles, was ich behaupte, richtig ist. Es geht darum, eine Diskussion anzustoßen. Wie schaffen wir es, dass Menschen systematisch stark gemacht statt systematisch geschwächt werden?

Die beiden Pole Gutmensch und Menschenentwickler sind in jedem Menschen präsent. Die Herausforderung für jeden Einzelnen lautet daher: Den Gutmenschen in sich immer weiter zu reduzieren und immer mehr zum Menschentwickler zu werden. *Diktatur der Gutmenschen* ist ein Plädoyer für eine neue Form der Menschenentwicklung. Ein Wegweiser zu mehr Verantwortung, größerer Wirkung und besseren Ergebnissen.

Trossingen, im Sommer 2010
Boris Grundl

TEIL 1

Woran man die Gutmenschen erkennt

KAPITEL 1

Besserwisser: Die Müsser, die nie wollen

Die Aktion Mensch fragte in ihrem Internetforum einmal: »In was für einer Gesellschaft möchten Sie leben?« Die willkürlich herausgegriffene Antwort eines Nutzers lautete: »Wenn ich Bundeskanzler wäre, würde ich den besten Wissenschaftlern der Welt eine Milliarde Euro geben.« An einem solchen Satz erkennt man den Gutmenschen.

»Man müsste doch endlich mal« oder »Es wäre an der Zeit« oder »Ich würde am liebsten« oder »Wenn ich was zu sagen hätte«. Hinter solchen Formulierungen steckt die Absicht, andere in die Pflicht zu nehmen und dabei selbst schon für das bloße Aussprechen dessen, was ein anderer tun sollte, Applaus zu bekommen. Es fängt in dem genannten Beispiel damit an, dass die Aktion Mensch nicht fragt: »Was möchten Sie zu unserer Gesellschaft beitragen?« Nein, es genügt hier offenbar, Wünsche zu äußern. Wünsche *an andere*. Und woher will der Nutzer eigentlich die zusätzliche Milliarde Euro nehmen? Obwohl er scheinbar genau weiß, was man als Bundeskanzler tun sollte, hält er es nicht für nötig, darüber Auskunft zu geben.

Man erkennt die Gutmenschen daran, dass sich ihre Botschaften vorwiegend an andere richten und nicht an sie selbst. Eine Verpflichtung wie »Ich sorge dafür, dass ich mich bis zum Ende des Jahres in dieses Thema eingearbeitet habe, um dann eine begründete Entscheidung treffen zu können«, wird man aus ihrem Mund nicht hören. Mit einem solchen Satz übernimmt jemand Verantwortung für ein Ergebnis, auch wenn er in dem Augenblick seiner Aussage nicht als Held oder Problemlöser dastehen kann. Der Anstoß zu wirklich entscheidenden Entwicklungen geschieht oft im Verborgenen und nicht vor den Augen der Öffentlichkeit. Menschen mit Weitsicht wissen, dass sie nicht immer allen verraten können, was sie vorhaben. Aber sie präsentieren ihre Ergebnisse, sobald sie welche vorweisen können, und lassen sich an ihnen messen.

Durchhaltevermögen

Nelson Mandela verbrachte als Vorsitzender der einst verbotenen südafrikanischen Oppositionspartei Afrikanischer Nationalkongress (ANC) siebenundzwanzig Jahre seines Lebens im Gefängnis. Nach seiner Entlassung wurde er Staatspräsident und erhielt bald darauf den Friedensnobelpreis. Er schaffte es, nach der Abschaffung der Apartheid den inneren Frieden des Landes zu wahren und einen Bürgerkrieg zu verhindern, mit dem die meisten politischen Beobachter gerechnet hatten. *Das* sind Ergebnisse!

Mandela machte aus seiner Gefängniszelle nicht permanent Ankündigungen, was er alles tun würde, wenn er Staatspräsident wäre. Er beklagte sich nicht ständig, dass ihn niemand ließe. Er sagte auch den ausländischen Regierungen nicht dauernd, wie diese sich gegenüber der Apartheid-Regierung Südafrikas verhalten müssten. Er konnte einfach warten, bis seine Zeit kommen würde. Und sie kam.

Er konnte einfach warten.

Lech Wałęsa und die Kämpfer der Gewerkschaft Solidarność im kommunistischen Polen des Jahres 1980 übernahmen Verantwortung für die Zukunft ihres Landes. Sie schlossen sich zusammen, trotzten der kommunistischen Diktatur und erkämpften Freiheit. Sie taten das ohne vorherige Ankündigungen, als die Zeit reif und die Gelegenheit günstig war.

Michail Gorbatschow hatte so lange geschwiegen, bis er an die Macht kam. Er absolvierte eine ganz unauffällige Parteikarriere, bis er irgendwann Staats- und Parteichef wurde. Erst dann sprach er von »Glasnost« und »Perestroika«. Von ihm lässt sich lernen: Wenn du wirklich was verändern willst, bring dich in eine Position, in der du etwas ändern kannst – und vorher halte die Klappe!

Und vorher halte die Klappe!

Die Gutmenschen sind anders als Nelson Mandela, Lech Wałęsa oder Michail Gorbatschow. Sie haben die Geduld eines Heroinabhängigen und sind schweigsam wie ein Flipperautomat. Wenn wir vor dem Fernseher sitzen, bekommen wir fast nur noch Gutmenschen zu sehen, die unfähig sind, den Mund zu halten. Die Kameras richten sich auf den, der schreit. Sendezeit bekommt, wer am lautesten krakeelt. Krawall bringt Quote, keinen Inhalt. Die Landesanstalt für Medien des Landes Nordrhein-Westfalen schrieb deshalb im Jahr 2009 sogar ein Forschungsprojekt mit dem Titel »Skandalisierung als Quotenbringer« aus. Im Fernsehen werde zunehmend »eine Skandalisierung bewusst angestrebt, … um die gewünschte öffentliche Aufmerksamkeit zu erzielen«, stellten die Medienwissenschaftler fest. Und tatsächlich: Wann zeigt das Fernsehen beispielsweise einmal Gewerkschafter, die in ihrem Betrieb viel für die Mitarbeiter erreicht haben, in Zusammenarbeit mit der Unternehmensleitung und eben ohne Krawall gemacht zu haben? Es gibt sie, ich kenne einige von ihnen sogar persönlich, aber sie dienen der Sache mehr als ihrer Eitelkeit.

Leute wie diese stillen Gewerkschafter stellen die Ergebnisse an die erste Stelle und nicht den eigenen Auftritt. Deshalb kommt das Fernsehen nicht zu ihnen. Positive Ergebnisse sind in den Medien schwierig zu verkaufen. Das Fernsehen liebt dagegen Bilder wie diese: Während der Aktionärsversammlung des weltgrößten Stahlherstellers ArcelorMittal am 12. Mai 2009 in Luxemburg versuchten Stahlarbeiter, die Zentrale des angeschlagenen Unternehmens zu stürmen. Dabei wurden Polizisten mit Pflastersteinen, Schrauben, Glaskugeln, Eisenstangen und Rauchbomben beworfen. Zu

Hilfe gerufene Spezialeinheiten der Polizei setzten Pfefferspray und Plastikgeschosse ein, um die Demonstranten zurückzudrängen. Mit dieser Straßenschlacht wurde nichts zur Lösung der Absatzkrise des Stahlunternehmens beigetragen, so viel ist klar. Aber ließen sich Arbeiter auch dann zu solchen Krawallen hinreißen, wenn sie anschließend einfach verhaftet und in den Zeitungen maximal mit einer Randnotiz erwähnt würden?

Protestmarschbefehl

Wer immer weiß, wie die Dinge sein sollten, aber nicht sieht, wie sie tatsächlich sind, sucht nicht nach praktikablen Lösungsmöglichkeiten, sondern nach unrealisierbaren Idealen. Auf diese Weise braucht er nicht zu handeln und muss auch keine Verantwortung übernehmen. Lösungen zu fordern ist immer einfacher, als Lösungen vorzuschlagen, und erst recht einfacher, als Lösungen umzusetzen. Indem man die anderen kritisiert, nimmt man sich selbst aus der Schusslinie. Und »die da oben« zu kritisieren ist besonders einfach. Menschen werfen anderen typischerweise genau das vor, was sie bei sich selbst am dringendsten ändern müssten. Das ist das »Spiegel-Prinzip«. Millionen zerrissen sich die Mäuler über den Top-Manager Klaus Zumwinkel, der wegen Geldanlagen in einer speziellen liechtensteinischen Stiftung als Steuersünder vor Gericht gebracht wurde. Dieselben Leute denken sich allerdings nichts dabei, ihre Putzfrau schwarz für sie arbeiten zu lassen. Dieselben Leute schmuggeln im Kofferraum ein paar Stangen Zigaretten aus Polen am Zoll vorbei. Und dieselben Leute haben schon lange keine Handwerker-Rechnung mit Mehrwertsteuer mehr gesehen. Bevor man Menschen pauschal verurteilt, sollte man erst mal im eigenen Leben Inventur machen.

Man erkennt die Gutmenschen daran, dass sie laut schreien, wenn es um andere geht, und verstummen, wenn es um sie selbst geht. Ihre innere Schwäche und ihren mangelnden Mut, selbst etwas zu verändern, kompensieren sie, indem sie Horrorszenarien entwerfen und andere auffordern, diese Probleme zu lösen. Erst Waldsterben, dann Atomtod, dann Rinderwahn, dann Überalterung, dann Islamisierung, dann Kinderarmut, dann Schweinegrippe, dann der Crash der gesamten Wirtschaft – was bleibt am Ende von all diesen Untergangsvisionen? Die Gutmenschen ziehen weiter zum nächsten Problem, das sie beklagen, aber nicht lösen wollen. Aufmerksamkeit ist garantiert. Weltuntergangsvisionen ziehen immer. Je drastischer, desto besser. Und so gründen sie die nächste Bürgerinitiative, organisieren den nächsten Protest, schreiben den nächsten Leserbrief oder die nächste Rede. Bloß ändern wollen sie in Wahrheit nichts. Am allerwenigsten sich selbst. Schade, denn einige dieser Themen sind wirklich wichtig. Aber wir brauchen zu ihrer Lösung mehr Problembeseitiger und weniger Problemmelder.

> Erst Waldsterben, dann Atomtod, dann Rinderwahn, dann Überalterung.

Wer wissen will, ob er es mit einem Gutmenschen zu tun hat, nehme ihn deshalb einfach in die Pflicht. Er verlange von denjenigen, die am lautesten schreien, dass sie auch den ersten Schritt tun. Sie sollen das, was sie fordern, selbst anpacken. In jedem funktionierenden Unternehmen ist so etwas eine Selbstverständlichkeit. Wer in einem Projektteam sagt: »Man müsste mal den aktuellen Stand analysieren«, bekommt genau das als Aufgabe. Und wird demnächst daran gemessen werden, was seine Analyse gebracht hat. Wer Kritik übt, sollte außerdem immer zwei Lösungsvorschläge mit seiner Kritik liefern. Die Gutmenschen werden das nicht für nötig halten. Die, die ernsthaft an einer Lösung interessiert sind, werden dagegen versuchen, dieser Aufforderung nachzukommen.

Wer zur Umsetzung verpflichtet ist, überlegt sich genau,

was er verlangt. Niemand kann anderen geben, was er nicht selbst in sich entwickelt hat. Niemand kann andere etwas lehren, wenn er auf diesem Gebiet nicht selbst schon eine gewisse Erfahrung gesammelt hat. Man sollte können, was man lehrt. Nicht kennen, sondern können. Wer beispielsweise ein Führungsteam trainieren will, muss selbstverständlich anerkannter und erfolgreicher Führungsexperte sein. Wobei sein Erfolg in diesem Fall der Erfolg seiner Kunden ist. Es geht also um vorzeigbare Ergebnisse, nicht um theoretische Modelle oder bloße Aufforderungen. Die Gutmenschen glauben, sie könnten überall einen Beitrag leisten, auch wenn sie von den Bereichen kaum eine Ahnung haben. Doch das zeugt von Größenwahn. Am Ende erreichen diejenigen, die überall mitmischen wollen, überhaupt nichts.

KAPITEL 2

Gerechtigkeitsfanatiker: Unerbittlich sozial

Auf der einen Seite sind die Berliner Philharmoniker ein waschechtes Kollektiv. Das Orchester verwaltet sich selbst. Neue Mitglieder müssen nach einer Probezeit einstimmig gewählt werden. In dem Dokumentarfilm *Trip to Asia*, der die Berliner Philharmoniker auf einer Asientournee zeigt, wird deutlich, wie hart diese Probezeit ist. Selbst der jeweilige Chefdirigent wird vom Kollektiv bestimmt. Die Musiker treten außerdem in einheitlicher Kleidung auf und werden im Wesentlichen vom Staat bezahlt.

Auf der anderen Seite hat nur derjenige eine Chance auf Aufnahme bei den Berliner Philharmonikern, der als Musiker bereits eine Persönlichkeit ist. Nur wer sein Instrument perfekt beherrscht und dafür jahrelang täglich viele Stunden geübt hat, bekommt eine Chance. Auch musste sich jeder Musiker irgendwann in eigener Verantwortung für »sein« Instrument entscheiden. Wer dann noch herausragende Leistungen bringt, dem gestattet das Orchesterkollektiv nebenher eine Solokarriere, wie sie etwa Oboist Albrecht Meyer gemacht hat. Mit seinen Plattenverträgen verdient Meyer glänzend, und er braucht diesen Erfolg nicht mit dem Orchester zu teilen, das ihm die Plattform dazu geboten hat.

Vieles spricht dafür, dass es gerade diese einzigartige Verbindung aus höchstem Gemeinschaftssinn und ausgeprägter Individualität ist, die die Berliner Philharmoniker zum vielleicht besten Orchester der Welt macht. Die Gutmenschen stören sich jedoch an diesem Erfolg. Oder genauer gesagt: Es stört sie, dass sich die Musiker durch ihren Erfolg von der Masse absetzen. In den letzten Jahren »haben die Berliner

Philharmoniker ein Problem mit dem Begriff Elite«, schreibt der *Tagesspiegel*. Kein Wunder: Wen die Gutmenschen als »elitär« abstempeln, der bekommt ein Imageproblem und kann seinen Erfolg nicht mehr recht auskosten. Eine Gesellschaft, die Spitzenleistungen hervorbringt, wollen die Gutmenschen gar nicht. Denn dann fiele ja ihre eigene Entwicklungsverweigerung auf. Doch wo sich keiner weiterentwickeln, keiner experimentieren, keiner auffallen soll, da ist der Stillstand vorprogrammiert.

> Wen die Gutmenschen als »elitär« abstempeln, der bekommt ein Imageproblem.

Der Sozialismus will uns glauben machen, wir müssten unsere Individualität weitgehend aufgeben, um in intakten Gemeinschaften zu leben. Der Liberalismus will uns weismachen, die Gemeinschaft sei dem Einzelnen ständig im Weg. Solche »Ismen« sind geistige Extreme, die uns daran hindern, gründlich genug nachzudenken. Denn wer nachdenkt, wird feststellen, dass sich Gemeinschaft und Individualität überhaupt nicht widersprechen. Mehr noch: dass Spitzenleistungen gerade in der perfekten Balance von Kollektiv und Individuum entstehen.

Menschen, die mit ihren Spitzenleistungen dem Mittelmaß entronnen sind, sollten sich gegen die Gutmenschen wehren, die eben dieses Mittelmaß als »soziale Gerechtigkeit« verbrämen. Die Gutmenschen wollen den Status quo erhalten, um von ihrem eigenen Stillstand abzulenken. Sie stellen sich als Beschützer vor andere. Aber es geht ihnen gar nicht um deren Schutz, sondern darum, dass möglichst viele es ihnen in ihrer Untätigkeit und ihrem mangelnden Ehrgeiz gleichtun.

Weil die Gutmenschen sich selbst nicht weiterentwickeln wollen und die Lösung aller Probleme von anderen erwarten, richtet sich ihr Blick hauptsächlich auf das Soziale. Indem sie die Gesellschaft und nicht den Einzelnen in der Pflicht sehen, lenken sie von sich selbst ab. Dadurch verpassen sie aber jene Balance zwischen Individualität und Gemeinsinn, bei der sich das Potential der Menschen erst richtig entfaltet.

Ungerechtigkeitsapostel

Wenn jemand zwei Kinder hat und diese vollkommen gleich behandelt, was wird dann passieren? Die Kinder werden sich als Erwachsene bei ihren Eltern beschweren, dass sie ungerecht behandelt wurden.

Auch Chefs gehen mit ihren Mitarbeitern oft falsch um, gerade weil sie sie auf gleiche Weise behandeln, als Coach erlebe ich das immer wieder. Menschen gleich zu behandeln zeugt von der mangelnden Bereitschaft, sich mit ihnen auseinanderzusetzen – eine emotionale Schwäche und ein Mangel an geistiger Flexibilität. Gerecht zu sein bedeutet nämlich, Unterschiede zu machen, um jedem Einzelnen gerecht zu werden. Unterschiedliche Menschen haben ein Recht auf unterschiedliche Behandlung. Menschen »gleich« zu behandeln heißt deshalb eigentlich, sie »gleichermaßen gut«, also ihrer Natur und ihrem Wesen gemäß, zu behandeln.

Die Gutmenschen würden am liebsten für jedes Orchestermitglied das gleiche Instrument kaufen. Sie würden dafür sorgen, dass diejenigen Musiker, die nicht aus der Oberschicht stammen, in den vorderen Reihen sitzen dürfen. Im Ergebnis würde zwar kaum hörenswerte Musik erklingen, aber sie hätten das Gefühl, sich für Gerechtigkeit eingesetzt zu haben.

> Sie würden am liebsten für jedes Orchestermitglied das gleiche Instrument kaufen.

Führungskräfte in Wirtschaft, Politik und Bildungswesen müssen anfangen, sich dem Konformitätsdruck zu entziehen, auch wenn es Überwindung kostet. Sie müssen sich die Berechtigung geben, Menschen ungleich zu behandeln. Damit es gerechter zugeht.

Dabei hilft ein differenzierendes Menschenbild. Denn natürlich sind alle Menschen gleich in ihren Grundbedürfnissen, beispielsweise nach Nahrung, Wärme, Sicherheit, Zuwendung, Beachtung und Anerkennung. Aber sie sind unterschiedlich dort, wo sie in ihrer Persönlichkeit unterschiedlich entwickelt sind. Je höher die persönliche Entwicklungsstufe, desto mehr treten die Unterschiede zutage. Wer diese Unterschiede beseitigen will, sollte offen sagen, dass er generell keine Entwicklung des Menschen will.

Ungerechtigkeitsdetektoren und Haare-in-der-Suppe-Findern fällt es schwer, in mittelfristigen Entwicklungen zu denken. Sie wollen keine mittelfristigen Chancen erkennen, wo sich die Dinge kurzfristig verschlechtern. Wenn im Fußball ein Stürmer den Verein wechselt, wird – vor allem von den Fans – nur allzu gern die Opferschublade aufgemacht. Dann heißt es, der Trainer habe den Spieler »auf der Bank schmoren lassen« und ihm »keine Chance mehr gegeben«. Dass der Spieler sich auch einfach weiterentwickelt haben könnte und nicht mehr in die Mannschaft hineinpasst oder dass er sich langsamer entwickelt hat als der Rest der Mannschaft, wird meistens nicht gesehen. Es kann auch sein, dass zwischen Trainer und Spieler die Chemie einfach nicht stimmt. Manchmal passen Menschen eben nicht zusammen. Das kommt vor und ist menschlich. Dafür braucht es keine Ungerechtigkeitsursachenforschung. Das nennt man »Leben«. So oder so: Die Fans sollten ihn ziehen lassen und ihn nicht an sein altes Leben fesseln wollen.

Okay, bei hochbezahlten Fußballprofis fällt diese Einsicht relativ leicht. Um diese Villenbesitzer und Sportwagenfahrer macht sich keiner wirklich Sorgen. Doch wehe, irgendwo sollen ganz normale Mitarbeiter entlassen werden. Dann wogt eine Welle der Empörung, ganz egal, was die Gründe für die Entlassungen sind. Und wer nimmt seine Anklage zurück, wenn es den meisten Entlassenen fünf Jahre später besser gehen sollte als zuvor? Unternehmer und Manager, die Mitarbeitern kündigen, sind in den Augen der Gutmenschen »unsozial«. Da wird nicht weiter gefragt und nicht lange differenziert.

Quelle war ein Unternehmen aus dem fränkischen Fürth, das Veränderungen der Konsumgewohnheiten seiner Kunden über viele Jahre verschlafen hatte. Deshalb ging die Firma pleite. Nachdem die Werkstore geschlossen wurden, brachte das Stadttheater Fürth ehemalige Mitarbeiter von Quelle auf die Bühne. Auf der Homepage des Theaters hieß es dazu:

> Tausende Menschen der Firma Quelle verlieren ihren Arbeitsplatz. Viele von ihnen sind seit Jahrzehnten im Betrieb beschäftigt. Unzählige Familien, von denen beide Elternteile für Quelle arbeiteten, verlieren ihre Existenzgrundlage, mehr als hundert Jugendliche ihren Ausbildungsplatz. Das Stadttheater Fürth widmet allen entlassenen Mitarbeitern der Firma Quelle einen Abend und möchte ihnen im Stadttheater Fürth ein Forum schaffen, um ihnen die Möglichkeit zu geben, ihre Erinnerungen an die Arbeit in der Firma, ihre Emotionen in Bezug auf die abrupte Kündigung, ihre Wut auf das Geschehene, aber auch ihre Hoffnungen für die Zukunft mit dem Publikum zu teilen.

Ja, es schmerzt, wenn jemand nach Jahrzehnten in einer Firma – »seiner« Firma – entlassen wird. Es tut verdammt weh, wenn eine Packerin oder ein Gabelstapler-Fahrer, die auf die Unternehmenspolitik keinen Einfluss hatten, plötzlich auf der Straße stehen. Doch was bitte bezwecken die Gutmenschen damit, dass sie aus dem Schmerz der Entlassenen eine Bühnenshow machen? Was bringt es den entlassenen Arbeitnehmern, wenn sie in ihrem Leid ausgestellt werden wie Tiere im Zoo? Ein solches Theater versteht nur, wer weiß, dass es den Gutmenschen gar nicht darum geht, Menschen in einer Krise zum nächsten Entwicklungsschritt zu verhelfen.

Ginge es den Gutmenschen um Hilfe, würden sie den Entlassenen in ihrer schweren Zeit Mut machen und ihnen in ihrem Schmerz Kraft geben. Dabei hilft keine Bühne, sondern persönliche Zuwendung. Ein offenes Ohr, ein gutes Gespräch, ausreichend Zeit, Ermutigung für die Zukunft. Irgendwann, wenn die Emotionen abflauen, könnten sie ihnen zeigen, dass jeder harte Einschnitt auch eine Chance ist. Dass kurzfristiger Schmerz nicht mittelfristiges Unglück bedeuten muss. Dann ginge es um neue Ziele. Sie würden den Menschen Mut machen, weil sie wüssten, dass niemand sicher sein kann, ob das Verlorene wirklich besser als das noch Kommende ist. Denn das Leben ist zwar voller Gefahren und Schmerz, aber auch voller Chancen und Glück.

Sozialhilfeschrei

Das Adjektiv »sozial« ist so etwas wie das heilige Wort der Deutschen. Das sage nicht ich, sondern das behauptet der in Deutschland lebende amerikanische Autor Eric T. Hansen in seinem satirischen Buch *Planet Germany*. Für ihn ist das in Deutschland beliebte Adjektiv »sozial« das Gegenstück zu dem in den USA bevorzugten Adjektiv »erfolgreich«. Wenn bei den Amis irgendetwas »erfolgreich« ist, dann rechtfertigt es sich von selbst. Denn was nichts taugt, wäre ja nicht »erfolgreich« – sondern im Wettbewerb mit dem Besseren auf der Strecke geblieben. Analog dazu ist in Deutschland alles, was als »sozial« gilt oder gar als »sozial gerecht«, dem Superlativ von »sozial«, nicht mehr anfechtbar.

Es war kurz nach der deutschen Wiedervereinigung, da sagte der Politiker Wolfgang Thierse in einem Radiointerview, er wünsche sich »ein bisschen, ein bisschen mehr soziale Gerechtigkeit in diesem Land«. Worin die Ungerechtigkeit bestand, damals, in den Zeiten der vollen Kassen in Bonn und der Milliarden-Euro-Aufbauhilfen für die Ex-DDR, sagte er nicht. Ich behaupte: Je mehr jemand von Ungerechtigkeiten spricht, desto weniger Vertrauen hat er in sich und in andere. Er traut sich und anderen kein eigenverantwortliches Handeln zu. Wer überall Ungerechtigkeit sieht, will darauf hinaus, dass der Einzelne nichts ändern kann, nur das Kollektiv. Und schon entsteht ein Menschenbild der Schwäche, das alle und jeden in die Opferrolle drängt.

> Schon entsteht ein Menschenbild der Schwäche.

In Wirklichkeit geht es darum, dass jeder die Chance bekommt, sich zu entwickeln, um in der Gesellschaft seinen Platz zu finden. Das ist gerecht! Das ist sogar sozial gerecht! Dazu müssen wir aber dem Einzelnen etwas zutrauen. Stärke und Entwicklungspotential zum Beispiel. Und wir müssen ihm etwas zumuten. Rückschläge und Durststrecken zum Beispiel. Wer das tut, ist kein Unmensch, sondern zeigt ganz im Gegenteil, dass er an die Stärke des Menschen glaubt.

Welchen Mentalitätsunterschied es zwischen Amerikanern und Deutschen gibt, zeigt laut Eric T. Hansen besonders gut das Ergebnis einer Umfrage. Bei dieser wollte man von Amerikanern und Deutschen wissen, ob Erfolg im Leben ihrer Meinung nach durch Umstände bestimmt wird, »die außerhalb unserer Kontrolle liegen«. Während 32 Prozent der Amerikaner dieser Ansicht sind, sind es in Deutschland 68 Prozent – also mehr als zwei Drittel. »Ich wette, hätte man diese Umfrage unter Leibeigenen im Mittelalter gemacht, wäre der Prozentsatz ähnlich«, äußert sich Eric T. Hansen dazu. Er ist übrigens Historiker und Mittelalterexperte.

Hansen schiebt noch ein schönes Beispiel für unser deutsches Gerechtigkeitsempfinden nach: Vor einigen Jahren gab es eine Initiative deutscher Musiker und Produzenten, die an den Bundestag mit der Bitte herantrat, in den Radiosendern eine Quote für in Deutschland produzierte Musik gesetzlich festzuschreiben. Sie fanden es einfach total ungerecht, dass im Radio ständig Madonna oder Robbie Williams lief und die deutschen Produktionen so benachteiligt wurden. Tatsächlich mahnte die Politik die Sender daraufhin zu einer »Selbstverpflichtung«, nach der mehr in Deutschland produzierte Musik gespielt werden sollte. Als ob das wirklich etwas ändern würde. Deutschsprachige Musik ist eindeutig auf dem Vormarsch, aber das liegt an der Qualität der Musiker, die sich im Wettbewerb durchgesetzt haben, und nicht an den politischen Appellen.

Ein Witz, der die Folgen dieser gutgemeinten deutschen Regulierungswut beschreibt, kommt ebenfalls aus den USA: Was passiert in Deutschland, wenn etwas in Bewegung kommt? Durch Vorschriften und Reglementierungen wird der Schwung herausgenommen. Sollte sich dann immer noch etwas bewegen, wird ein Gesetz erlassen, damit es endlich ganz zum Stillstand kommt.

Schwerkraftverweigerung

Man erkennt die Gutmenschen an ihrer aufgestauten Wut. Sie sind innerlich wie Kinder, die ständig mit dem Fuß aufstampfen, weil es nicht nach ihrer Nase geht. Dahinter steckt ein aufgeblähtes Ego. Ihr Verhalten entlarvt ihre maßlosen Ansprüche an das Leben. Die Gutmenschen sehen deshalb so viel Ungerechtigkeit, weil sie wütend darüber sind, dass die Welt nicht nach ihren Regeln spielt. Sie können nicht akzeptieren, dass die Welt schon lange vor ihnen da war, dass es bereits Regeln und Gesetze gibt und eine Geschichte, die von Menschen vor ihnen gestaltet wurde. Sie sind nicht Gott und können nicht von vorn anfangen, um die vollkommene Welt zu erschaffen. Und genau dafür verachten sie die Welt und die Menschen, die vor ihnen da waren und anders entschieden haben. Welche Selbstüberhöhung!

Sollen wir über die beste aller Welten sprechen? Gerne. Auch ich finde die Schwerkraft saublöd. Auch mir wäre es lieber, Menschen könnten fliegen. Aber ich kann akzeptieren, dass es die Schwerkraft gibt. Und ich halte es für klug, haltzumachen, bevor eine Klippe kommt. Statt sich darüber zu beklagen, wie gefährlich und unmenschlich so ein Abgrund doch ist. Es gibt so etwas wie Demut vor der Welt, wie sie nun einmal ist. Eine Achtung vor Menschen, wie sie nun einmal sind. Wir haben nur diese Welt und diese Menschen, andere bekommen wir nicht. Wir können trotzdem etwas aus uns und aus der Welt machen. Ja, es gibt Erdbeben, Tsunamis und Vulkanausbrüche! Ja, Unternehmer wollen den maximalen Gewinn! Ja, Mitarbeiter klauen manchmal Stifte und Kopierpapier in ihrer Firma! So sind die Menschen. Und so ist die Welt. Heißt das, dass wir davor kapitulieren sollen? Natürlich nicht. Es heißt, dass wir mit einem gesunden Menschenverstand und Realitätssinn einen klareren Blick für wirkungsvollere Verbesserungsansätze entwickeln.

Sollen wir über die beste aller Welten sprechen? Gerne.

Manchmal kommen Zuhörer nach meinen Vorträgen zu mir und sagen: »Herr Grundl, Sie haben doch ein Leben genau so, wie Sie es wollen.« Ich weiß dann nicht, ob ich lachen oder weinen soll. Ich soll ein Leben ganz nach meinen Wünschen haben? Tatsache ist, dass ich mir im Rahmen der Realitäten, die ich akzeptieren muss, einen Raum geschaffen habe, in dem ich sein kann. Und ich behaupte: Das kann jeder Mensch, egal wie die Realitäten aussehen, mit denen er sich abfinden muss. Ein Beispiel geht mir in dieser Hinsicht nie aus dem Kopf: Der Psychiater und Philosoph Viktor E. Frankl schuf sich seinen »inneren Raum« sogar im nationalsozialistischen Konzentrationslager. Er überlebte und schrieb darüber später in seinem Buch ... *trotzdem ja zum Leben sagen*. Das Ausmaß an Stärke, das Viktor Frankl besessen hat, um selbst im KZ eine Form von innerer Freiheit zu bewahren, besitze ich wahrscheinlich nicht. Aber Frankl zeigt, wozu Menschen fähig sind, wenn sie sich der Realität stellen und das Beste daraus machen.

Menschen sind zu echter Freiheit in der Lage. Aber dafür müssen sie aufhören, eine bessere und gerechtere Welt von äußeren Umständen abhängig zu machen, und sich mit der Welt und den Menschen versöhnen, die nun einmal da sind. Dann entwickeln sie innere, emotionale Stärke und verlieren die Systemgläubigkeit, die sie entmachtet.

»Das perfekte Orchester gibt es nicht. Aber solange es das perfekte Orchester nicht gibt, sehe ich nicht ein, warum ich mit meinem Instrument jeden Tag üben soll. Das bringt doch nichts. Soll doch einer erst das beste Orchester aller Zeiten schaffen. Dann überlege ich mir, ob ich mitmache.« – Was würde aus einem hochbegabten Musiker werden, der so denkt? Solange wir immer auf das gerechtere oder bessere System warten, werden wir keinen Schritt vorankommen.

KAPITEL 3

Idealisten: Hilfreichtum und Gutgewissen

Wladimir Iljitsch Lenin verkündete das Ideal des Kommunismus und fuhr ausschließlich Autos der elitärsten Marke der Welt: Rolls-Royce. Da man mit der Luxuskarosse im sibirischen Winter schlecht vorankam, ließ Lenin sich als Spezialanfertigung einen Rolls-Royce bauen, der anstelle von Hinterrädern Ketten wie ein Panzer hatte.

Auch Lenins späterer Nachfolger Leonid Breschnew war ein Fan der Marke mit der Emily auf dem Kühler. Im Jahr 1980 endete eine der heimlichen Ausfahrten des sowjetischen Staats- und Parteichefs vor der Kreml-Mauer. Ob Breschnew auch ein Fan von Wodka war? Sein Rolls-Royce Silver Shadow steht heute mit Blechschaden im Automuseum der lettischen Hauptstadt Riga. Am Steuer eine Wachspuppe von Breschnew. Die Balten haben eindeutig Sinn für Humor. Und von den einstigen kommunistischen Idealen ihrer langjährigen Unterdrücker vorerst genug. Was vom Ideal Lenins und Breschnews übriggeblieben ist, lässt sich im heutigen Russland beobachten: In der Wirtschaft bestimmen die Oligarchen, und Moskau gilt als teuerste Stadt der Welt, in der sich Normalbürger nur noch wenig leisten können.

Ideallinienscheiterer

Die Gutmenschen brauchen Ideale, weil die Realität anstrengend ist. Sie brauchen sie so sehr, dass sie auch Menschen gern zum Ideal verklären. Jedenfalls sobald sie tot sind. Karl Marx war ein genialer Philosoph und Zeitkritiker, das ist gar keine Frage. Gleichzeitig war er auch nur ein Mensch, der wie fast alle Idealisten an seinen hehren Ideen persönlich scheiterte. Wie er selbst zum Beispiel mit Schwachen und Abhängigen umging, zeigte sich in der Schwangerschaft diverser Hausmädchen, die ihm gefügig zu sein hatten. So sind Menschen. Sie taugen einfach nicht als Ideal, weder in ihren Worten noch in ihren Taten. Marx hat etwas angestoßen, eine Entwicklung in Gang gebracht, ein Umdenken bewirkt. Darin liegt seine eigentliche Leistung. Es gab deshalb aber nie einen Grund, seinen Körper in Bronze zu gießen und auf einen Sockel zu stellen.

Es gab nie einen Grund, seinen Körper in Bronze zu gießen.

Nun ist es egal, ob die Gutmenschen ihre Ideale von Marx oder Goethe, von Jesus oder Buddha, von Platon oder Kant, von Billy Graham oder dem Dalai Lama beziehen – immer wird ein Ideal als absolut gültig hingestellt. Es geht dann um die »richtige« Politik, den »wahren« Glauben, die »Leit«-Kultur – und schon bald werfen die Gutmenschen anderen vor, diesem Ideal nicht zu entsprechen. Bloß: Diese anderen hatten das vielleicht auch nie vor. Die Geschichte lehrt uns übrigens: Die Anhänger einer Lehre sind meist totalitärer als der Erfinder selbst.

Es ist ganz simpel: Alle Verkünder großer Ideen scheitern. Aber die wirklich Großen, Menschen wie Jesus von Nazareth oder Siddhartha Gautama Buddha – oder auch Menschen wie Viktor Frankl –, nehmen den Schmerz ihre Scheiterns an. Sie erkennen, dass ihre Pläne, etwa andere Menschen zu tiefer Selbsterkenntnis und wahrer Freiheit zu führen, immer größer bleiben werden als das, was sie am Ende wirklich erreichen. Sie finden sich damit ab und kommen zu innerem Frieden.

Die Gutmenschen kommen dagegen nie zu innerem Frieden. Sie halten ihr Scheitern nicht aus und werfen deshalb anderen deren Scheitern vor. Sie wollen an die Macht und werfen anderen Machtmissbrauch vor. Sie verkünden Frieden und liegen mit allen im Streit. Überhaupt fallen sie dadurch auf, dass sie sich permanent mit den anderen beschäftigen und kaum mit sich selbst. Es springt ihnen andauernd das ins Auge, was am anderen nicht stimmt. Und dann rufen sie: »Du musst dich ändern!«

Spiegelblickverweigerung

Im Film *Ehemänner und Ehefrauen* von Woody Allen ist das gutsituierte Ehepaar Gabriel und Rudy geschockt von der Ankündigung ihrer besten Freunde Jack und Sally, sich scheiden zu lassen. Am meisten irritiert Gabriel und Rudy, dass Jack und Sally ihre Trennung offensichtlich ganz nüchtern beschlossen haben und mit der Sache im Reinen sind. Das kann doch nicht sein! Das ist mit Gabriels und Rudys Ehe-Ideal nicht vereinbar. Die beiden beschließen deshalb, die Ehe ihrer Freunde zu retten. Doch je mehr sie sich in deren Leben einmischen, desto unübersichtlicher werden die Verwicklungen. Und desto mehr kriselt es in ihrer eigenen Ehe.

Als die Trennung von Jack und Sally nicht mehr aufzuhalten scheint, will Rudy Sally mit einem Mann verkuppeln, in den sie selbst verliebt ist. Gleichzeitig beschwert sie sich bei ihrem Mann Gabriel, er würde in seinen Romanen ein negatives Bild von ihr zeichnen. Am Schluss bleibt die Trennung von Jack und Sally eine Episode. Die beiden sind wieder glücklich zusammen. Dafür trennen sich Gabriel und Rudy, und zwar für immer. Sie hatten sich so sehr damit beschäftigt, ihre Freunde wieder auf Ideallinie zu bringen, dass ihnen ihre eigene Ehe um die Ohren geflogen ist. Sie hätten sich eben besser mit ihrem eigenen Leben beschäftigt als mit dem der anderen.

Hehre moralische Ideale pflegte auch die amerikanische Vizepräsidentschafts-Kandidatin Sarah Palin. Die Republikanerin hatte eine beeindruckende politische Karriere gemacht und war schließlich Gouverneurin von Alaska geworden. Dort kämpfte sie für eine rigoros konservative Familienpolitik. Sie unterstützte christlich-fundamentalistische Gruppen in der Forderung »Kein Sex vor der Ehe!«. Ihrer Forderung nach sexueller Enthaltsamkeit verlieh sie dadurch Nachdruck, dass sie Sexualkundeunterricht an den staatlichen Schulen Alaskas vom Stundenplan streichen ließ. So weit die hehren Ideale. Nun sind an der Forderung nach totaler sexueller Enthaltsamkeit schon andere gescheitert als amerikanische Gouverneure. Im Mittelalter konnte auch die Androhung von Höllenstrafen nicht verhindern, dass man sich in den Badestuben nicht nur reinigte. Wer aus religiösen Gründen enthaltsam leben will, muss wissen, was er tut. Diese Entscheidung muss allerdings jeder für sich selbst fällen. Das Ideal der Keuschheit für andere zu verordnen ist nicht nur unmenschlich, sondern auch unrealistisch. In welche kriminellen Bahnen diese Energie dann abfließt, ist für jeden leicht zu beobachten. Damals wie heute.

So zeigte sich denn auch bei Familie Palin, dass Keuschheitsideale so ziemlich die ersten sind, die Menschen verraten. Genau einen Tag nach ihrer Nominierung zur Vizepräsidentschafts-Kandidatin wurde die Schwangerschaft der 17-jährigen Tochter der Gouverneurin bekannt. Und nein, sie war noch nicht verheiratet. Sarah Palin reagierte menschlich souverän und stellte sich hinter ihre Tochter. »Wir sind stolz und freuen uns darauf, Großeltern zu werden«, bekannte sie öffentlich. Weniger souverän, sondern hysterisch reagierten dagegen ihre Parteifreunde und Anhänger. Für deren Ideale war es schon moralisch anstößig, dass Sarah Palin in ihrer Jugend an Schönheitswettbewerben teilgenommen hatte. Immer wieder löschten Anhänger entsprechende Hinweise in dem Eintrag von Sarah Palin im Online-Lexikon Wikipedia. Das reine

> Für sie war es schon anstößig, dass Sarah Palin in ihrer Jugend an Schönheitswettbewerben teilgenommen hatte.

Ideal der Vorkämpferin für Keuschheit, Anstand und eheliche Treue sollte nicht den geringsten Makel haben.

Reinheitsgebotszeichen

UNICEF gehörte jahrzehntelang zu den angesehensten Organisationen überhaupt. Seit 1946 unterstützt das Kinderhilfswerk der Vereinten Nationen Kinder in Entwicklungsländern und Krisengebieten. Es gibt wahrscheinlich kaum jemanden in Deutschland, der nicht schon einmal für UNICEF Geld gespendet oder zumindest eine Benefiz-Grußkarte der Organisation gekauft hätte. Gutmenschen lieben die Non-Profit-Organisationen. Dort hat man sich nicht dem schnöden Gewinnstreben verschrieben, sondern der Rettung der Welt. Wer diese Organisationen unterstützt, kann mit jedem Überweisungsformular gute Gefühle bestellen.

Eines Tages entbrannte eine Debatte, weil der Geschäftsführer des deutschen Komitees von UNICEF Misswirtschaft mit Spendengeldern getrieben haben sollte. Gierig stürzte sich die Presse auf den Skandal. Zum Kultivieren der hehren Ideale gehört spätestens seit der Französischen Revolution die öffentliche Hinrichtung der Abweichler. Wobei die Guillotine heute weitgehend durch den elektronischen Pranger von Fernsehen und Internet ersetzt wurde.

Es hieß, UNICEF habe externen Beratern überzogene Honorare gezahlt. Millionenbeträge kursierten in den Zeitungen. »Alles Spendengelder!«, wurden die Kommentatoren nicht müde zu betonen. Dann wurde nachgelegt: Das Gehalt des UNICEF-Geschäftsführers liege knapp unter dem des Bundeskanzlers. Die subtile Botschaft dieser Meldung sollte lauten: Statt sich aufopferungsvoll um hungernde Kinder zu kümmern, sind die Manager nur an ihren dicken Gehältern interessiert. Statt unsere Spenden nach Afrika zu überweisen, kaufen sie sich davon Einfamilienhäuser in Bergisch Gladbach. Der Schauspieler und UNICEF-Botschafter Pierre Brice sprach in die Mikrofone: »Ich hoffe, dass alle gewährte Hilfe auch tatsächlich den notleidenden Menschen in vollem Umfang zugutekommt.«

Alle Hilfe, sämtliches Geld, in vollem Umfang, ohne Abzüge. Genau diese Hoffnung ist das Problem. Die Erwartung, dass jeder Cent einer Spende ausschließlich bei Kindern in Afrika ankommt, ist einfach weltfremd. Genau wie auch der beste Staat nicht jeden Euro Steuereinnahme in Sozialhilfe, Autobahnen und Schwimmbäder verwandeln kann, sondern dazu eine effektive Verwaltung braucht, die eben ihren Preis hat, können auch Non-Profit-Organisationen ihren Auftrag nur dann wirklich erfüllen, wenn sie Profis beschäftigen und diese auch gut bezahlen. Die Kritiker von UNICEF wollten das nicht wahrhaben. »Wenn ich von meinem Einkommen schon freiwillig abgebe«, sagten sich die Spender, »dann soll auch niemand anderes daran verdienen.«

Dem Bild einer idealen Organisation, die professionell arbeitet, bei Krisen sofort zur Stelle ist und dabei völlig selbstlos handelt, kann niemals entsprochen werden. Ganz im Gegenteil: Diese Erwartungen fordern Trickserei geradezu heraus. Wenn die Öffentlichkeit maximal 0,1 Prozent an Verwaltungskosten bei spendenfinanzierten Organisationen toleriert, dann werden eben Bilanzen frisiert und Beraterverträge hin und her geschoben, um sich dem weltfremden Ideal zu nähern.

Was nun wirklich bei UNICEF geschehen ist und wie das juristisch zu bewerten ist, spielt für mich an dieser Stelle keine Rolle. Natürlich muss alles transparent gemacht und jegliche Misswirtschaft aufgedeckt und juristisch geklärt werden. Was zählt: Allein durch die Medienberichte brach das Spendenaufkommen drastisch ein. Non-Profit-Organisationen dürften deshalb wohl in Zukunft noch trickreicher vorgehen, um ihre Fassade der Selbstlosigkeit aufrechtzuerhalten. Dabei können Organisationen wie UNICEF stolz auf das sein, was sie in den letzten Jahrzehnten tatsächlich erreicht haben. Sie hätten genug Argumente, um der Öffentlichkeit klarzumachen, dass es gute Arbeit durch gute Leute nicht kostenlos geben kann.

Die Gutmenschen haben einen regelrechten Markt geschaffen, auf dem sie Helferglück aus zweiter Hand erhalten. Sie sind fleißige Konsumenten von Idealismusangeboten. Das Edle, Hilfreiche und Gute gibt es längst auch im Abo. Die Mitgliedschaft bei Amnesty International garantiert moralische Amnestie – regelmäßig und für kleines Geld, ein Schnäppchen. Und zum Glück gibt es Bio-Produkte, die genauso edel und teuer sind wie die Produkte aus dem Feinkostgeschäft, mit denen man aber das Ideal der reinen, unberührten Natur unterstützen und damit ein gutes Werk tun kann. Also kommen der Bio-Käse, der Bio-Chardonnay und der Bio-Lachs hinten in den Achtzylinder-Geländewagen, und man rollt als echter Umweltschützer nach Hause.

> Sie sind fleißige Konsumenten von Idealismusangeboten.

Wer das hehre Ideal braucht, die selbstlose Gemeinschaft, das ganz große Ziel, der entfernt sich von sich selbst. Aber er hat auch die Chance, wieder zu sich zurückzukehren. Dann gilt es, die Angst und den Zweifel anzunehmen. Dann zeigt sich, dass die Dinge, von denen ich eben noch glaubte, dass sie der andere dringend ändern müsste, meine eigenen nächsten Schritte sind. Der Philosoph Karl Popper hat Platos Vorstellung einer »idealen« Gesellschaft aus seinem Dialog »Der Staat« als die »Wurzel aller totalitären Systeme« bezeichnet. Anders gesagt: Wer den Himmel auf Erden will, schafft meistens die Hölle auf Erden. Für den Sieg des Bösen scheint es auszureichen, wenn gute Menschen ihr Bestes geben. Balance findet nur, wer sich von überzogenen Erwartungen an das Leben verabschiedet. Tiefe Erfüllung gibt es nie von außen, sondern nur von innen.

KAPITEL 4

Machtlose: Unrat unterm runden Tisch

In Warschau stand ein runder Tisch, er hatte einen Durchmesser von neun Metern und bot 57 Personen Platz. Von Februar bis April des Jahres 1989 verhandelten dort Vertreter der Gewerkschaft Solidarność und der katholischen Kirche mit Spitzenfunktionären der kommunistischen Partei über ein Ende der Ein-Parteien-Diktatur und den Übergang zur Demokratie in Polen. Nicht mit am runden Tisch saßen die eigentlichen Herrscher über Polen: Die Staats- und Parteiführung der Sowjetunion hatte zu diesem Zeitpunkt noch gar keine Strategie, wie sie mit der politischen Destabilisierung in Polen und ihren anderen Satellitenstaaten umgehen wollte. In Moskau wartete man ab und ließ die Genossen in den »Bruderländern« erst mal reden.

Anders als in Polen waren die runden Tische der DDR niemals wirklich rund, sondern rechteckig. Die deutsche Liebe zum rechten Winkel ließ das Rund nur in Gedanken zu. Dafür wurde im Herbst 1989 der runde Tisch für manche in der DDR zum Symbol der Hoffnung auf einen »Sozialismus mit menschlichem Antlitz«. Der sogenannte Zentrale Runde Tisch stand kurz nach dem Mauerfall in einem Gottesdienstraum der Herrnhuter Brüdergemeinde in Ost-Berlin und zog später um in den Konferenzbereich im Gebäude des Ministerrats der DDR. An den rechteckigen runden Tischen im Osten Deutschlands saßen sich Vertreter der SED-Regierung um Ministerpräsident Hans Modrow und Abgesandte der Bürgerbewegungen, wie »Demokratie Jetzt« oder »Neues Forum«, sowie der Kirchen gegenüber. Zwei Pfarrer übernahmen die Moderation – der eine evangelisch, der andere katholisch – und verzichteten dafür auf ihr Stimmrecht.

Über vieles wurde im Zuge der Diskussionen abgestimmt. Doch der Einfluss dieser Beschlüsse auf den weiteren Verlauf der deutschen Geschichte war gleich null. Dafür zeigten sich die Prinzipien solcher Konsensrunden an diesem runden Tisch in Reinkultur.

Erstes Prinzip: Der Grundkonflikt ist durch eine Diskussion unter den hier Anwesenden gar nicht lösbar. Die Alternative hieß damals: SED-Herrschaft unter dem militärischen Schutzschirm Moskaus, mit allem, was eine kommunistische Partei in der Praxis für politisch notwendig hält – oder radikaler Neubeginn. Letzteres entweder alleine oder gemeinsam mit der Bundesrepublik. Zu glauben, man könnte mit der SED über eine bessere DDR verhandeln, war naiv. Die Option SED-Sozialismus plus Bananen und frisch gestrichener Häuser war zu keinem Zeitpunkt realistisch.

Zweites Prinzip: Das schmutzigste Thema bleibt unter dem Tisch. So war es auch hier. Die Beteiligten verhandelten zwar über eine Auflösung des Ministeriums für Staatssicherheit – doch über das, was den Stasi-Opfern und politischen Häftlingen in den Gefängnissen tatsächlich angetan worden war, wurde vornehm geschwiegen. Was unter den Teppich gekehrt wird, hat allerdings die Eigenschaft, wieder hervorzukriechen. Am 15. Januar 1990 stürmte eine wütende Menge die Stasi-Zentrale in der Ost-Berliner Normannenstraße, verwüstete die Räume und warf Akten, Möbel, Bücher, Fahnen, Geschirr und Schreibmaschinen auf die Straße. War es die Stasi selbst oder ein plötzlich gewalttätiger Mob? Wie auch immer, den runden Tisch fragte niemand um Erlaubnis.

Drittes Prinzip: Jeder kommt zu Wort, jeder hat die gleiche Stimme. Was ein Pfarrer aus Sömmerda von internationaler Sicherheitspolitik versteht, spielte also keine Rolle. Alle sollen am runden Tisch das gute Gefühl genießen, ein gleich großes Stückchen Macht in Händen zu halten. Manchmal darf es im Nachgang dann noch etwas mehr sein. Einige Teilnehmer des runden Tisches, die meisten davon Pfarrer, wurden in den letzten Monaten der DDR zu Ministern ernannt, mit allen Insignien der Macht, einschließlich Standarte an der chauffeurgesteuerten West-Limousine. Als einer dieser Minister einen engen Verwandten zum Staatssekretär ernannte, schmierten Bürger an die Fassade des Ministeriums: »Hier dürfen Familien Politiker spielen.«

Und kurz darauf entschieden die wirklich Mächtigen zackig über die Zukunft Deutschlands. Es waren die vier Siegermächte des Zweiten Weltkriegs, allen voran die USA und die Sowjetunion, an deren Spitze George Bush senior und Michail Gorbatschow. Den westdeutschen Kanzler Helmut Kohl ließen die beiden mächtigsten Männer der Welt höflich ein paar Wünsche äußern. Mit den Beschlüssen des runden Tisches beschäftigten sie sich nicht. Die Vertreter der Regierung der DDR durften immerhin bei Fototerminen mit aufs Bild.

Weil die wirklich wichtigen Personen, die, die bestimmen, meistens nicht mit am runden Tisch sitzen, mutiert dieser zu einer bloßen Wohlfühlveranstaltung. Für Gutmenschen gemacht, sollen diese das Gefühl bekommen, mit im Boot zu sitzen und nicht übergangen zu werden. Wirklich entschieden wird jedoch meist im Verborgenen.

Veränderungsresistenz

Alles hatte so edel begonnen bei König Artus, dem Erfinder des runden Tisches. Nach der um 1150 entstandenen Artus-Sage versammelte der König an seinem Hof Camelot im »Reich des Guten« seine Ritter um einen Tisch, der deshalb rund war, damit sich die Edelmänner nicht um die besten Plätze streiten mussten. So ein Streit wäre für diese Leute ganz und gar unwürdig gewesen. Doch halt – waren die »besten« Plätze dann nicht die links und rechts neben dem König? Nein, denn König Artus setzte sich gar nicht erst zu seinen Rittern an den Tisch. Ein wenig Abstand musste schließlich gewahrt bleiben. Seitdem gilt, dass die eigentlich Mächtigen an runden Tischen nicht zu finden sind und runde Tische einrichten, um ihre Macht zu sichern. Mitreden ja, mitentscheiden nein.

Okay, das ist nur eine Sage. Aber auch in der heutigen Zeit gibt es zu oft Zusammenkünfte, die gut gemeint sind, jedoch kaum was bewirken. Vor einiger Zeit war ich bei einem DAX-Konzern zu Gast. »Führen aus Leidenschaft« hieß die Führungskräfte-Tagung, bei der ich als Sprecher auftrat. Für den ganzen Rahmen wurde ein riesiger Aufwand getrieben. Beste Location, beste Vorbereitung, bestes Catering, beste Referenten. Da saß ich dann auf dem Podium bei der Abschlussrunde und klinkte mich irgendwann mental aus. Der Moderator merkte, dass ich nicht mehr zuhörte. Er wollte mich wieder integrieren und fragte: »Was denken Sie?« Ich daraufhin: »Wollen Sie das wirklich wissen?« Der Moderator sagte: »Ja.«

»Wissen Sie«, antwortete ich, »das Thema hier heißt ja ›Führen aus Leidenschaft‹. Sie haben einen enormen Aufwand für dieses Event getrieben. Sie haben richtig viel Geld ausgegeben. Und jetzt, am Ende der Veranstaltung, sitze ich hier und spüre – null Leidenschaft. Anstatt aufs Spielfeld zu rennen, verharren alle in einer Konsumhaltung. Keiner will seine sichere Komfortzone verlassen. Jeder taktiert und wägt ab. Es wird zwar viel geredet, aber keiner von Ihnen will sich aus dem Fenster lehnen. Der Status quo gefällt Ihnen doch. Eigentlich wollen Sie gar nicht mehr Leidenschaft. Die könnte ja was verändern. Sie wollen lieber die Bestätigung, dass es so, wie es ist, in Ordnung ist. Oder die Absicherung, dass nichts Schlimmes passieren wird, wenn Sie etwas anders machen. Sie wollen wissen, was ich denke? Ich denke, das ganze Event hier war für die Katz!«

Natürlich war mir klar, was ich da gesagt hatte. Nach einem kurzen Moment betretenen Schweigens waren die Reaktionen umso heftiger. Rufe aus dem Publikum: Was mir einfiele? Unverschämtheit! Zehn Minuten später brannte die Hütte. Die Leute diskutierten, schimpften, fielen einander ins Wort. Und ich war der böse Bube. Das war einerseits nicht angenehm. Anderseits entwickelten diese Top-Manager gerade genau das, wofür sie ja angeblich hergekommen waren. Genau: Leidenschaft! Sie stritten sich wirklich mit aller Leidenschaft. Sie keiften und zankten und wünschten mich dabei zum Teufel. Der leidenschaftliche Streit war kein schlechter Anfang für das angestrebte »Führen aus Leidenschaft«. Mit der Konsensseligkeit war es vorbei. Jetzt wurde Klartext geredet.

Verstehen Sie mich bitte nicht falsch: Auch ich will keinen Streit. Jedenfalls nicht um seiner selbst willen. Der Wunsch der meisten Menschen nach Harmonie ist etwas ganz Natürliches. Ich teile diesen Wunsch. Bloß weiß ich, dass man niemals zu mehr Harmonie kommt, indem man Konflikte vermeidet. Wer sich als Mensch weiterentwickeln will, muss durch Konflikte hindurch, um auf einer höheren Ebene zu neuer Harmonie zu kommen. Nur das ist Entwicklung. Alles andere sind Ablenkungsmanöver.

Veränderungen brauchen allerdings auch Durchhaltevermögen. Nach ein paar Tagen saßen alle in diesem Konzern wieder am runden Tisch und suchten den kleinsten gemeinsamen Nenner. Kalten Harmonieentzug hält eben nicht jeder durch. Das ist nicht anders als bei Alkohol oder Heroin. So leicht wird man die Sucht nicht los.

Räterepublikaner

Am runden Tisch macht es Spaß, sich zu fragen, ob Thomas Gottschalk oder Anne Will im Fernsehen einen bestimmten

Satz hätten sagen dürfen oder nicht. Wer es selbst nicht geschafft hat, zu den Lieblingen der Nation zu gehören, hat wenigstens noch die Chance, die Promis abkanzeln zu dürfen. Die Tafelrunde dazu heißt Rundfunkrat oder Fernsehrat und ist bei den öffentlich-rechtlichen Sendern gesetzlich vorgeschrieben. Mitglied werden darf jeder, der von sich behaupten kann, eine wichtige Gruppe der Gesellschaft zu repräsentieren.

Und so sitzen die Vertreter von Parteien, Gewerkschaften, Kirchen, Frauenverbänden, Industrie- und Handelskammern oder Volkshochschulverbänden am runden Tisch, sehen gemeinsam fern und hören zusammen Radio. Sie überwachen, ob die von der GEZ erhobenen Rundfunkgebühren auch wirklich dazu eingesetzt werden, dass im öffentlichen Radio und Fernsehen alle zu Wort kommen und keiner diskriminiert wird. Auch um Schamgrenzen und das Ekelgefühl des Publikums macht man sich hier viele Gedanken. Kommen beispielsweise im Unterhaltungsfernsehen Exkremente ins Spiel, schlägt der Fernsehrat sofort Alarm.

Die Zuschauer, um die sich diese runden Tische so viele Sorgen machen, haben in der Zwischenzeit höchstwahrscheinlich zu einem Privatsender weitergezappt. Die privaten Kanäle sind den Gutmenschen und Weltverbesserern seit Jahrzehnten ein Dorn im Auge. Nicht nur, weil sie sich durch Fernsehräte nicht kontrollieren ließen. Da haben die Gutmenschen längst andere Kontrollinstanzen eingerichtet. Sondern weil die Privaten als betriebswirtschaftlich kalkulierende Unternehmen nicht garantieren wollen, dass stets alle gesellschaftlichen Gruppen gleichermaßen zu Wort kommen.

Als Anfang der 1980er Jahre RTL erstmals plante, von Luxemburg aus ein deutschsprachiges Fernsehprogramm zu senden, forderten Bundestagsabgeordnete von der damaligen Bundespost, mit Störsendern dagegen vorzugehen. Sie meinten es besonders gut mit den Fernsehzuschauern in

Deutschland. Sie wussten natürlich, was für andere gut ist. Doch Privatfernsehen wurde bald auch in Deutschland legal. Die Folgen? Unabsehbar! »Die Dummen werden noch dümmer«, hieß es damals im *Spiegel* dazu.

In Wirklichkeit lässt sich im Privatfernsehen einiges lernen. Zum Beispiel bei Talentshows. Hier erlebt der Zuschauer eine Welt jenseits der runden Tische. Hier wird nicht der kleinste gemeinsame Nenner gesucht, sondern klares, hartes und doch meist treffendes Feedback gegeben. Für die Gutmenschen ist ein Dieter Bohlen vielleicht niveaulos. Natürlich weiß er, was zu sagen ist, damit die Quote stimmt. Mit etwas mehr Anstrengung könnte er das sicher auch tun, ohne die Grenze zur Menschenverachtung zu übertreten. Dieter Bohlen lässt sich aber immerhin nicht verbieten, von Mist zu sprechen, wenn er Mist geboten bekommt. Auch dann nicht, wenn der Kandidat ein schwuler bosnischer Kriegswaise ist oder sonst was für einen Grund hätte, sich benachteiligt zu fühlen. Wer »Superstar« werden will, muss erst einmal eine super Leistung abliefern, bevor es fünf Sterne gibt. Das ist fair und gerecht. Ob der »Superstar« dann ein wirklicher »Superstar« ist, steht auf einem anderen Blatt. Wenn Dieter Bohlen auf einem immer bestanden hat, dann auf Leistung. Der Erfolg der Casting-Shows auf allen Sendern verdeutlicht: Es gibt ein riesiges Bedürfnis nach klarem, ehrlichem Feedback in der Bevölkerung. Natürlich spielt auch Voyeurismus eine Rolle. Aber das allein ist es nicht.

Das soll nicht heißen, dass das Privatfernsehen besser ist. Überhaupt nicht. Die Geschichte soll verdeutlichen: Das Andere, Fremde ist keine Bedrohung, es kann vielmehr eine Bereicherung sein und eine ungeahnte Entwicklung auslösen. Wer denkt, Menschen müssten immer vor allem geschützt werden, macht sie klein und unselbständig. Er vertraut nicht der Selbstverantwortung, die in jedem wohnen kann.

Würde Europas größte Konsensmaschine, die Europäische Union, auch nur annähernd ähnlich funktionieren, dann würde sie beispielsweise von einem zukünftigen Kommissar verlangen, dass er erst Englisch lernt, bevor er seinen Job antritt. Dann würde sie von einer künftigen Außenbeauftragten erwarten, dass sie Ahnung von Außenpolitik hat und über internationale Erfahrung verfügt. Doch die Casting-Shows in Brüssel und Straßburg funktionieren nach dem Prinzip des runden Tisches. Nominiert wird, wer die eigentlich Mächtigen in Ruhe lässt. Und wer den meisten Menschen das gute Gefühl gibt, repräsentiert zu sein. Das Duo männlich/weiblich, katholisch/protestantisch, rechts/links, südeuropäisch/nordeuropäisch bewirkt dann zwar am Ende unter Umständen politisch wenig. Aber alle dürfen sich repräsentiert fühlen.

Menschen, die tatsächlich etwas bewegen, brauchen dazu keine runden Tische. Sie halten sich an die Realitäten und haben keine Scheu vor Konflikten. Wenn ein Automobilunternehmen ins Schlingern gerät, dann sprechen sie lieber mit den Eigentümern auf der anderen Seite des Atlantiks über eine Lösung als mit den in Deutschland Betroffenen über ihre Gefühle. Und wenn es in der Weltpolitik heikel wird, dann schauen sie sich lieber die Machtverhältnisse an, als Kerzen anzuzünden. Nicht, weil sie machtbesessen sind oder Kerzen nicht mögen, sondern weil es der Sache dient. Verstehen Sie mich bitte richtig: Natürlich ist es gut, bei einem Krieg im Fernen Osten ein Zeichen der Solidarität zu setzen oder sich in wirtschaftlich schwierigen Zeiten Mut zuzusprechen. Aber man sollte sich immer klarmachen, wie weit die eigene Macht geht, und sich dann auf das konzentrieren, das man mitgestalten kann. Dabei hilft es, *miteinander* anstatt übereinander zu reden. Michail Gorbatschow und Ronald Reagan haben genau das getan. Der heraufbeschworene und von allen befürchtete Atomkrieg ist letztlich ausgeblieben. Und das wurde nicht am runden Tisch beschlossen.

Zeithistoriker behaupten, Gorbatschow und Reagan hätten sich persönlich gut verstanden, der Kommunist und der amerikanische Rechte seien miteinander klargekommen. Das ist leicht vorstellbar, denn sonst hätten sie keine Lösungen gefunden. Die gewaltfreie Konfliktlösung ist eine der höchsten Errungenschaften der Zivilisation. Aber sie findet nicht am runden Tisch statt, sondern in der tatsächlichen Auseinandersetzung der Gegner. Konstruktive Lösungen brauchen die Bereitschaft, sich aufeinander einzulassen. Es ist dazu nötig, sich emotional zu öffnen, verletzbar zu werden und seine Verletzbarkeit auszuhalten. So entsteht Vertrauen. Das ist wirkungsvoll!

Das Ziel runder Tische ist es nicht, Dinge voranzubringen oder der Sache zu dienen. Man erkennt die Gutmenschen am runden Tisch an ihrer Weigerung, aufzuräumen und für klare Verhältnisse zu sorgen. Sie reden auch nicht über den eigenen Beitrag, sondern lieber darüber, was sie von anderen erwarten. Übereinander zu reden statt miteinander ist ein Hauptmerkmal der runden Tische. Jeder muss ins Boot, damit alle sich wohl fühlen. Doch wo auf jeden Rücksicht genommen werden muss, bewegt sich kaum etwas. Und das ist gut für die, die gar nichts bewegen wollen und sich nur in Szene setzen.

Übrigens: Gutmenschen an runden Tischen laden Anwesende ein, negativ über Abwesende zu reden. Doch Vorsicht! Wer über Abwesende negativ redet, redet negativ über Anwesende, wenn diese abwesend sind. Negativ über andere zu reden, um selbst besser dazustehen, ist eine Gewohnheit. Daran erkennt man den Gutmenschen.

Kürzlich saß ich neben einem runden Stammtisch in einer Wirtschaft. Als meine Frau und ich einen Moment schwiegen, konnten wir der Unterhaltung am benachbarten Stammtisch zuhören. Dort wurde über die Mächtigen der Republik hergezogen. Wie unfähig sie seien, was sie mal wieder nicht hinbekommen hätten und warum wer wegmüsse. Ich fragte höflich, ob ich ihnen ein paar Fragen stellen dürfe, da ich gerade zufällig ihr Gespräch mitbekommen hätte. »Aber sicher, klar doch, gerne«, war die Antwort. Ich wollte wissen, aus welchem Grund sie über andere reden? Ob es Sinn mache, über Dinge zu sprechen, die man nicht beeinflussen könne? Die offenherzige Stimmung wandelte sich innerhalb einer Sekunde in eine abwehrende Verteidigungshaltung. Man wird sich doch mal unterhalten dürfen, war die Antwort. Im Laufe dieses Gesprächs wurde mir klar: Mit anderen über andere negativ zu reden gibt uns ein Gefühl der Überlegenheit. Nur hält der Zustand nicht lange an. Er muss in kurzen Abständen immer wieder hergestellt werden. An dem tatsächlichen Gefühl der Unterlegenheit ändert das aber nichts.

Kapitel 5

Helfersüchtige: Opfer für die guten Täter

Katzen faszinieren mich. Wir haben selber Katzen, und besonders spannend finde ich ihr Sozialverhalten. Sie sind die fürsorglichsten Mütter, die man sich denken kann. Sie hegen, pflegen und umsorgen ihre Jungen, dass es einem beim Zuschauen ganz warm ums Herz wird. Eines Tages aber sind die Jungen groß genug, um auch für sich selbst sorgen zu können. Und dann ist Schluss mit der Fürsorge. Dann schmeißt das Muttertier sie gnadenlos raus. Da wird gebissen und geprügelt, bis die Jungen verschwinden.

Katzen wissen, dass der Absprung in die Selbständigkeit irgendwann erfolgen muss. Und dass er weh tut. Das ist nicht nur bei Katzen so. Es gibt in allen sozialen Systemen einen Punkt, an dem Hilfe zur Belastung wird. Vor diesem Punkt bringt aufopfernde Fürsorge die Gemeinschaft weiter: Sie hilft, alle Mitglieder des Systems beieinander zu halten. Nach diesem Punkt zerstört Fürsorge die Gemeinschaft: Sie hilft den Helfenden, mächtig zu bleiben, und verhindert, dass die Empfänger der Hilfe wieder zu ihnen aufschließen. Vor dem Punkt sind Helfer Helden. Nach dem Punkt sind Helfer Blutsauger.

Anders als Katzen haben wir offenbar noch nicht gelernt, diesen Punkt zu erkennen und echte Hilfe von der abhängig machenden Attitüde des Helfens zu unterscheiden. Dabei können Sie die perfekt verkleideten Gutmenschen gut erkennen: an ihrer lauten Empörung, wenn sie vorgehalten bekommen, dass ihre »Hilfe« in Wahrheit schon lange nicht mehr hilft.

Zu besichtigen ist dieses Phänomen überall. Ich habe es

selbst erlebt. Denn ich war auch mal Sozialhilfeempfänger. Heute empfinde ich tiefe Dankbarkeit darüber, dass es in Deutschland einen Sozialstaat gibt, der auch mich damals aufgefangen hat. Wenn es um echte Nothilfe geht, dann funktioniert der Zusammenhalt in unserem Land. Egal, ob der Staat den Menschen eine Matte hinlegt, um sie vor einem harten Fall zu bewahren, oder ob es die spontane Nachbarschaftshilfe nach Unfällen oder Katastrophen ist. Wenn es hart auf hart kommt, wird bei uns keiner allein gelassen!

Helfer werden vom Helden zum Blutsauger.

Das macht mich stolz auf unser Land. Doch so hilfreich wir Deutsche sind, wenn es anderen schlechtgeht, so neidisch können wir sein, wenn wir denken, dass es jemand anderen besser geht als einem selbst. Das verstehe, wer will.

Während meiner Zeit als Sozialhilfeempfänger ist es mir noch schwergefallen, dankbar zu sein. Damals, als ich nach meinem Unfall aus der Reha-Klinik kam und ein selbstbestimmtes Leben führen wollte, war der monatliche Gang zum Sozialamt für mich der reine Horror.

Ich fühlte mich am untersten Rand der Gesellschaft angekommen. Auf den trostlosen Fluren des Sozialamts sah ich lauter Menschen, die sich selbst aufgegeben hatten. Ich musste ständig innerlich kämpfen, mich von ihrem Pessimismus nicht anstecken zu lassen. Und überhaupt: Den Staat um Geld zu bitten kam mir wie Schnorren in der Fußgängerzone vor. Es war übel.

Und es war gefährlich. Heute weiß ich, dass meine negativen Gefühle im Sozialamt gar nicht das Gefährlichste waren. Jeder einigermaßen selbstbewusste Mensch fühlt sich schlecht, wenn er völlig auf die Hilfe anderer angewiesen ist. Ich musste lernen, Hilfe zu lieben und den Menschen dankbar zu sein, die mir diese Hilfe gaben. Das war nicht leicht. Solche Gefühle sind ganz normal und gehen auch wieder vorbei, sobald die Situation sich bessert.

Gefährlich war etwas anderes. Es waren die mitleidigen

Blicke, die man mir zuwarf, als ich meine konkreten Ziele nannte. Ich wollte Sportwissenschaft fertigstudieren und das Diplom schaffen. »Der wird es schon noch merken«, schienen diese Blicke sagen zu wollen. Andere Betreuer beließen es nicht bei den Blicken und behaupteten offen: »Das geht nicht. Seien Sie doch realistisch, Herr Grundl. Sie sitzen im Rollstuhl!«

»Seien Sie doch realistisch, Herr Grundl!«

Interessant, oder? Wer war hier eigentlich der Realist? Der staatlich bestellte Wohltäter mit der Einstellung: einmal Sozialfall, immer Sozialfall. Oder der Stütze-Empfänger, der sich sagte: Okay, ich bin jetzt in dieser beschissenen Situation – aber ich habe nun einmal im Moment keine andere Situation zur Auswahl. Und im Rahmen der Möglichkeiten bin ich immer noch frei, mein Leben zu gestalten. Ich habe eine Wohnung, genug zu essen, werde bald wieder Sport machen und bin vor allen Dingen völlig klar im Kopf. Warum wollen die anderen wissen, was gut für mich ist? Warum werde ich permanent aufgefordert, kleinere Brötchen zu backen und mich von meinen Zukunftsvorstellungen zu verabschieden? Heute verstehe ich die Zusammenhänge besser. Den Gutmenschen geht es nämlich mehr ums Helfen als um Hilfe. Und damit sind sie eine Gefahr für jeden, der in Not gerät.

Erwartungsprägeanstalt

Der amerikanische Psychologe Robert Rosenthal wählte in den 1960er Jahren für einen Versuch über die Lehrer-Schüler-Interaktionen zwei Grundschulen aus. Die eine lag in einem Arbeiterviertel mit einem hohen Anteil ungebildeter Immigranten aus Mexiko, während die andere Schule in einer reichen Gegend lag. Rosenthal führte an beiden Schulen Leistungstests durch und stellte fest, dass die Schüler an der

Schule in der reichen Gegend deutlich besser abschnitten. Keine Überraschung. Aber darauf wollte er gar nicht hinaus.

Vielmehr schwindelte Rosenthal den Lehrern an beiden Schulen vor, er hätte durch seine Tests jeweils 20 Prozent Hochbegabte in den Reihen der Schüler entdeckt, die unbedingt gefördert werden müssten. In Wirklichkeit hatte er an beiden Schulen 20 Prozent der Schüler einfach durch Zufall bestimmt. Sie hatten nichts miteinander gemeinsam, außer dass ihre Lehrer sie nun für hochbegabt hielten. Das durften die Lehrer den angeblich Hochbegabten und den anderen Schülern aber nicht verraten. Denn Rosenthal gab vor, es ginge ihm in seinem Experiment um die Wirksamkeit von Begabtenförderung.

Nach einem Jahr wiederholte Rosenthal den ursprünglichen Test. Und tatsächlich konnten die 20 Prozent ihre Leistungen deutlich steigern, die von den Lehrern für Hochbegabte gehalten wurden. Bei den übrigen 80 Prozent trat kein Unterschied zum ersten Test auf.

Der Lehrer denkt also, ein Schüler sei gut, und dann wird er wirklich gut, nur weil der Lehrer das von ihm denkt. Andere Psychologen machten nach Rosenthal ähnliche Tests, um zu zeigen, dass es auch andersherum funktioniert: Bei Schülern, von denen die Lehrer glaubten, sie seien schlechte Schüler, ließen die Leistungen tatsächlich immer mehr nach. Natürlich gibt es auch Kritik an Rosenthals Untersuchung. Entscheidend jedoch ist, dass wir andere nach dem Bild formen, das wir von ihnen im Kopf haben. Zu wie viel Prozent, mag jeder selbst herausfinden.

Was für eine Macht die Lehrer haben! Und nicht nur die Lehrer. In dem Moment, in dem ein Arzt, ein Sozialarbeiter, ein Entwicklungshelfer ein negatives Bild von einem Schutzbefohlenen hat, führt das typischerweise dazu, dass der Schützling sich auch tatsächlich negativ entwickelt. Das gilt auch umgekehrt. Wer an seine Schützlinge glaubt, der verhilft ihnen zum Erfolg. Erfolgreiche Trainer im Sport können das aus eigener Erfahrung bezeugen. Es ist wie bei dem Bildhauer Pygmalion aus der griechischen Mythologie, der sich so sehr in eine von ihm selbst geschaffene Statue einer Frau verliebte, dass sie schließlich lebendig wurde. Wenn die Beziehung nur intensiv genug ist, erschaffen wir im anderen durch unterbewusste Beeinflussung genau das, was wir in ihm sehen. Deshalb heißt dieses anerkannte Phänomen in der Psychologie »Pygmalion-Effekt«.

Beinahe hätte der »Pygmalion-Effekt« auch bei mir funktioniert. Die meisten kennen aus ihrem Umfeld Eltern, die ihren Kindern wenig zutrauen. »Aus dir wird nie was«, wiederholen sie vor ihrem Nachwuchs wie ein Mantra. Was sie eigentlich sagen, ist: »Aus mir ist nichts geworden, und hoffentlich wird aus dir auch nichts. Dann muss ich mir später nichts vorwerfen lassen.« Traurig, aber es passiert. Ich kann mich noch gut erinnern, wie schwierig es war, als Sozialhilfeempfänger weiter fest an die eigenen Fähigkeiten zu glauben, wenn die Betreuer es allesamt nicht tun. Da muss man schon ein harter Knochen sein! Ich habe es damals geschafft. Dazu gehört auch die richtige Portion Glück im richtigen Moment. Ich habe tatsächlich mein Sport-Diplom geholt und bin bis heute beruflich sehr erfolgreich. Aber da bin ich wohl leider eine Ausnahme. Wer wehrt sich schon gegen seine Gönner? Gegen diejenigen, die es doch nur gut meinen? Die Gutmenschen haben leichtes Spiel, solange wir ihnen das Feld überlassen und ihren moralischen Anspruch akzeptieren. Es ist eine große Kunst, an andere mehr zu glauben, als diese es selbst tun. Das kann nur, wer selbst erfahren hat, welche Größe in ihm wohnt.

> **»Aus dir wird nie was.«**

Gesundmachtapparat

Wer sich die Liste der angesehensten Berufe in Deutschland anschaut, wird auf den Spitzenplätzen lauter Helfer finden. Auf Platz eins stehen seit Jahrzehnten unangefochten die Ärzte. Völlig zu Recht. Auch mir haben Ärzte das Leben gerettet, wie so vielen anderen auch. Manchmal sind Ärzte aber nur Verwalter von Krankheit – und manchmal macht ihre »Hilfe« erst recht krank. Es gibt nun mal keinen Beruf, der einen automatisch zum Helden macht. Auch der der Krankenschwester gehört nicht dazu. Sie steht auf Platz zwei des gesellschaftlichen Ansehens. Und erst recht der drittplatzierte »Freund und Helfer« von der Polizei verbringt sein Berufsleben eher mit dem Schreiben von Strafzetteln, Berichten und Protokollen als mit Heldentaten vom Schlage der Geiselbefreiung in Mogadischu. Auf dem allerletzten Platz des beruflichen Ansehens rangieren in Deutschland übrigens die Politiker. Wer will den Politikern da den Versuch übelnehmen, ihr Ansehen zu verbessern, indem sie sich als Helfer präsentieren?

Der Politiker als Freund und Helfer, der Sozialpolitiker also, hat mit den Spendensammlern der Wohltätigkeitsorganisationen, den Entwicklungshelfern der Nichtregierungsorganisationen und den Beamten und Angestellten unseres Sozialstaats viel gemeinsam. Sie alle sammeln unablässig Geld, um anderen zu helfen. Egal, ob Steuern oder Spenden, Sozialbeiträge oder Wohlfahrtsmarken – stets wird bei den sogenannten Besserstellten angeklopft, um den sogenannten Schwachen zu helfen. Die Spendensammler und Steuereintreiber wertet das moralisch auf. Sie gehören zur Klasse der Helfer und genießen das höchste Sozialprestige. Und darin liegt die Verführung zur Macht. Vielen Helfern ist das nicht bewusst. Sollte es aber.

> Vielen Helfern ist das nicht bewusst. Sollte es aber.

Spektakuläre Heilungen, sensationelle Operationsmethoden und der massive Einsatz von Technik und Pharmazie können einem Arzt höchstes Ansehen verschaffen. Ein anderer Arzt, der durch seine ausgeklügelten Prophylaxe-Maßnahmen bei Tausenden verhindert, dass sie überhaupt erst krank werden, wird demgegenüber nicht weiter auffallen. Der Erste wird reich und vielleicht sogar berühmt werden. Der Zweite wird umso stiller und bescheidener leben müssen, je gesünder seine Patienten sind. Denn in unserem Gesundheitssystem werden Ärzte nicht für die Gesundheit ihrer Patienten bezahlt. Kein Zufall. Wertschätzung und Bezahlung passen hier gut zusammen.

Deshalb hält sich die Reparaturmedizin auch so gut, und deshalb hat die Vorsorgemedizin nach wie vor kaum eine Chance. Mag unser Gesundheitswesen noch so sehr an ihre finanziellen Grenzen stoßen, mag die Volksgesundheit noch so schlecht sein. Ähnlich wie den Ärzten geht es auch den Sozialpolitikern, Sozialarbeitern und Sozialbürokraten. Sie brauchen die Schwachen für ihre Daseinsberechtigung. Und sie brauchen das Geld der Gutverdiener mit dem schlechten Gewissen, um das System am Laufen zu halten.

Natürlich sucht jeder Mensch Bestätigung in seiner Daseinsberechtigung. Rechtsanwälte wollen prozessieren. Apotheker wollen Medikamente verkaufen. Psychologen wollen therapieren. Chirurgen wollen operieren. Gleichstellungsbeauftragte wollen schützen, Frauen und Behinderte zum Beispiel. Daran ist nichts auszusetzen. Es wird dann zum Problem, wenn Menschen ihren Wirkungsbereich als alleiniges heilbringendes Weltbild verstehen und sich selbst zu wichtig nehmen. Denn wenn einer einen Hammer hat, sieht alles nach einem Nagel aus.

Die Systeme, die wir uns geschaffen haben, sind das Problem. Das Gesundheitssystem macht nicht gesund. Die Welthungerhilfe schafft den Hunger nicht aus der Welt. Das Entwicklungshilfesystem entwickelt nicht. Hartz IV und Sozialhilfe verringern nicht Armut und Arbeitslosigkeit. Lesen

Sie es in den Statistiken nach. Gemessen an ihrer offiziellen Zielsetzung, funktionieren diese Systeme nicht. Es geht nicht um die Absicht, sondern um die Wirkung. Aber wehe, Sie konfrontieren ihre Vertreter damit!

Verwicklungshelfer

Dambisa Moyo wurde 1969 in einem Slum geboren, in Lusaka, der Hauptstadt von Sambia. Sie weiß, was Armut ist. Aber sie schaffte den Aufstieg. Sie studierte an amerikanischen Eliteuniversitäten, promovierte in Oxford, arbeitete bei der Weltbank und später bei der New Yorker Investmentbank Goldman Sachs. Dann kehrte sie der Hochfinanz den Rücken und engagierte sich für die Vergabe von Mikrokrediten an Menschen in Entwicklungsländern. Und sie schrieb ein Buch.

In ihrem weltweiten Bestseller *Dead Aid* klagt sie die Entwicklungshilfe des Westens für Afrika an. Was falsch ist an Entwicklungshilfe? »Als Anfang der sechziger Jahre die Entwicklungshilfe startete, waren ihre Ziele, das Wirtschaftswachstum zu steigern und die Armut zu reduzieren. Doch alle Programme haben hinsichtlich dieser Messgrößen versagt«, erklärt Dambisa Moyo in einem Interview mit der Schweizer Zeitschrift *Weltwoche*. Und weiter: »In den vergangenen fünfzig Jahren sind mehr als zwei Billionen US-Dollar Hilfe von den reichen an die armen Länder geflossen. Dennoch steht Afrika heute schlechter da als vor fünfzig Jahren. Lebten damals nur 10 Prozent der Einwohner unter der Einkommensgrenze von zwei Dollar, so sind es heute 70 Prozent. Während der letzten dreißig Jahre sank das Wirtschaftswachstum jährlich um 0,2 Prozent.«

Das sind Fakten! Dambisa Moyo ist zu dem Schluss gekommen, dass die Entwicklungshilfe für Afrika Teil des Problems ist, nicht Teil der Lösung. »Die Frage ist nicht, warum diese Länder nicht weiter sind, trotz der jahrzehntelangen Entwicklungshilfe«, sagt Moyo. Die Antwort sei vielmehr, dass die Länder gerade wegen der Entwicklungshilfe nicht weiter seien. »Das fundamentale Problem ist, dass die Entwicklungshilfe keine Jobs geschaffen hat, sondern das Gegenteil bewirkte, nämlich Jobs zerstörte. Entwicklungshilfe produziert Inflation, Schulden, Bürokratie und Korruption. In ein solches Land wollen Unternehmer nicht investieren, sie schaffen dort keine Jobs. Ist ein Land abhängig von Hilfe, dann wird niemand bestraft, wenn er nicht innovativ ist, denn die Hilfe fließt trotzdem. Und niemand wird belohnt, wenn er sich anstrengt.« Zum Glück ist das inzwischen vielen klargeworden. »Hilfe zur Selbsthilfe« heißt der Zaubersatz. Nur bei der Umsetzung stehen zu viele Gutmenschen im Weg.

> Entwicklungshilfe produziert Inflation, Schulden, Bürokratie und Korruption.

Die Gutmenschen und Weltverbesserer reagieren auf solche Diagnosen auf ihre eigene Weise. Sie erklärten Dambisa Moyo zur Unperson. Man erkennt die Gutmenschen daran, dass sie immer diejenigen zur Hölle wünschen, die ihnen den Spiegel vorhalten. Der Volksmund sagt: Getroffene Hunde bellen. Bei der Weltbank, in den Entwicklungshilfeministerien und bei den Hilfsorganisationen hat Dambisa Moyo kaum noch Freunde. »Das war eine bittere Enttäuschung für mich«, sagt sie. »Wenn es eine Lektion gibt, dann jene, dass es viele Leute gibt, die versuchen, den Status quo in Afrika beizubehalten, da sie sonst ihre Daseinsberechtigung verlieren.«

So funktioniert das also: Wir Spender und Steuerzahler sollen Opfer bringen für die guten Täter, damit sie Menschen bevormunden und sich moralisch überlegen fühlen können. Ansprüche an ihre Schützlinge stellen die Gutmenschen nicht. Da bestünde ja die Gefahr, dass sie sich weiterentwickeln. Am Ende vielleicht sogar ein neues Leben anfangen und die Fesseln der Armut hinter sich lassen. Das ist das gleiche Spiel in allen großen Wohlfahrtssystemen. Wollen wir wirklich, dass Afrika stark wird? Dass es auf Augenhöhe kommt?

Mit welcher hehren Absicht sie auch immer ins Leben gerufen wurden: Heute ermöglichen diese Systeme den Gutmenschen vor allem, sich selbst moralisch überlegen zu fühlen. Man erkennt die Gutmenschen darum an den mentalen Sargnägeln, die sie anderen ständig ins Holz schlagen. Sie sorgen sich um Schwache, um selbst als Helfer zu glänzen. Und dabei nutzen sie einen unserer fatalsten Denkfehler aus: Wir glauben, wenn wir die Starken schwächen, wäre mehr Stärke für die Schwachen da. Dabei ist es genau umgekehrt. Wenn die Starken noch stärker werden, ist mehr Stärke für alle da. Der erste Ansatz geht von einem bestehenden Kuchen aus, der möglichst gerecht verteilt werden muss. Der zweite Ansatz geht von einem immer größer werdenden Kuchen aus. Wird der Kuchen größer, ist genug für alle da.

Wenn die Schwachen alle stark würden, müssten sie sich neue Schwache suchen. Deshalb sollen die Schwachen gefälligst schwach bleiben! Die mit Abstand effektivste Möglichkeit, jemanden schwach zu halten, ist, ihm nichts zuzutrauen und ihn von Hilfe abhängig zu machen. Einmal armes kleines Kätzchen, immer armes kleines Kätzchen. Einen Menschen dagegen zu fördern, heißt aber primär, ihn aus der Hilfe hinauszubefördern – ob er das will oder nicht!

Aufbauhelfer

Jene Gutmenschen, die weder an echte Chancen noch an echte soziale Dynamik glauben, wollen weder ein starkes Afrika als gleichberechtigten wirtschaftlichen Partner noch wollen sie den Sozialhilfeempfänger von heute in Zukunft als ihren Chef sehen. Wo kämen wir da hin? Wenn die Schwachen stärker werden, ist es mit der Solidarität schlagartig vorbei. Deshalb verpassen die Gutmenschen auch immer wieder systematisch den Punkt, an dem ihre Hilfe überflüssig wird.

Immerhin: Manchmal sind wir auch hier lernfähig. In der Medizin war es früher üblich, ein gebrochenes Bein möglichst lange Zeit in Gips zu packen. Danach waren die Muskeln des Beines stark zurückgebildet und mussten in einem langen Aufbauprogramm wieder fitgemacht werden. Oft kam es dabei zu Komplikationen oder Spätfolgen, die nicht mehr korrigiert werden konnten. Heute kommt der Gips ganz schnell wieder runter. Das tut den Patienten erst mal höllisch weh. Aber sie sollen das Bein so schnell wie möglich wieder belasten. Und müssen die Belastungsschmerzen eben aushalten. Unterm Strich sind sie schneller wieder fit und gehen viel geringere Risiken ein.

Der entscheidende Punkt ist: Würde man die Patienten fragen, ob sie den Gips noch eine Weile behalten wollten, würden die meisten die Schmerzen scheuen. Im dem Moment, in dem sie von der stützenden Hilfe entwöhnt werden, sind sie nämlich gar nicht glücklich. Aber hinterher werden sie umso glücklicher sein. So funktioniert echte Hilfe. Genau wie bei den jungen Katzen. Und genauso könnte es auch in unserem Sozialsystem funktionieren. Wenn wir es auch dort schaffen würden, den richtigen Moment zu treffen, an dem den Hilfsbedürftigen wieder Belastungsschmerzen zugemutet werden können, wären wir einen riesengroßen Schritt weiter.

Einen eindrucksvollen Beweis, wie man auch Menschen aus schwierigen sozialen Verhältnissen zu Höchstleistungen motivieren kann, liefert der Dokumentarfilm *Rhythm is it!* aus dem Jahr 2004. Gezeigt wird die Geschichte eines Tanzprojekts, bei dem Weltstars mit Problemkindern zusammenarbeiten und am Schluss gemeinsam eine absolut professionelle Aufführung von Igor Stravinskys Ballett *Le sacre du printemps* hinbekommen. Im Februar 2003 begannen die Berliner Philharmoniker und ihr Chefdirigent Simon Rattle mit 250 Kindern und Jugendlichen aus 25 Nationen zu proben. Für die Choreographie war der Engländer Royston Maldoom verantwortlich. Nur sechs Wochen Probezeit hatten die Schüler, um ein Weltklasse-Ensemble zu werden. Dabei kam erschwerend hinzu, dass die meisten aus Problemschulen stammten und noch nie mit klassischer Musik und Ballett in Berührung gekommen waren.

> Nur sechs Wochen Probezeit hatten die Schüler, um ein Weltklasse-Ensemble zu werden.

Royston Maldoom hatte vorher schon mit Straßenkindern in Äthiopien und mit jugendlichen Strafgefangenen in England Stravinskys Ballett inszeniert und wusste, was er tat. Auch Pultstar Simon Rattle hatte nie einen Zweifel am Erfolg. So kam es tatsächlich nach sechs Wochen zu einer umjubelten Aufführung in der Arena Treptow. Und erst recht wurde der Dokumentarfilm im Kino und auf DVD ein Riesenerfolg.

Eindrucksvoll in dem Film sind die Porträts der Jugendlichen, denen es durch das Projekt gelingt, einen riesigen Entwicklungssprung zu machen. So schafft es ein 16-jähriger Kriegswaise aus Nigeria, der anfangs kein Wort Deutsch spricht und in einem Flüchtlingsheim am Stadtrand lebt, später nicht nur, auf der Bühne zu glänzen, sondern auch Kontakte zu knüpfen, die es ihm ermöglichen, in der deutschen Gesellschaft Fuß zu fassen. Heute arbeitet er in Berlin als Informatiker für Systemintegration. Und ein Mädchen, das sich zu Beginn des Projekts für zu faul hält, um den Hauptschulabschluss zu schaffen, macht ihn nach Stravinsky dann doch.

Erschreckend sind dagegen die Szenen mit jenen Lehrern an den Berliner Schulen, die es angeblich nur gut mit ihren Schülern meinen. Der Film dokumentiert, wie sich diese Gutmenschen mehrfach bei Royston Maldoom beschweren: Das könne er den Kindern und Jugendlichen nicht zumuten! Er verlange viel zu viel! Und wie er die Kinder rumkommandiere, das gehe gar nicht! Die kämen schließlich alle aus sozial schwierigen Verhältnissen, und darauf müsse man Rücksicht nehmen!

Als sich einmal ein Junge direkt bei Royston Maldoom beschwert, er würde lieber was machen, das mehr Spaß bereitet als die Proben, antwortet der Choreograph auf seine Art. »Ich habe hier die ganze Zcit Spaß«, sagt er. »Ich habe Spaß am Ernst der Sache.« Der Satz wirkt entwaffnend. Die Proben gehen weiter.

KAPITEL 6

Revolutionäre: Diktatur und andere gute Absichten

Die Schlange vor der Theke der Bäckerei ist lang. Sie wollen nur zwei Buttercroissants und zwei Roggenbrötchen für das Sonntagsfrühstück. Vor Ihnen quengeln zwei gelangweilte Kinder, deren Mutter kurz vor der Überforderungsgrenze um ihre Fassung ringt. »Mami, ich will ein Croissant!«, nervt der eine. »Ich auch!«, echot der andere. »Ja, ja. Ihr kriegt Croissants, und für Papa nehmen wir auch eins mit«, sagt die Frau.

Die Reihe schiebt sich weiter nach vorn, gleich sind Sie dran. Da bricht einer der beiden Kerle aus und richtet beim Süßigkeiten-Regal den unvermeidlichen Bergrutsch an – die Mutter muss aus der Schlange ausscheren, um das Schlimmste zu verhindern. Plötzlich sind Sie an der Reihe! Hinter Ihnen dreißig andere Menschen, links eine Mutter mit Erziehungsaufgaben, vor Ihnen die Theke mit den letzten drei Croissants. Sie zögern nur kurz: »Drei Croissants, bitte!« Beim Zahlen schaut Sie die Mutter fragend an. Etwas verunsichert schauen Sie weg und gehen in Richtung Ausgang.

Hobbyrevoluzzer

Wer den Charakter eines Menschen kennenlernen will, sollte ihm Macht geben. Gerade unter den Gutmenschen und Weltverbesserern wünschen sich viele insgeheim oder auch ganz offen den Umsturz der bestehenden, so ungerechten Verhältnisse. Und wer soll diesen Wandel herbeiführen? Na, sie selbst oder ihresgleichen! Jedenfalls gute Menschen, die für alle anderen nur das Beste wollen.

Die Hobbyrevoluzzer unter den Gutmenschen, die den schnellen und einfachen Weg an die Macht suchen, um die Welt in Ordnung zu bringen, begegnen uns überall. In den Kommentarspalten der Zeitungen, in den Talkshows des Fernsehens, in der Kaffeeküche der Firma, im Lehrerzimmer und am Skattisch. Natürlich haben sie alle nur die reinsten Absichten, jedenfalls glauben sie das selbst. Und solange sie nicht dem Lackmustest echter Macht unterzogen werden, wird ihnen auch niemand nachweisen können, was ihre eigentlichen Motive sind.

> Natürlich haben sie nur die reinsten Absichten.

Kaum einer der heimlichen Revoluzzer wird jemals wirklich an die Macht kommen – Gott sei Dank! An den wenigen, die im Laufe der Geschichte tatsächlich eine Revolution angezettelt haben, kann man nämlich bestens studieren, was aus den guten Absichten wird, die sich die Weltverbesserer allerorten auf die Fahnen schreiben, die sie in Diskussionen auf dem Büroflur lautstark vertreten, die sie eifernd am Abendbrottisch ihren Kindern um die Ohren hauen: Wenn die da oben endlich weg wären, die ungerechten Schweine! Die Politiker! Die Manager! Der Chef!

Revolutionsromantik

Nein, für sich persönlich wolle er überhaupt keine Macht! Allein die Befreiung der Kubaner von der Unterdrückung sei Ziel seiner Revolution. Nach dem erhofften Sturz des Militärdiktators Fulgencio Batista werde er sich ins Privatleben zurückziehen. Das erklärte Fidel Alejandro Castro Ruz gegen Ende der 1950er Jahre.

Fidel Castro befreite die Kubaner tatsächlich. Er stürzte Batista und dessen Junta. Gemeinsam mit seinem Mitstreiter Ernesto »Che« Guevara und ihrer »Bewegung des 26. Juli« verjagte er die für ihre grausamen Folterungen berüchtigten

Militärs. Und dann änderte der Revolutionär seine Meinung.

Nun wollte er doch an die Macht. Oder er bekannte sich jetzt offen zu dem, was er schon immer vorhatte. Wie auch immer: Fidel Castro kam und blieb an der Macht, er war knapp fünfzig Jahre lang Diktator auf Kuba und ließ sich im Superlativ als »Máximo Líder« – größter Führer überhaupt – feiern. »Wozu Wahlen?«, lautet einer seiner vielen markanten Sprüche.

Auf Kuba hatte es auch eine liberale Opposition gegeben. Anfangs sah Castro in ihr noch seine Verbündete. Dann brach er mit den Bürgerlichen und erklärte sie irgendwann sogar zu Staatsfeinden. Ähnlich ging es ihm mit den USA. Nach dem Sturz Batistas ließ sich Castro zunächst von Washington unterstützen. Doch je mehr er seine eigene Macht ausbaute, desto argwöhnischer betrachtete Castro die Großmacht im Norden. Irgendwann waren die USA für ihn die Verkörperung alles Bösen auf der Welt.

Einmal an der Macht, definierte er selbstherrlich, wer Freund war und wer Feind. Seine Gegner bezeichnete er als »Gegenrevolutionäre«, »Faschisten« oder »CIA-Agenten« und ließ sie ohne Gerichtsverfahren zunächst in schäbige Kerker, später dann in Arbeitslager stecken. In den ersten Jahren nach der Revolution wurden Tausende hingerichtet. Später füllten sich die Arbeitslager immer mehr. Nach Gutdünken definierte Castro, wer als »Konterrevolutionär« sogenannte »Verbrechen gegen die revolutionäre Moral« begangen hatte.

> Bei den deutschen Gutmenschen ist Kuba ausgesprochen beliebt.

Dazu zählten nach Castros Verständnis zum Beispiel grundsätzlich alle Schwulen und seit den 1980er Jahren alle HIV-Infizierten. Immerhin wurden die Gefangenen, glaubt man Amnesty International, wohl nicht so brutal gefoltert wie unter Batista. Ein echter Fortschritt für die Menschlichkeit!

Trotzdem: Bei den deutschen Gutmenschen ist Kuba ausgesprochen beliebt. Die halbverfallene, vollkommen verwahrloste Altstadt von Havanna weckt bei ihnen romantische Gefühle. Hier ist es fast so schön schmuddelig wie in Kreuzberg, nur wärmer und mit dem Meer vor der Nase. Und die Menschen sind zwar arm – aber fröhlich und authentisch. Hier herrscht nicht so ein ausbeuterischer Massentourismus wie in der Dominikanischen Republik. Außerdem sind die Prostituierten und der Alkohol viel billiger, aber darüber redet natürlich keiner.

Der unangefochtene Popstar für die Kuba-Fans unter den deutschen Gutmenschen ist natürlich nicht Fidel Castro, sondern Che Guevara. Unter allen Revolutionären des 20. Jahrhunderts ist er die Projektionsfläche der guten Absicht schlechthin.

Der eine Grund dafür ist ein Foto. Jeder kennt Alberto Kordas Fotografie des jungen Che von unzähligen T-Shirts, Postern, Umhängetaschen und Aufklebern. Es ist eines der berühmtesten Porträts der Welt. Auf diesem Foto oszilliert der Blick des Revolutionärs so faszinierend zwischen kaltentschlossen und romantisch-verträumt, dass sich kaum ein jugendlicher Betrachter seiner emotionalen Ausstrahlung entziehen kann. Im Gegensatz zu Fidel Castro hatte Che Guevara zudem das Aussehen eines Latin Lovers, das Generationen von Studentinnen noch ganz andere als nur politische Projektionen ermöglichte. Che machte die Revolution sexy wie keiner vor ihm und keiner nach ihm.

Der andere Grund für Che Guevaras anhaltende Beliebtheit dürfte darin zu suchen sein, dass er nach der Revolution weniger Unheil anrichtete als andere erfolgreiche Revolutionäre, wie etwa Pol Pot, Mao Tse-tung, Saddam Hussein oder eben Fidel Castro. Was nicht heißt, dass Che Guevara überhaupt kein Unheil angerichtet hätte. In der Regierung Castro wurde er 1959 Industrieminister und Leiter der kubanischen Zentralbank. Auf beiden Führungspositionen versagte der Doktor der Medizin kläglich. Das ist auch kein Wunder, denn er verfügte über keinerlei berufliche Erfahrung. Es sei denn, man lässt »Revolutionär« als Beruf gelten.

Che Guevara ordnete die völlige Verstaatlichung der kubanischen Wirtschaft an. Dadurch geriet der Lebensstandard aller, die nicht ohnehin schon bettelarm waren, in den freien Fall. Praktisch die komplette kubanische Oberschicht wanderte fluchtartig in die USA aus – und nahm ihr Geld natürlich mit. »Adiós Capitalistos!«, dachte sich der Revolutionär da wohl nur. Dass das Geld der Wohlhabenden für wichtige Investitionen fehlen würde, daran dachte er nicht. Auch nicht daran, dass die Enteignung amerikanischer Beteiligungen die Investitionsfreude des Auslands nicht gerade befeuern würde. Jeder kennt die amerikanischen Straßenkreuzer der 1950er Jahre in den Straßen von Havanna. Für die deutschen Kuba-Fans waren sie immer ein beliebtes Fotomotiv. Die Kubaner wurden allerdings nie gefragt, ob sie jahrzehntelang auf moderne Autos verzichten möchten.

Nach fünf Jahren in seinen politischen Ämtern machte sich Che Guevara eines Tages aus dem Staub. Er tauschte Khaki-Dress und Barett gegen einen Businessanzug, stieg als Geschäftsmann getarnt in ein Flugzeug und verließ Kuba für immer. In einem Punkt war er offenbar zur Einsicht gekommen: dass er nichts anderes gelernt hatte und nichts anderes konnte, als Revolutionär zu sein, und dass er in einer zivilen Regierung deshalb nichts zu suchen hatte.

Die letzten Jahre seines Lebens verbrachte er als revolutionärer Kämpfer in weiteren Revolutionen – erst im Kongo, dann in Bolivien. Bevor er von der bolivianischen Armee erschossen wurde, gelang es ihm noch, eine Grußadresse an die deutschen »Revolutionäre« um Rudi Dutschke zu schicken. Darin forderte er die protestierenden Studenten auf, sich im Kampf von »unbeugsamem Hass« antreiben zu lassen, um eine »effektive, gewaltsame, selektive und kalte Tötungsmaschine« zu werden. Das brachte damals das Blut so manches Stuttgarter Arztsöhnchens in Wallung, das auf

Papis Kosten an der FU Berlin Soziologie studierte. Nur: Wie können Dinge zum Positiven verändert werden, wenn man sich auf eine Tötungsmaschine beruft? Wenn ein Gutmensch Macht bekommt, zeigt er sein wahres Gesicht. Meist ist er schlimmer als derjenige, den er von der Macht verjagt hat.

Freiheitsmissverständnis

Die aus einer polnisch-jüdischen Familie stammende Politikerin Rosa Luxemburg war von zwei Dingen restlos überzeugt. Das erste war der Sozialismus. Das zweite war der Frieden. Um 1900 war Rosa Luxemburg innerhalb der SPD die Wortführerin des linken Flügels, der sich am kommunistischen Manifest von Karl Marx und Friedrich Engels orientierte, während viele andere Sozialdemokraten an den sozialen Fortschritt durch bessere Gesetze im Reichstag glaubten. Der Erste Weltkrieg entfremdete Rosa Luxemburg endgültig vom Rest der SPD, die sich der allgemeinen Kriegsbegeisterung in Deutschland mehrheitlich nicht entziehen konnte. Rosa Luxemburg protestierte öffentlich gegen den Krieg und nahm dafür und für andere öffentliche Kritik an der Politik mehrere Jahre Gefängnis in Kauf.

Dann kam das Schicksalsjahr 1918: In Deutschland wurde der Krieg verloren; in Russland ereignete sich die Oktoberrevolution. Die ehemals linken Sozialdemokraten nannten sich jetzt »Kommunisten« und wollten mit Waffengewalt an die Macht. Rosa Luxemburg, die die Gewalt des Krieges entschieden abgelehnt hatte, gehörte zu den wenigen, die diese Möglichkeit skeptisch sahen. Schon die Oktoberrevolution in Russland hatte sie mit gemischten Gefühlen beobachtet. Mitten im Jubel ihrer Parteifreunde über den Sieg der russischen Genossen wies sie auf die Gefahr einer neuen Diktatur und einer neuer

»Freiheit ist immer die Freiheit des Andersdenkenden.«

Unterdrückung in Russland hin. In dieser Situation, als ihre Genossen sich in Deutschland schon als neue kommunistische Regierung sahen, sprach Rosa Luxemburg den berühmt gewordenen Satz: »Freiheit ist immer die Freiheit des Andersdenkenden.«

Dieser Ausspruch wird noch heute gern zitiert. Aber wie viele haben ihn tatsächlich verstanden und wie viele beherzigen ihn auch? Niemand kennt die ganze Wahrheit. Niemand hat alle Weisheit allein für sich gepachtet. Niemand hat immer recht. Je mehr jemand von seiner Mission überzeugt ist, desto wichtiger ist es, den Standpunkt des anderen zu achten. Sonst kehren sich die guten Absichten allzu schnell ins Gegenteil. Die sozialistische Idee war ja zunächst einmal ein berechtigter Gegenentwurf zu einer Gesellschaft, die auf Klassenwahlrecht, militärischem Gehorsam in allen Lebensbereichen und dem unerschütterlichen Glauben an die Überlegenheit des eigenen Volkes beruhte. Doch was hätte man darauf folgen lassen können? Rosa Luxemburg hatte keine Gelegenheit mehr zu zeigen, wie sie selbst mit Macht umgegangen wäre. Sie wurde kurz nach dem Ende des Kaiserreichs von Rechtsextremen ermordet. Das macht es natürlich heute leicht, in ihr das menschliche Antlitz der Revolution zu sehen.

Immerhin hatte Rosa Luxemburg gute Gründe für ihren politischen Kampf. Die Lebensverhältnisse in den Mietskasernen der damaligen Arbeiterviertel würden heute wohl selbst Steinzeit-Liberale keinem Sozialhilfeempfänger zumuten wollen. Und nur weil es später noch einen Zweiten Weltkrieg gegeben hat, wird der Erste Weltkrieg heute nicht von allen als die Menschheitskatastrophe gesehen, die er war. Die Gutmenschen und Weltverbesserer brauchen indes nicht immer handfeste Gründe, um zur Revolution aufzurufen. Wenn es nur die Macht ist, auf die sie aus sind, dann finden sich stets Argumente, warum man sie ans Ruder lassen sollte.

Verantwortungsmissbrauch

Diese Argumente sind Teil eines immer gleichen Musters: Zunächst muss es eine Gruppe der Benachteiligten und Zukurzgekommenen geben. Und es muss Schuldige für diese Benachteiligung geben. Wie sehr sich diese Schuld durch Tatsachen untermauern lässt, ist zweitrangig. Die Revolutionäre malen den Benachteiligten nun deren missliche Lage in den schillerndsten Farben aus. So lange, bis diese kochen, vor Wut auf diejenigen, die ihnen das – angeblich – alles angetan haben. Dann bringen die Revolutionäre ihre Verheißung ins Spiel. Sie lautet: Gebt uns die Macht – dann wird es euch allen gutgehen. Wir sorgen dafür. Aber »die« müssen dafür erst einmal weg. Wenn es sein muss, mit Gewalt. Und das muss fast immer sein.

Nach diesem Schema behaupteten der Kambodschaner Pol Pot und seine »Roten Khmer« Anfang der 1970er Jahre, alle Probleme Kambodschas seien auf den Konflikt zwischen Stadtbevölkerung und Landbevölkerung zurückzuführen. Die Städter würden die Bauern unterdrücken. Die Städter seien an allem schuld. Viel mehr Ideologie brauchte Pol Pot nicht. Schwarz–Weiß, Stadt–Land, ein klares Feindbild – das reichte. Plausibel musste es nicht sein.

1975 kamen er und seine Roten Khmer an die Macht. Die Städter wurden aufs Land umgesiedelt und mussten dort Zwangsarbeit verrichten. Gebildete waren unerwünscht und wurden ermordet. Es genügte angeblich, eine Brille zu tragen, um von den Killerkommandos hingerichtet zu werden. Von einst 5000 Ärzten blieben 50 übrig. Landesweit. Wer nicht an Krankheiten starb oder ermordet wurde, der verhungerte. Irgendwann hatten selbst die Bauern keinen Reis mehr und ernährten sich von Ratten. Pol Pot, der sich »Bruder Nr. 1« nennen ließ, lebte allerdings nicht auf dem Land, sondern in einem Palast in der Stadt. Die meisten Kambodschaner bekamen ihn nie zu Gesicht. Bis heute existieren kaum Fotos von ihm. Ebenso wenig wie von den meisten der nach UN-Schätzungen 1,9 bis 3,5 Millionen Kambodschaner, die von seinem Regime ermordet wurden.

Nun, was interessiert uns Kambodscha? Pol Pot ist tot. Wahrscheinlich hat er Selbstmord begangen, so genau weiß man das nicht. Mir geht es hier aber auch nicht um Pol Pot. Mir geht es erst recht nicht darum, welcher der Diktatoren des 20. Jahrhunderts die meisten Menschen auf dem Gewissen hat. Mir geht es um das, was passiert, wenn die Verfechter der guten Absichten auf einen Schlag in der Lage sind, ihren guten Absichten auch tatsächlich gute Taten folgen zu lassen. Wer sich eines Einflusses auf die Außenwelt erfreut, ist noch lange kein Berufener!

Wer Macht bekommt, bekommt immer auch Verantwortung. Die Verantwortung für Ergebnisse. Die Verantwortung, Menschen zu führen. Andere führen kann jedoch nur, wer gelernt hat, sich selbst zu führen. Beides ist prinzipiell durch jeden erlernbar. Es ist eine große Errungenschaft, dass in einer Demokratie jedem die Macht offensteht. Und dass in einem Unternehmen jeder die Chance hat, Karriere zu machen. Ob dabei jeder wirklich die gleichen Chancen hat, steht auf einem anderen Blatt.

> Andere führen kann nur, wer gelernt hat, sich selbst zu führen.

Einfluss zu gewinnen und ihn richtig einzusetzen ist ein sehr anstrengender Prozess und braucht seine Zeit. Wer meint, sich ihn ersparen zu können, indem er eine Revolution anzettelt, vor dem nehme man sich in Acht. Denn nur weil jemand eine gute Absicht vorzuweisen hat, ist er noch lange nicht für die Macht qualifiziert. Macht zu haben heißt, Verantwortung zu tragen. Und Verantwortung tragen zu können, lernt man nicht durch den bloßen Besitz von Macht. Ganz im Gegenteil: Wer zur Macht kommt, muss bereits in der Lage sein, verantwortlich zu handeln. Und wie schafft man das? Indem man lernt, gemeinsam mit anderen etwas zu leisten.

Indem man lernt, andere so zu entwickeln, dass sie zu mehr Selbstverantwortung geführt werden.

Die Revolutionäre unter den Gutmenschen wollen sich ihren Führungsanspruch nicht erarbeiten, sie suchen die Abkürzung zur Macht. Der Revolutionär verspricht der Masse, er werde dafür sorgen, dass es bald allen besser geht. Doch wer sich den Weg an die Spitze nicht erarbeiten musste, dem fehlt die menschliche Reife, um wirkungsvoll zu führen. So zeigt sich die Charakterschwäche des Revolutionärs in aller Regel schnell, sobald er tatsächlich an der Macht ist. Statt für die Masse sorgt er jetzt in erster Linie für sich selbst. Weil er die Schlechtigkeit der Welt für seine Daseinsberechtigung braucht, hat er an wirklichem Fortschritt, von dem alle profitieren, kein Interesse.

Will jemand an die Macht? Ohne Umwege? Macht er sich dabei zum Anwalt der Unterdrückten? Das lässt nichts Gutes ahnen. Die Gutmenschen vergessen schnell, was für Ideale sie einst propagiert haben, und werden zu Halbgöttern in der Präsidentenvilla oder auf dem Ministerstuhl oder im Chefsessel oder vor der Schulklasse oder – wenn sich eine plötzliche Chance zur Machtausübung bietet – in einer Warteschlange vor der Theke einer Bäckerei.

KAPITEL 7

Kuschelchefs: Harmoniewall gegen Machtverfall

In manchen Unternehmen spüre ich schon beim Hereinkommen: Hier ist alles darauf ausgelegt, dass Menschen möglichst lange verweilen und sich wohl fühlen. Es ist wie zu Hause oder zumindest wie in einem guten Hotel. Am Empfang werde ich freudestrahlend begrüßt. Jedenfalls nachdem mich die Empfangsdame hinter all ihren Grünpflanzen entdeckt hat. Überhaupt scheint diese Mitarbeiterin hier im Erdgeschoss ihr eigenes Reich zu haben. Was der Besucher in ihrem Umfeld sieht, trägt ausnahmslos ihre persönliche Note. Fast könnte man meinen, in ihr Wohnzimmer geraten zu sein. Deshalb bekommt der Besucher auch gleich einen Kaffee angeboten.

Überhaupt wird sehr viel Kaffee getrunken in diesen Unternehmen. Und seit Rauchen verpönt ist, noch mehr. Natürlich trinkt keiner seinen Kaffee alleine am Schreibtisch während der Arbeit. Nein, das Kaffeetrinken ist ein wichtiges Gemeinschaftserlebnis, zu dem man einmal pro Stunde zusammenkommt. Es sei denn, man sitzt in einer Besprechung. Dort steht der Kaffee schon auf dem Tisch. Dazu gibt's Kekse. Wie sonntagnachmittags zu Hause bei Kaffee und Kuchen. Entsprechend lange dauern die Meetings, und entsprechend oft laden diese netten Menschen dazu ein. Weil es so gemütlich ist, möchte keiner so schnell wieder zurück an seinen Schreibtisch. Da wäre er ja ganz allein.

So sitzt man zusammen. Und: Es sitzen *alle* zusammen! Jeder muss ins Boot, niemand darf ausgeschlossen werden. Und niemand darf sich selbst davon ausnehmen. Das ist ein Grundgesetz in den netten Unternehmen. Deshalb werden auch bei E-Mails immer möglichst viele auf Cc gesetzt. Natürlich darf jeder mitreden.

Nur unangenehme Dinge sollte keiner zur Sprache bringen. Das muss nun wirklich nicht sein, nicht vor all den anderen! Aber zum Glück weiß man ja, was der andere hören will. Man kennt sich lange genug. Deshalb wird gelobt, was das Zeug hält. Bis alle freudentrunken den Konferenzraum verlassen.

Machtmittelverwendung

Zum hundertsten Geburtstag des Kultautors Ian Fleming schrieb der Engländer Sebastian Faulks im Jahr 2008 einen neuen James-Bond-Roman, dessen Handlung er stilecht in die 1960er Jahre verlegte. In *Der Tod ist nur der Anfang* finden sich alle Zutaten eines 007-Klassikers: der ironisch-überlegene Held im Dienst Ihrer Majestät, schöne Frauen, schnelle Autos – und ein größenwahnsinniger Bösewicht mit deutsch klingendem Namen: Dr. Julius Gorner hasst die Briten, und er will das Vereinigte Königreich vernichten. Aber was genau plant der Erzfeind? Reichert er Uran an, um die Atombombe zu bauen? Züchtet er Viren, um eine Seuche auszulösen? Oder hat er eine Vorliebe für chemische Waffen? Nein, er nutzt die »Swinging Sixties«, um Großbritannien mit Drogen zu überschwemmen. Er will die Briten bespaßen, verführen und zu einem Volk von Junkies machen.

Der Schurke Dr. Gorner aus dem 007-Thriller ist äußerst raffiniert. Er weiß, dass man Menschen bedrohen und einschüchtern kann, um Macht über sie zu gewinnen. Aber ihm ist auch bewusst, dass das ein anstrengender, unschöner und für ihn persönlich riskanter Weg ist. Viel intelligenter und angenehmer ist es, Menschen gute Gefühle zu verschaffen und sie von einem abhängig zu machen, um Macht über sie zu gewinnen. Die Machtbesessenen unter den Gutmenschen beherrschen diese Masche perfekt. Anders als im Roman wollen sie anderen Menschen zwar nicht vorsätzlich schaden. Aber die Wirkung, die sie letztlich erzielen, ist ebenso verheerend. Zum Beispiel in den »netten« Unternehmen.

Stellen Sie sich einmal folgende kleine Szene vor: Da kommt der Chef der Personalentwicklung ins Großraumbüro und sagt: »Gute Nachrichten, Leute! Ihr dürft eine ganz tolle Fortbildung machen. 5-Sterne-plus-Hotel auf Mallorca. Drei Tage. Die Küche hat zwei Michelin-Sterne. Am zweiten Tag machen wir alle zusammen eine Segeltour. Natürlich ist ein riesiger Golfplatz in der Nähe. Und wie immer gehen alle Drinks auf die Firma. Na, was sagt ihr?«

Und jetzt die gleiche Szene noch mal. Da kommt der Chef rein und sagt: »Wir müssen uns unbedingt zusammensetzen. Ich will nächsten Monat zehn Ideen für neue Produkte. Ich gebe uns drei Tage Zeit. Wir treffen uns Montag um halb neun im Bürgerhaus. Da ist ein Raum reserviert. Jeder weiß, was er vorzubereiten hat. Noch Fragen?«

Und? An welcher Veranstaltung möchten die Leute aus dem Großraumbüro wohl lieber teilnehmen? Ich sage aus der Erfahrung, die ich in vielen Unternehmen gemacht habe: an der zweiten. Zumindest dann, wenn es sich um erfolgreiche Führungskräfte handelt. Die sind die ewigen Weichspülveranstaltungen der Gutmenschen nämlich langsam leid. Die haben schon lange keine Lust mehr, ihre Zeit mit als Fortbildung getarnter Bespaßung zu vergeuden, bei der nichts herauskommt. Zeit wohlgemerkt, die sie anschließend im Tagesgeschäft nacharbeiten müssen. Nur die Gutmenschen unter den Personalentwicklern haben das noch nicht gemerkt. Man erkennt sie daran, dass es ihnen nicht um Veränderung, Entwicklung und Innovation geht, sondern zuerst um ihre eigene Positionierung im Unternehmen. Natürlich haben sie die Entwicklung der ihnen anvertrauten

> Nur die Gutmenschen unter den Personalentwicklern haben das noch nicht gemerkt.

Mitarbeiter im Auge, aber sie kommt nicht an erster Stelle. Sie wollen mit ausgezeichneten Feedbackbögen glänzen und biedern sich den Mitarbeitern mit immer neuen Erlebnisangeboten an. Nicht die Wertschöpfung des Unternehmens ist ihre Richtschnur, sondern ihre eigene Daseinsberechtigung. Menschenentwicklung sieht jedoch anders aus.

Anstrengungsschwere

Weihnachtsfeier in einem mittelständischen Unternehmen. Der Marketingchef setzt sich zum Finanzchef an den Tisch und fragt ihn: »Na, was sind deine guten Vorsätze fürs nächste Jahr?« Da trinkt der Finanzer erst mal sein viertes Glas Wein auf ex und erwidert dann: »Ich fange im Januar endlich eine Therapie an. Ich leg mich auf die Couch. Ich halte das alles hier sonst nicht mehr aus.« Der Marketer schaut etwas skeptisch und sagt: »Wenn du meinst, dass es dir guttut. Ich jedenfalls gehe ab Januar wieder regelmäßig joggen und ins Fitnessstudio. Damit ich den ganzen Stress hier besser bewältige.«

Tatsächlich hat der Marketer im Januar seine erste Trainingsstunde. Mann, das hatte er sich einfacher vorgestellt! Beim Ausdauertraining schnellt der Puls sofort auf 180. Nach zwanzig Minuten ist der Manager schweißgebadet, als wäre er in seinen Sportsachen unter der Dusche gewesen. Und als seine Trainerin an Gerät Nummer 23 das geringste Gewicht einstellt und es im Trainingsplan notiert, ist er froh, dass niemand aus der Firma ihn jetzt sieht. Er fühlt sich wie ein rostiges Schiffswrack auf einer Sandbank. Doch die nächsten Tage und Wochen quält er sich jeden Morgen vor dem Büro ins Fitnessstudio. Vorsatz ist Vorsatz. Am Schreibtisch fühlt er sich dann wie gerädert. Doch irgendwann pendelt sich der Puls bei 140 ein. Und eine Scheibe nach der anderen kommt zusätzlich auf die Hantel. Eines Morgens kommt der Marketer in sein Büro und fühlt sich leicht wie eine Feder.

Da geht es dem Finanzer ganz anders. Schweren Schrittes schleppt er sich nach der Mittagspause an seinen Schreibtisch. Er war wieder mal auf der Couch. Dabei ist die Therapie doch so angenehm! Das erste Mal hat der Therapeut noch gar nicht richtig angefangen. Er hat Tee gekocht und sich mit dem Finanzer in seinem schönen Büro mit den warmen Hölzern und den flauschigen Stoffen zusammengesetzt. Man müsse sich ja erst mal kennenlernen und Vertrauen zueinander fassen, hatte er gesagt. Dann durfte der Finanzer endlich auf die Couch. Sein Therapeut war immer darum bemüht, dass es sein Klient auch bequem hat. Ein netter Mensch. Der auch immer eine Decke holte, wenn dem Finanzer kühl war. Und dann durfte der Finanzer von seiner schweren Kindheit und Jugend erzählen. Zweimal die Woche. Und der Therapeut sagte irgendwann, er verstehe immer besser, warum es sein Klient als Finanzchef in dieser Firma so schwer habe.

> Dabei ist die Therapie doch so angenehm!

An einem strahlenden Tag, beim Sommerfest des Unternehmens, setzt sich der Marketer zum Finanzer auf die Bierbank und fragt ihn: »Na, wie geht's denn? Was macht deine Therapie?« Und der Finanzer sagt: »Ach, frag mich nicht! Immer noch dasselbe. Aber ich weiß jetzt wenigstens, wie schlimm es wirklich um mich steht. Mein Therapeut hat gesagt, das kann noch lange dauern.« Darauf der Marketer: »Also, mir geht es inzwischen richtig gut. Ich fühle mich total fit. Komm doch mal mit in mein Fitnessstudio!« Doch der Finanzer winkt nur ab: »Nein, das ist nichts für mich. Das ist für mich zu anstrengend. Ich wünschte, ich wäre so fit wie du, dann würde ich auch so viel Sport machen. Aber ich muss weiter auf die Couch. Ich hoffe, dass meine Therapie irgendwann wirkt und ich mich dann besser fühle …«

Wer sich persönlich weiterentwickeln will, der braucht keine Therapie. Sicher, wenn jemand wirklich psychisch krank ist, muss er zum Psychologen gehen. Nur er kann in diesem

Fall helfen. Bei der Weiterentwicklung der Persönlichkeit wird ein gesunder (geistiger) Muskel trainiert. Wie in einem Fitnessstudio. Das geht nicht, wenn man eine Muskelzerrung hat.

Das Problem jedoch ist: Manche geben nur vor, eine Muskelzerrung zu haben. In Wirklichkeit sind sie zu faul, um wirklich an sich selbst zu arbeiten und sich innerlich so zu verändern, dass man sich auf neue Situationen einstellen oder Herausforderungen begegnen kann. Das anstrengende Fitnessstudio oder die angenehme Couch, das sind zwei Muster, nach denen man das Leben angehen kann. Im Fitnessstudio hängen wir uns rein, wir spüren Schmerz und Leistungsgrenzen, aber nach einer gewissen Zeit fangen wir an, uns immer besser zu fühlen. Oder wir legen uns, ohne dass wir krank sind, in einem angenehmen Umfeld, betreut von einem verständnisvollen Gesprächspartner auf die Couch, mit der Folge, dass wir nicht vorankommen. Wohin es geht, das entscheidet jeder selbst.

Umfeldbeweismittel

Hin und wieder höre ich von Führungskräften Sätze wie: »Ich hätte gerne, dass meine Mitarbeiter mehr Verantwortung übernehmen.« Diese Führungskräfte sind ziemlich schockiert, wenn ich darauf erwidere: »Nein, das wollen Sie nicht!« Wie ich das behaupten könne, wollen Sie wissen? Und ich präzisiere: »Wenn Sie das wirklich wollten, dann wäre es doch schon so.« Dann schauen meine Gesprächspartner mich an wie die Figur eines Slapstick-Films, über der gerade ein Eimer Wasser geleert wurde. Dabei ist meine Antwort ganz einfach zu verstehen. Es ist noch nicht einmal ein Vorwurf, nur eine Feststellung, die auf viel Erfahrung beruht.

Es ist eine Tatsache, dass sich Mitarbeiter unbewusst an den eigentlichen und unausgesprochenen Wünschen und

Bedürfnissen ihres Chefs orientieren und nicht an seinen Worten. Eine Ausnahme von dieser Regel habe ich noch nirgendwo erlebt. Und sie lässt sich ebenso gut in umgekehrter Richtung formulieren: Mit Signalen auf der unterbewussten Ebene machen Chefs ihren Mitarbeitern deutlich, was sie eigentlich erwarten. Demgegenüber ist das gesprochene Wort nahezu bedeutungslos. Es gibt sogar Sätze, die einem zuverlässig signalisieren, dass eine Führungskraft eigentlich genau das Gegenteil seiner Lippenbekenntnisse herbeiwünscht. Je häufiger die Sätze benutzt werden, umso sicherer werden diese nicht gelebt.

Sätze wie: »Ich wünsche mir Mitarbeiter, die wie Unternehmer im Unternehmen sind«, sind geradezu Klassiker in großen Firmen. Ich erlebe immer wieder Manager, die diesen Satz zwar aussprechen, sich in Wirklichkeit jedoch gehorsame Soldaten wünschen. Ausnahmen bestätigen die Regel. Ähnlich verhält es sich mit der Aussage: »Wir brauchen mehr Querdenker im Unternehmen!« Wo diese Worte fallen, kann man sich sicher sein, dass alles gewünscht ist, bloß kein eigenständiges Denken. Denn wer sich als Führungskraft wirklich Querdenker in seiner Umgebung wünscht, der hat sie bereits. Ist er hingegen von Duckmäusern und Jasagern umgeben, dann sind das garantiert die Leute, mit denen sich der Manager auch am wohlsten fühlt. Und der von den Chefs beim Sektempfang geäußerte Herzenswunsch nach mehr »Querdenkern« ist nicht viel mehr als modische Koketterie.

Wenn du den Charakter eines Chefs kennenlernen willst, dann höre nicht auf seine Worte, sondern sieh dir die Menschen an, mit denen er sich umgibt. Sind sie schwach und abhängig und versuchen sie, es ihm recht zu machen? Dann ist ihr Harmoniebedürfnis auch das ihres Chefs. Oder sind sie selbstbewusst und kommunizieren mit ihrem Vorgesetzten auf Augenhöhe? Dann ist ihre Konfliktfähigkeit auch die ihres Chefs. Die gute Nachricht für Chefs ist, dass auch sie auf diese Weise ein zuverlässiges Mittel der Selbsterkenntnis besitzen: Schau, was um dich herum ist, und du siehst, was du wirklich willst!

Jetzt ist auch der Satz »Der Fisch stinkt vom Kopf her« besser zu verstehen. Wer ihn als Führungskraft begriffen hat und an sich selbst überprüft, sieht im nächsten Moment, wie die Dinge positiv zu verändern sind. Nämlich indem er sich selbst ändert. Dieser Prozess ist anstrengend – aber er lohnt sich. Emotional und finanziell. Wenn der Chef sich klarmacht, was bisher seine eigentlichen Motive waren, hat er die Chance zur Veränderung. Und damit zu einer positiven Entwicklung seiner selbst und seiner Mitarbeiter und zu besseren Ergebnissen im gesamten Unternehmen. Natürlich ist es für das Selbstbild einer typischen Führungskraft ein Schlag ins Gesicht, wenn sie sich eingestehen muss: Ich bin ein Gutmensch! Ich will hier eigentlich nur bewundert werden und im Mittelpunkt stehen; Ergebnisse und Wirkung sind für mich nur Mittel zu diesem Zweck. Aber genau diese Einsicht wäre der Anfang einer Besserung.

Ich will hier eigentlich nur bewundert werden!

Die Umstände, in denen wir leben oder arbeiten, führen uns immer vor Augen, was wir bis jetzt wollten. Doch wir können jederzeit anfangen, etwas anderes zu wollen. Menschliche Größe zeigt sich dort, wo das jemand freiwillig tut, wo sich jemand entscheidet, in kleinen Schritten fähiger zur konstruktiven Auseinandersetzung zu werden und jeden Tag ein bisschen weniger Harmonie um jeden Preis anzustreben.

Harmoniesuchtverhalten

Harmoniesüchtige Chefs ordnen ihrem Wunsch nach Beliebtheit und ihrem Hunger nach Anerkennung alles andere unter. Der Harmoniewall, den sie errichten, umschließt jeden einzelnen Mitarbeiter. Offenheit, Kreativität und konstruktive Auseinandersetzung bleiben so auf der Strecke. Konflikte werden verdrängt und verschleppt. Unter dem Deckel der Harmonie gärt es dabei mindestens so sehr wie bei Loriots Familie Hoppenstedt unter dem Weihnachtsbaum. Und genau wie dort endet die ganze Harmoniesucht bei vielen Familien und Unternehmen oft genug in Chaos und Streit.

> Unter dem Deckel der Harmonie gärt es.

Wie oft habe ich bei Mittelständlern zum Beispiel schon erlebt, dass der überfällige Generationswechsel vom Seniorchef zum Juniorchef auf die lange Bank geschoben wird. Alle wollen es dem »Alten« recht machen. Niemand will den Senior kränken oder ihn in seiner Selbstherrlichkeit stören. Lieber wartet man auf die Krise, die dann endlich zum Handeln zwingt.

Alle finden sich toll im Unternehmen der Gutmenschen. Doch wo die Chefs den Versuchungen einer Führungskraft erlegen sind, da gibt ihr Egoismus den Ton an. Da verhindert ihr Narzissmus das, was eigentlich einzige Aufgabe einer Führungskraft ist: durch Menschenentwicklung die Selbständigkeit und Wirkung jedes Einzelnen ständig zu erhöhen, damit sich auch Wirkung und Wertschöpfung des Unternehmens ständig steigern können. Natürlich würden die einzelnen Mitarbeiter dadurch auch unabhängiger werden. Gut für den Unternehmenswert. Schlecht für den Egotrip des Chefs.

Eine der Hauptversuchungen für Führungskräfte besteht darin, den natürlichen Wunsch des Menschen nach Harmonie höher zu gewichten als die Notwendigkeit der Entwicklung. Harmoniesucht führt jedoch zu Duckmäusertum und produziert Bewunderungsgartenzwerge. Nur konstruktive Auseinandersetzungen sorgen für Weiterentwicklungen. Harmonie ist das Ziel, ja. Aber die Harmonie, die nach der notwendigen Auseinandersetzung kommt.

Eine mit der Harmoniesucht eng verwandte Versuchung für Führungskräfte ist die Sucht, gemocht und gebraucht zu werden, statt Mitarbeiter in die Verantwortung zu führen.

Wer – unbewusst – daran arbeitet, bei seinen Mitarbeitern beliebt zu sein, der führt sie in die Abhängigkeit.

Es ist nicht die Aufgabe von Führungskräften, Mitarbeiter so zu behandeln, wie diese es gerne hätten oder wie es der Führungskraft selbst angenehm wäre. Es ist die Aufgabe von Führungskräften, Mitarbeiter so zu behandeln, dass sie sich entwickeln. Wer aber die Weiterentwicklung von Menschen will, kommt um die konstruktive Auseinandersetzung mit ihnen nicht herum. Die Gutmenschen unter den Führungskräften in Unternehmen schrecken davor zurück. Ihr Credo lautet: Wir sind alle eine große Familie; wir haben uns alle lieb. Alle sind freundlich, niemandem kommt ein böses Wort über die Lippen. Es will auch keiner Bote schlechter Nachrichten sein und dafür aus der Gemeinschaft ausgeschlossen werden.

Keine Frage, wir alle streben nach Harmonie. Niemand will Streit. Doch das Kuschelunternehmen ist auf schwankendem Grund gebaut. Hinter jeder verschleppten Insolvenz steckt Harmoniesucht: der Wunsch, der Realität nicht ins Auge zu sehen. Hinter jeder.

KAPITEL 8

Angsteltern: Wer schwache Kinder hat, ist nie allein

Kinder jammern über irgendeine Ungerechtigkeit – und die Eltern stellen sich sofort hinter sie. Wir sind okay, die anderen sind nicht okay, lautet die Grundhaltung der Eltern, die sie auf ihre Kinder übertragen. Statt ihre Kinder zu fragen: Was genau ist passiert? Was hast du gemacht? In welcher Form bist du selbst für die Situation verantwortlich? Wenn Eltern ihren Kindern sofort zur Seite springen, lernen die Sprösslinge: Meine Wahrnehmung ist immer richtig. Denn meine Eltern sind ja immer auf meiner Seite. So wird früh der Egoismus kultiviert. Und Egoismus ist der Schatten der Gutmenschen.

Wenn das ältere Geschwisterchen eingeschult wird, bekommt auch das kleinere Geschwisterchen eine kleine Schultüte, damit es sich nicht ausgegrenzt fühlt. Denn dass das arme kleine Geschwisterchen aushalten müsste, dass nur das große Geschwisterchen etwas bekommt, das halten die Eltern nicht aus. So ist es gerecht, gell? Und was ist, wenn das kleine Geschwisterchen zwei Jahre später eingeschult wird, bekommt das große Geschwisterchen dann noch mal eine Schultüte? Und wenn das eine Geburtstag hat, bekommt dann das andere auch ein Geschenk? So entstehen kollektivistische Ansprüche, die nichts mit individuellem Verdienst zu tun haben.

Man erkennt die Gutmenschen in den Elternhäusern an ihrem Bemühen, ihren Kindern nichts als Liebe zukommen zu lassen. Doch der Preis für so viel Liebe ist hoch. Zumindest wenn man dasselbe unter Liebe versteht wie die Gutmenschen. Für diese bedeutet Liebe, dem anderen alles abzunehmen, weil das Leben später noch schwer genug sein wird. Doch dadurch mangelt es den Kindern zunehmend an Stärke und Selbständigkeit. Natürlich haben die Eltern dieses Ergebnis nicht gewollt, sie haben nur das getan, von dem sie dachten, dass es richtig sei. Gut gemeint, schwach gewirkt. Deshalb wimmelt es in der Republik von dreißig- und vierzigjährigen mentalen »Nicht-Erwachsenen«.

<small>Gut gemeint – schwach gewirkt.</small>

Das Statistische Bundesamt registriert die nüchternen Fakten: Vor allem männliche Jugendliche leben immer länger bei ihren Eltern. Rund 50 Prozent der 24-jährigen Männer wohnen noch bei ihren Eltern beziehungsweise bei der Mutter, die sie allein erzogen hat. 1970 waren es nur 20 Prozent. Heute kann man dagegen 15 Prozent der Männer noch an ihrem 30. Geburtstag bei ihren Eltern besuchen. Bei den Frauen sind die Zahlen etwas niedriger, weil Frauen sich tendenziell schneller beruflich etablieren und früher langfristige Bindungen eingehen. Trotzdem ist der Trend zum »Hotel Mama« bei jungen Erwachsenen beiderlei Geschlechts zu beobachten.

Immerhin hat diese Lebensform auch klare Vorteile. Der Kühlschrank ist immer voll, und die Haare in der Badewanne verschwinden ganz von selbst. Oft gibt es auch einen kostenlosen Wäscheservice. Und vom ausbaufähigen Nettoeinkommen bleibt unvergleichlich mehr für Auto, Partys und Markenklamotten, wenn Miete und Nebenkosten wegfallen oder sich auf einen symbolischen Beitrag reduzieren. Und das sollen die starken Verantwortungsträger der Zukunft werden.

Loslassschwächekultur

Jetzt können wir natürlich ein Klagelied über die dekadente und faule Jugend von heute anstimmen. Doch schon der antike Philosoph Sokrates seufzte: »Die Jugend von heute liebt den Luxus, hat schlechte Manieren und verachtet die Autorität. Die Jugendlichen widersprechen ihren Eltern, legen die Beine übereinander und tyrannisieren ihre Lehrer.« Die Klage über die Verkommenheit der Jugend trifft den Kern der Sache weniger denn je. Dieser Vorwurf ist heute sogar komplett irreführend. Denn es sind in Wirklichkeit die Eltern, die sich an ihre Kinder klammern, nicht umgekehrt! Psychologische Untersuchungen haben dafür interessante Belege gefunden. So beginnt nur ein Teil der Eltern, deren Kinder ausgezogen sind, sofort mit Umbau und Renovierung, um aus dem Jugendzimmer ein Arbeitszimmer, ein Gästezimmer oder einen Hobbyraum zu machen.

Viele Eltern lassen die Zimmer der Sprösslinge noch auf Jahre genau so, wie es die Jugendlichen verlassen haben. Die Möbel, die Poster an den Wänden, die Kuscheltiere auf dem Bett – nichts wird verändert. Am Wochenende kommen die Nestflüchter dann ins alte Zuhause und schlafen wie gewohnt unter den Augen des FC Bayern oder der Popband Tokio Hotel. Wenn Eltern die ehemaligen Zimmer ihrer Kinder de facto zu Kultstätten machen wie Elvis-Fans die Villa Graceland, so spiegelt das die Vorgänge in ihrem Inneren. Es offenbart nichts anderes als ihre Unfähigkeit, sich von ihren Kindern emotional zu lösen. Die Kinder bekommen das natürlich unbewusst mit. Und wenn sie ihre Eltern nicht enttäuschen wollen, dann lassen sie sich oft auf ein Spiel ein, bei dem sie Zuwendung und Aufmerksamkeit gewinnen und dafür auf eigene Standpunkte verzichten.

Psychologen haben herausgefunden, dass es viele Eltern heute in eine Krise stürzt, wenn die Kinder das Haus verlassen. Statt Stolz auf die Selbständigkeit ihrer Kinder zu empfinden oder vielleicht auch Freude darüber, wieder mehr Zeit für sich zu haben, erleben sie eine Sinnkrise. Eine mögliche Erklärung: Eltern wollen heute so lange wie möglich jung bleiben und sich am Puls der Zeit fühlen. Sie genießen es, wenn ihre Kinder im Teenager-Alter zu Hause Partys feiern. Sie beschäftigen sich noch einmal ausgiebig mit Jugendthemen und lernen die Namen der angesagtesten Bands, damit sie mitreden können. Und dass das Haus immer voll ist, freut sie am meisten.

Doch dann, mit dem Auszug der Kinder, ist die Party schlagartig vorbei. Und die Eltern fühlen sich auf einmal alt. Wie auf dem Abstellgleis. Besonders schlimm fühlt es sich für die Eltern an, wenn zeitgleich die Rente näher rückt. Durch ihren Job und ihre Kinder fühlten sie sich gebraucht. Jetzt ist die Wohnung leer, und für den wöchentlichen Einkauf im Supermarkt bräuchte man eigentlich keinen Kombi mehr. Für die Eltern, die ihre Kinder immer benutzt haben, um sich gute Gefühle zu verschaffen, ist dieser Bedeutungsverlust eine narzisstische Kränkung. Selbst das Weihnachtsfest steht unter dem Verdacht, mehr für die Kindheitserinnerungen der Erwachsenen da zu sein als für die Kinder. Es ist eben ein großer Unterschied, ob Eltern für oder durch ihre Kinder leben.

> Es ist ein großer Unterschied, ob Eltern für oder durch ihre Kinder leben.

Antipickelhaubenpädagogik

Das Schreckensbild der Gutmenschen ist die »preußische« Erziehung. Diese soll es nie wieder geben, hat sie doch – angeblich – schnurstracks in den Terror des Nationalsozialismus geführt. Was die DDR allerdings nicht davon abgehalten hat, die sozialistische Jugend mit preußischem Drill zu erziehen und schon im Kinderhort zum Fahnenappell antreten zu lassen. Wenn wir uns die tatsächliche Geschichte Preußens ansehen, so waren dessen Erziehungsideale zunächst von den Ideen der Aufklärung geprägt. Im 18. Jahrhundert war für die unteren Schichten so gut wie keine Bildung vorgesehen. Die Bauern und ihre Kinder waren für die Gutsherren kaum mehr als lebende Erntemaschinen, die zu funktionieren hatten und die nach ihrem frühen Tod oft irgendwo verscharrt wurden. Die preußischen Reformer der Aufklärung wollten das ändern. 1776 schrieb Friedrich Eberhard von Rochow das Buch *Der Kinderfreund*, ein Unterrichtswerk für Landschulen. Ziel des Reformers war es, »durch den besseren Unterrichte ein zukünftiges Geschlecht besserer Menschen« zu bilden. Er sah die Schule als »Hilfeleistung dazu, daß an allen Gliedern der Gesellschaft die Erkenntnis der für sie nützlichen Wahrheit früh genug möglich werde, oder kürzer: die zureichende Anweisung zum gemeinnützigen Gebrauch aller Seelenkräfte«.

Ein Jahrhundert später waren die Kinderfreunde unter den preußischen Aufklärern vergessen. Jetzt entstand das, was bis heute als Inbegriff »preußischer« Erziehung gilt: die Betonung von Gehorsam, Ordnung und Disziplin, von Patriotismus und Heldentum, von absoluter Treue zur Obrigkeit. Hintergrund dieser Entwicklung war der Kampf der konservativen Kräfte um Kaiser Wilhelm I., Kanzler Bismarck, Adel und Militär gegen die Arbeiterbewegung. Nach dem Ende der repressiven Sozialistengesetze setzte der Staat auf Indoktrinierung als wirksameres Machtmittel. Das Militär wurde zur »Schule der Nation« erklärt. Im ganzen Deutschen Reich sollten Kinder und Jugendliche der arbeitenden Schichten »mental gestärkt« werden, um der Freiheitsverlockung der Arbeiterbewegung zu widerstehen. Eltern und Lehrer wurden angehalten, schon kleine Verstöße oder Versäumnisse von Kindern und Jugendlichen rigoros zu bestrafen. Körperliche Züchtigung, Strafarbeiten oder Einsperren waren an der Tagesordnung.

»Die Schule der Nation ist die Schule« – mit diesem Satz wollte Bundeskanzler Willy Brandt in seiner ersten Regierungserklärung 1969 mit dem autoritären Erbe Preußens ein für alle Mal brechen. Es war kurz nach der Studentenrevolte von 1968, das Pendel schwang in die entgegengesetzte

Richtung und die Schlagworte hießen nun »antiautoritäre Erziehung«, »Kinderläden« und »Laissez-faire«. Wollte Kaiser Wilhelm deutsche Kinder vor allem zu »guten Soldaten« heranzüchten, so forderte Brandt die »Erziehung eines kritischen, urteilsfähigen Bürgers, der imstande ist, durch einen permanenten Lernprozess die Bedingungen seiner sozialen Existenz zu erkennen und sich ihnen entsprechend zu verhalten.« Gut gemeint.

So kam es, dass in der Folge der 68er-Bewegung Eltern bereitwillig ihre Verantwortung für die Erziehung ihrer Kinder an die Schule abtraten. Doch die Rechnung ging nicht auf. Die 70er-Jahre-Pädagogik schuf ein Schulsystem, in dem Kinder und Jugendliche alleingelassen wurden – begleitet von Beschwörungsformeln von Demokratie und Gleichheit. »Schülermitbestimmung« war eine nette Idee der 70er; ich erinnere mich selbst noch gut, wie viel Spaß die gewählten Schülervertreter in den ihnen für ihre demokratische Willensbildung zur Verfügung gestellten Räumen stets hatten. Doch welches Kind weiß schon, was wirklich gut für die eigene Entwicklung ist? Man betrachtete es damals als menschenverachtende Erniedrigung, wenn Kinder Erwachsenen Türen aufhalten sollen. Heute zeigt sich: Kinder und Jugendliche selbst fordern Regeln und Rituale ein. Sie geben ihnen Sicherheit und Orientierung.

Welches Kind weiß, was gut für die eigene Entwicklung ist?

Sommerhügellandschaften

Seit den 70er Jahren soll die Schule es richten, wenn Eltern versagen. Doch überforderte Lehrer müssen lediglich ausbaden, dass manche Eltern nicht mehr bereit oder nicht mehr in der Lage sind, ihre Kinder zu erziehen. Für die Gutmenschen-Eltern ist es bequem, wenn sie die Verantwortung an Gutmenschen-Lehrer abgeben können. So können sie sich ganz darauf beschränken, die angenehmen Seiten des Zusammenseins mit ihren Kindern zu genießen. Weil ihnen die emotionale Kraft fehlt, sich mit ihren Kindern auseinanderzusetzen, und sie mit den Emotionen in der Eltern-Kind-Beziehung nicht klarkommen, soll das »System Schule« die Probleme lösen.

Den Lehrern mangelt es dazu allerdings oft an Autorität. An einer Autorität, die Kinder als Orientierungshilfe wahrnehmen. Eine innere Stärke, die sich durch Lebenserfahrung, nicht durch das bloße Studium ergibt. Allein auf ihr Amt können sie nicht mehr bauen, und das wollen sie auch gar nicht, denn sie wünschen sich »kritische« und autoritätsskeptische Kinder. Gleichzeitig fehlt vielen Lehrern die emotionale Stärke, um Kinder von innen heraus zu führen. Fachwissen ist genügend vorhanden, es mangelt an Charakterstärke. So drücken im Elternhaus und in der Schule die Kinder die Knöpfe, dass einem schwindelig wird. Das erklärt vielleicht auch den hohen psychosomatischen Krankenstand bei Lehrern. So werden Kinder nicht charakterstark, sie werden bestenfalls schulklug, aber nicht zwingend lebensklug. Am Schluss bleiben sie als Erwachsene im »Hotel Mama« hängen, weil weder Eltern noch Lehrer mit ihnen die für Reifungs- und Ablösungsprozesse notwendigen Auseinandersetzungen eingeübt haben.

> Den Lehrern mangelt es oft an Autorität.

Die Lehrer und ihre politischen Vorgesetzten kümmern sich seit den 60er Jahren mit Vorliebe darum, wie sie das »System Schule« perfektionieren können. Wer mit Menschen überfordert ist, denkt sich am liebsten neue Strukturen aus. Das kennt man auch aus Unternehmen, in denen der sozial inkompetente Chef einsam an seinem Organigramm bastelt.

An Alternativentwürfen zu der den Gutmenschen verhassten preußischen und viktorianischen Erziehung herrschte in den vergangenen Jahrzehnten kein Mangel. Das wohl radikalste Gegenmodell steht schon seit 1921 in dem englischen Ort Leiston: »Summerhill« faszinierte auch in Deutschland eine ganze Generation von Pädagogen.

Für die Kinder in Summerhill ist der Unterrichtsbesuch vollkommen freiwillig. Sie kommen, wenn sie Lust haben. Auch gibt es keine starre Einteilung in Klassen und Altersstufen. Jeder Schüler entscheidet selbst, welchem Unterricht er gewachsen ist. Eine Schule ohne Regeln ist Summerhill trotzdem nicht. Es gibt Regeln, die von den Schülern selbst demokratisch beschlossen und regelmäßig geändert werden. Um einen geregelten Alltag zu gewährleisten, gibt es in Summerhill eine Art Gewaltenteilung mit vier Organen: Komitee, Ombudsleute, Tribunal und General Meeting.

In der langen Geschichte von Summerhill ließ sich nun eine spannende Beobachtung machen: Die von den Kindern selbst beschlossenen Regeln pendeln immer wieder zwischen zwei extremen Polen: autoritär und anarchisch. Wir könnten in Deutschland dazu auch sagen: Preußen und '68. Wenn im General Meeting ein oder zwei Jahre lang ständig neue und strenge Regeln beschlossen werden, ist das charakteristisch für eine autoritäre Phase. Nach einigen Jahren ist es den Schülern dann wiederum zu autoritär, und es werden manchmal mit einem Beschluss des General Meetings sämtliche Regeln komplett aufgehoben. Das ist dann eine anarchistische Phase in Reinkultur.

Die älteren Schüler, die schon die Phase der strengen Regeln erlebt haben, kommen auch mit der Anarchie klar. Die jüngeren Schüler lernen so aber keine Grenzen und verlangen bald wieder nach Regeln. So werden nach und nach wieder neue Regeln beschlossen, und Summerhill wird wieder autoritärer. Aus diesem Pendeln der Schüler zwischen den Polaritäten – ganz ohne den Einfluss Erwachsener – ließe sich einiges über Erziehung lernen. Dass Kinder nämlich beides brauchen – und einfordern: Strenge und Disziplin auf der einen Seite. Und Freiheit, Hingabe und Kreativität auf der anderen Seite. Diese Gegensätze schließen sich überhaupt nicht aus, sondern ergänzen sich. Es sind zwei Seiten derselben Medaille.

Erziehungsentzugserscheinungen

Bernhard Bueb ist pensionierter Schulleiter des Internats Schloss Salem am Bodensee. Mit seinen Büchern *Lob der Disziplin* und *Von der Pflicht zu führen* hat er vor einigen Jahren eine Debatte über die Prinzipien der Erziehung in Deutschland angestoßen. Von den Gutmenschen wurde er dafür zur Hölle gewünscht: Von Lehrerverbänden, Erziehungswissenschaftlern und Entwicklungspsychologen wurden die Inhalte seiner Bücher als »Schwarze Pädagogik«, »ungehemmt autoritär« oder als »Dämlichkeiten« bezeichnet. Bueb selbst bemüht in seinem Buch ein Bild von Thomas Mann, um seine Vorstellung von Balance in der Erziehung zu verdeutlichen: »Der Schiffer beugt sich nach rechts, wenn das Boot nach links driftet.« Bueb geht es nicht um Disziplin an sich, sondern um mehr Disziplin nach Jahren der Disziplinlosigkeit.

> Mehr Disziplin nach Jahren der Disziplinlosigkeit.

In einem *Spiegel*-Interview erklärte Bueb: »Wir Menschen finden die Mitte oft nur mit Mühe und durch Erproben der Extreme. Sigmund Freud musste die Sexualität überbetonen, um ihre totale Verdrängung zu korrigieren. In der Pädagogik haben wir uns in Deutschland auf der Gratwanderung zwischen Disziplin und Liebe fast 40 Jahre lang zu sehr der Liebe zugeneigt. Wir mussten einsehen, dass Liebe allein nicht genügt. Nun müssen wir uns wieder der Disziplin zuwenden.« Dabei ist für den Pädagogen und Theologen allerdings klar: »Das Hauptmotiv eines Pädagogen muss Liebe zu Kindern sein. Sie verwandelt seine Macht in legitime Autorität.«

Hier wird ein Prinzip deutlich, dass nicht nur für die Erziehung gültig ist, sondern für jede Form von Führung: Autorität kommt aus dem Charakter eines Menschen. Und auch ein zweites Prinzip klingt hier an: Der Menschenentwickler bezieht seine Legitimität aus der wirklichen Liebe zu anderen Menschen. Er hat seinen Egoismus überwunden und interessiert sich tatsächlich für den anderen und nicht nur für sich selbst und seine überzogenen Ideale.

Und weshalb lehrt der Menschenentwickler dann Disziplin? Dazu noch einmal Bernhard Bueb: »Disziplin ist das Tor zum Glück der Anstrengung und des Gelingens. Jeder, der etwa ein Fußballspiel gewinnt, eine Sonate fehlerfrei spielt oder einen Berg besteigt, kennt dieses Gefühl. Zudem kann Disziplin bei orientierungslosen Kindern, von denen es heute so viele gibt, heilend wirken. Denn oft finden sie nicht durch Einsicht zum richtigen Weg.«

Das unterscheidet den wirklichen »Kinderfreund« im Sinne von Eberhard von Rochow vom Gutmenschen, dem es nur um seine Selbstbestätigung geht: Der Menschenentwickler möchte Kinder stark machen. Liebe zu Kindern und Jugendlichen heißt, sie stark zu machen, indem man sie fordert. Liebe, Gehorsam und Disziplin schließen sich nicht aus, sondern ergänzen einander. Wer Menschen liebt, tut ihnen im entscheidenden Moment weh.

Die Gutmenschen dagegen wollen von ihren Kindern nur die Bestätigung ihres eigenen Lebensentwurfs. Die Kinder sollen nicht ihren eigenen Weg finden, sondern so werden wie ihre Eltern, um damit deren Lebensentwurf zu huldigen. Das innere Wachstum der Kinder wurde von ihren Eltern zwar beschworen, aber in der Tat nie erwünscht. Denn den Gutmenschen geht es in Wahrheit nicht darum, ihren Kindern ein eigenständiges Leben zu ermöglichen, sobald diese erwachsen sind. Nein, es geht ihnen in erster Linie um sich selbst. Sie wollen vor allen Dingen im Alter nicht allein sein. Deshalb klammern sie sich an ihre Kinder, statt sie zur Freiheit zu führen und ihnen charakterliche Stärke vorzuleben. Das ist der Gipfel der Selbstzentriertheit!

Und es funktioniert nicht einmal. Denn haben die überbehüteten Kinder dann irgendwann doch noch den Absprung geschafft, sagen sie sich: Das klebrige Gequake meiner Eltern höre ich mir nicht mehr an. Und sind über alle Berge.

Nicht wer seine Kinder von sich abhängig macht, sondern wer sie in die Freiheit und Unabhängigkeit führt, ist im Alter nicht allein. Kinder und Jugendliche, die die Chance hatten, sich mit den Eltern auseinanderzusetzen und sich loszulösen, kommen auf Augenhöhe zu ihren Eltern zurück. Und lassen diese dann wirklich nicht im Stich, wenn es darauf ankommt. Um das zu erreichen, müssen Eltern die Auseinandersetzung mit ihren Kindern wagen und aushalten.

Eltern, die ihre Kinder zu Stärke führen wollen, üben mit ihnen, die Sicht des anderen zu verstehen. Dann entwickeln Kinder irgendwann auch andere Ansichten als ihre Eltern. Das ist gut, denn es ermöglicht ihnen die Loslösung. Und diese Loslösung ist wichtig. Auch für die Eltern. Ein chinesisches Sprichwort sagt: Wenn du etwas liebst, lass es los. Kehrt es zu dir zurück, ist es dein. Bleibt es fort, hat es dir nie gehört.

KAPITEL 9

Moralisten: Was sie wirklich wollen

Der deutsche Jurist Horst Mahler hat einen von außen betrachtet ausgesprochen wechselhaften politischen Lebensweg hinter sich. Allerdings nur von außen betrachtet. Als Jurastudent an der Freien Universität Berlin war Mahler Mitglied einer stramm konservativen Studentenverbindung. Dann trat er in die SPD ein. Nachdem er kurz darauf Mitglied des Sozialistischen Deutschen Studentenbundes geworden war, musste er die Sozialdemokratische Partei wieder verlassen. Als junger Rechtsanwalt verteidigte er die radikalen Studenten der Außerparlamentarischen Opposition, darunter Rudi Dutschke, Andreas Baader und Gudrun Ensslin. 1969 gründete er gemeinsam mit Hans-Christian Ströbele und Klaus Eschen das »Sozialistische Anwaltskollektiv« in Berlin. Ein Jahr später gehörte er zu den Gründungsmitgliedern der terroristischen RAF, war an mehreren Banküberfällen beteiligt und ging anschließend nach Jordanien, um sich von radikalen Palästinensern für den bewaffneten Kampf ausbilden zu lassen. Zurück in Berlin wurde er verhaftet und zu einer Gefängnisstrafe von 14 Jahren verurteilt. Während der Haft wurde Mahler für den Dokumentarfilm *Deutschland im Herbst* interviewt. Er pries darin den Marxismus, sah die Linke aber in einer Krise. Der Mord an Hanns Martin Schleyer ein Jahr zuvor, sagte Mahler im Interview, markiere das Dilemma der deutschen Linken. Der moralische Rigorismus der extremen Linken habe sich zu einer Skrupellosigkeit gesteigert, die das Volk abschrecke.

Im Jahr 1980 kam Horst Mahler vorzeitig aus der Haft frei. Nach einigen Jahren, in denen er wieder als Rechtsanwalt gearbeitet hatte, schrieb Mahler in den 90ern gemeinsam mit Franz Schönhuber, dem Bundesvorsitzenden der rechtsradikalen Partei Die Republikaner, ein Buch mit dem Titel *Schluss mit dem deutschen Selbsthass*. Mahler sah mittlerweile nicht mehr den Sozialismus, sondern das »Germanentum« als »Mittel der Gesundung des deutschen Volkes« an. Im Jahr 2000 trat er in die rechtsextreme NPD ein. Die »Wiederherstellung der Handlungsfähigkeit des Deutschen Reiches« gab er jetzt öffentlich als sein Ziel aus. Er forderte unter anderem das Verbot der jüdischen Gemeinden in Deutschland sowie die sofortige Ausweisung aller Asylbewerber und aller arbeitslosen Ausländer. Bei einem Interviewtermin für ein Hochglanzmagazin begrüßte Mahler seinen Interviewpartner Michel Friedman mit den Worten »Heil Hitler, Herr Friedman!« und leugnete im Verlauf des Gesprächs die Ermordung von Juden durch die Nazis. Alles das und noch einiges mehr kostete Mahler seine Zulassung als Rechtsanwalt und brachte ihm weitere Haftstrafen ein.

Horst Mahler ist sich treu geblieben. Sein Wechsel von der RAF zur NPD war nur Folge eines Austauschs der höheren Instanz, auf die er sich jeweils beruft. Horst Mahler ist eine besondere Form des Gutmenschen. Einer, der sich seiner wahren Motive nicht bewusst ist, einer, der sich in seine Beschwerde gegen die Welt immer stärker hineinsteigert. Und dann zum Moralisten wird. Während er vorgibt, die Welt retten zu wollen, geht es ihm eigentlich nur um sich selbst und um sein eigenes Weltbild. Was Moralisten wie Mahler wirklich wollen, sieht man an seinem extremen Beispiel. Es geht ihnen um das Gefühl der absoluten Überlegenheit gegenüber anderen, für das sie im Zweifel über Leichen gehen. Moralisten sind Egoisten, die für sich selbst gar nicht genug Aufmerksamkeit bekommen können. Horst Mahler nimmt sogar Gefängnisaufenthalte in Kauf, um immer wieder die Aufmerksamkeit der Medien auskosten zu können.

> Für das Gefühl der Überlegenheit gehen sie über Leichen.

Der Gerichtssaal ist zur Bühne der Inszenierung seines Egos geworden. Damit entlarvt sich das eigentliche Motiv. Es geht weder um den Sozialismus noch um das deutsche Volk noch um sonst jemanden außerhalb des Ich.

Die Instanzen, auf die sich die Moralisten jeweils berufen, könnten unterschiedlicher kaum sein. Ob ihnen die Bibel Autorität verleihen soll oder der Koran, das Grundgesetz oder die Allgemeine Erklärung der Menschenrechte, die unsichtbare Hand des Marktes oder das Ideal des Sozialismus, die Heimat, die Nation oder die Völkerfreundschaft – das spielt für ihre eigentliche, innere Absicht keine Rolle. Der Mechanismus ist immer derselbe: Stets ist es das Ego, das mit dem Gefühl genährt werden möchte, immer auf der richtigen Seite zu stehen und Verteidiger einer unumstößlichen Wahrheit zu sein. Moralisten wollen ihre Überlegenheitsgefühle auskosten und sonst nichts. Moralisten kreisen nur um sich selbst.

Torjagdzeit

Im Fußball sind die Dinge genau wie im Leben, bloß einfacher und anschaulicher. Es gibt zwei Halbzeiten. Zu Beginn der ersten Halbzeit bekommen die beiden gegeneinander spielenden Mannschaften ein Tor als das eigene und eins als das gegnerische zugeteilt, auf das sie spielen. Nach der Halbzeitpause wird gewechselt. Jetzt ist das vormals eigene Tor das gegnerische – und umgekehrt. Und das heißt: Wer jetzt noch in dieselbe Richtung spielt wie vorher, schießt ein Eigentor. Auch im menschlichen Leben gibt es die erste Halbzeit. In ihr sind wir ausschließlich mit unserem Ich beschäftigt – und das ist auch okay so. Säuglinge sind die größten Egoisten der Menschheit. Wenn sie Hunger oder Durst oder die Windeln voll haben, schreien sie wie am Spieß, bis ihr Bedürfnis befriedigt ist. Ob es mitten in der Nacht ist und die Eltern gerade schlafen wollen oder ob die Familie gerade im Auto mit 130 über die Autobahn fährt, interessiert den Säugling nicht. Kann es auch nicht, denn dafür reicht seine Erkenntnisfähigkeit nicht aus. Bedürfnis da – Schreireflex. Bedürfnis befriedigt – Ruhe. So haben wir alle zu Beginn unseres Lebens funktioniert. Bei einem Säugling ist das nachvollziehbar. Bei einem 50-jährigen Geschäftsführer eher nicht. Deswegen sollte man Jugendsünden auch in der Jugend gemacht haben. Im Alter wirken sie lächerlich.

> Bedürfnis da – Schreireflex.
> Bedürfnis befriedigt – Ruhe.

Das Kind lernt langsam, unter Tränen und nach wie vor viel Geschrei, dass nicht alle seine wachsenden Bedürfnisse von den Eltern befriedigt werden können. Und schon gar nicht sofort. Der Jugendliche lernt, seine Bedürfnisse selbst zu definieren, und beginnt, sich Gedanken über Ziele und deren Umsetzung zu machen. Er hat viele Wünsche und erlebt viel Schmerz. Zum Beispiel wenn seine erste Liebe ihn verschmäht. Das tut weh. Der junge Erwachsene beginnt dann, genauer zu planen, etwa seine Karriere. Er erkennt, was er kann und wie er Ziele erreicht. Er muss auch scheitern. Aber die Mehrheit scheitert nicht auf Dauer, sondern kommt voran und lernt aus ihren Rückschlägen. Dabei geht es immer noch um die eigenen Bedürfnisse, nur werden sie immer mehr verfeinert.

In der berühmten Hierarchie des Psychologen Abraham Maslow kommen an unterster Stelle die körperlichen Bedürfnisse, wie Nahrung, frische Luft, Gesundheit, Wärme und genügend Schlaf, Bewegung und Sex. Wenn diese befriedigt sind, will der Mensch Sicherheit. Also Schutz vor Terror und Krieg, ein festes Einkommen oder eine eigene Wohnung. Danach kommen die sozialen Bedürfnisse nach einer erfüllten Partnerschaft, Kindern, Freunden und Kommunikation. Hat der Mensch das alles, wird er noch anspruchsvoller. Sozialer Status soll her, Respekt, Wertschätzung, Geld, Macht, Erfolg, ein durchtrainierter Körper oder beeindruckendes Wissen oder am besten alles auf einmal.

Um alle diese Bedürfnisse dreht es sich in unserer ersten Halbzeit. Wir sind mit unserem Ich beschäftigt und mit allem, was es so braucht oder zu brauchen glaubt. Aber das Ich bedeutet immer Abgrenzung. Das Ego ist wie ein Gärtner, der einen Zaun in einem offenen Gelände errichtet und dann behauptet: Was innerhalb dieses Zauns ist, das bin ich, das gehört mir, das ist meines! Und weil es meines ist, ist es gut. Und weil das, was außerhalb dieses Zauns ist, nicht meines ist, ist es weniger gut. In der ersten Halbzeit ist es okay, so zu denken. Wir konzentrieren uns auf unsere Bedürfnisse, und dabei hilft es uns, streng zwischen Gut und Böse, Richtig und Falsch, Freund und Feind zu unterschieden. Ich bin der Maßstab, und wer nicht für mich ist, der ist halt gegen mich. Ich verteidige meinen Lebensentwurf und meine höhere Moral. Doch die Zäune, die Grenzen sind eigentlich Illusion. Sie existieren nur in unseren Köpfen.

Halbzeitverpasser

Zur Halbzeit des Lebens kommt uns hoffentlich die Einsicht, dass es keine Grenzen zwischen uns und den anderen gibt. Wir erkennen, dass wir eine Welle in einem Ozean sind – einzigartig und Teil von etwas Größerem. Denn da sind noch die anderen Menschen! Und die sind genauso wichtig wie wir. Plötzlich durchschauen wir die Muster unseres Verhaltens. Uns wird klar, wie ich-zentriert wir bisher waren. Und jetzt müssen wir nicht etwa zu radikalen Altruisten werden, die sich für die anderen aufopfern. Nein, wir müssen nur erkennen, dass wir unsere höchsten Ziele nur dann erreichen, wenn wir uns den anderen und ihrer Entwicklung zuwenden. Abraham Maslow hat die höchsten Bedürfnisse des Menschen als den Wunsch nach Einmaligkeit, nach voller Entfaltung der Talente und nach höherer Erkenntnis und Erleuchtung bezeichnet. Aber das sind eigentlich schon keine Bedürfnisse mehr. Hier geht es um etwas, das über den ewigen Zyklus von Bedürfnis, Befriedigung und neu aufkeimendem Bedürfnis hinausweist. Hier geht es um Sinn.

In der zweiten Halbzeit unseres Lebens werden wir reif dafür. Wir beschäftigen uns nicht mehr ausschließlich mit unserem Ich, sondern damit, wie alles mit allem zusammenhängt. Wir folgen nicht mehr blind unseren unbewussten Mustern, sondern finden Wege, aus ihnen auszusteigen. Wir distanzieren uns ein ganzes Stück von unseren Prägungen und treffen bewusstere Entscheidungen. Zum Seitenwechsel muss das Individuum sich finden. Wer das schafft, wer zu sich selbst kommt, den trägt es in der zweiten Halbzeit fast automatisch in Führungsrollen. Das müssen keine formalen Führungsrollen in Wirtschaft oder Politik sein, sondern es kann sich auch um intellektuelle und emotionale Führung in der Familie, im Freundeskreis oder in Vereinen handeln.

Führung bedeutet nun aber nicht, anderen die Brötchen zu holen oder ihnen permanent Hindernisse wegzuräumen, die sie auch selbst beseitigen könnten. Führung bedeutet, anderen dieselben Entwicklungschancen zu eröffnen, von denen man selbst Gebrauch macht. In der zweiten Halbzeit sind wir uns unserer Motive bewusster als in der ersten. Wir funktionieren nicht mehr nach dem Schema von Reiz und Reaktion. Wir folgen nicht mehr blind unseren Prägungen und den unausgesprochenen Botschaften unserer Vergangenheit. Wir entscheiden uns bewusst für unser wahres Selbst und für das der anderen. Im Idealfall werden wir zum Menschenentwickler.

Der Menschenentwickler will, dass Menschen stark werden. So stark, wie sie es sein können. Er hilft dem anderen, die besten Leistungen zu erbringen, die er erbringen kann. Er hat Hochachtung vor der individuellen Größe jedes einzelnen Menschen. Deshalb hat sich sein Fokus verschoben. Er denkt nicht mehr nur an sich und seine Bedürfnisse, er denkt gleichzeitig an die anderen. Was er aber dann von den anderen zurückbekommt, befriedigt ihn tiefer als jede unmittelbare Bedürfnisbefriedigung aus der ersten Halbzeit seines Lebens.

Der Antipode zum Menschenentwickler ist der Gutmensch, der Moralist. Er hat den Seitenwechsel verpasst. Er spielt weiter auf dasselbe Tor wie in der ersten Halbzeit. Und deshalb schießt er lauter Eigentore. Er ist ein verbissener Kämpfer und kann trotzdem nur noch verlieren. Gutmenschen diskutieren gerne und viel. Auch über die Sinnfrage. Und über das, was glücklich macht. Der Menschenentwickler weiß, dass er seinem Leben selbst einen Sinn geben muss. Und sein Sinn liegt darin, erst sich und dann andere zu entwickeln. Er wartet auf keinen metaphysischen, von außen kommenden Sinn, den es zu diskutieren gibt. Er schafft sich einen. Gutmenschen dagegen glauben, sie seien glücklich, wenn andere denken, dass sie es sind. Deswegen pumpen sie auch so viel Energie in ihre Außendarstellung. Dabei sollte klar sein: Glücklich ist nicht der, der anderen so vorkommt, sondern der, der sich selbst dafür hält.

Die Moralisten erkennen ihre wahren Motive nicht. Sie steigen nicht aus ihren alten Mustern aus. Stattdessen sinken ihre egoistischen Motive noch tiefer in ihr Unbewusstes. Und als Folge davon tragen sie ganz besonders moralische und ehrenvolle Überzeugungen nach außen, die rein gar nichts mit ihrem wahren Selbst zu tun haben. Je aufopferungsvoller sie sich geben, desto tiefer brennt sich ihr Egoismus in ihre Seele ein.

> Der Gutmensch spielt weiter auf dasselbe Tor wie in der ersten Halbzeit.

Ausschnittmusterknaben

Menschen, die es gut meinen, können sich im extremsten Fall vom Gutmenschen über den Moralisten zum mörderischen Fanatiker entwickeln. Wie die drei jungen Männer, die als Sauerland-Gruppe bekannt werden sollten und im Herbst 2007 ein Auto mieten, um ihre Gerechtigkeitsphantasien zu verfolgen. »Cool!«, rufen sie immer wieder, während sie über die Autobahn jagen. »Die kommen raus, du fährst rein, und dann – bumm!«, sagt einer. Gelächter. »Ja, das wäre cool«, sagt ein anderer. Und: »Die meisten Menschen werden durch Splitter sterben.« Die drei Männer glauben, niemand bekäme ihr Gespräch in dem Mietwagen mit. Es ist der einzige Grund, warum sie das Auto überhaupt gemietet haben. Aber sie irren sich. Mitarbeiter deutscher Geheimdienste haben das Auto verwanzt. Sie wissen bereits, dass die später als »Sauerland-Gruppe« bezeichneten Männer die verheerendsten Anschläge in der Geschichte der Bundesrepublik planen. Sie haben ihr Sprengstofflager schon heimlich entschärft. Bald werden sie die drei verhaften. Nach einem Prozessmarathon wird das Düsseldorfer Oberlandesgericht die beiden zum Islam konvertierten Deutschen des Trios zu zwölf Jahren und den in Deutschland aufgewachsenen Türken zu elf Jahren Haft verurteilen.

Dieser Deutschtürke hatte zu Beginn des Prozesses den Vorsitzenden Richter mit Sprüchen wie »Ich stehe nur für Allah auf« provoziert. Nach der Urteilsverkündigung sagte er nur noch knapp: »Ich nehme das Urteil an.« Zeichen der Reue gab es bei ihm nicht. Er fühlt sich im Recht, nach wie vor. Hunderte Menschen wollten die jungen Männer in den Tod bomben, Hunderte weitere verstümmeln, körperlich und seelisch für ihr Leben lang zeichnen, aber sie fühlten sich im Recht. Es sollte ja »Ungläubige« treffen. Kein Problem für die »Gläubigen«. Das Grauen fanden sie nur »cool«.

So viel Wirklichkeitsverdrängung schafft nur, wer sich angewöhnt hat, in Ausschnitten zu denken. Zu Fanatikern mutierte Moralisten denken in absolut reduzierten Ausschnitten. Nur so können sie funktionieren. Dabei muss es nicht immer um Mord gehen. Rufmord genügt zum Beispiel auch. Wie in der Diskussion um Managergehälter und Boni von Investmentbankern. Völlig wirklichkeitsfremd stellen die Moralisten ganze Berufsgruppen an den Pranger. Dabei zeigt doch ein Minimum an Lebenserfahrung: In jeder Berufsgruppe gibt es 20 Prozent Top-Leute, 70 Prozent Durchschnitt und 10 Prozent Halbkriminelle. Egal, ob das Topmanager und Investmentbanker sind oder Zahnärzte, Architekten, Krankenpfleger und Polizisten.

Das Ausschnittsdenken der Moralisten folgt einem immer gleichen Muster. Beim Rufmord sieht das so aus: Im ersten Schritt streichen sie die oberen 90 Prozent der Berufsgruppe, also die Top-Leute und den Durchschnitt, aus ihrer Wahrnehmung und konzentrieren sich auf die unteren 10 Prozent. Unter Tausenden Bankern finden sie dann natürlich genügend miese Abzocker, deren Geschichten sie ans Licht zerren können. Dann werden deren Taten noch kräftig übertrieben und verzerrt. Etwa indem man verschweigt, dass zu einer Bank, die 12,5 Prozent Zinsen verspricht, immer auch Sparer und Anleger gehören, die gerne 12,5 Prozent Zinsen kassieren möchten. Zu jemandem, der Gier verkauft, gehört jemand, der gierig ist. Und der sich nicht fragt, wie ein solcher Profit unter normalen Bedingungen zustande kommen soll. Im dritten und letzten Schritt wird der verzerrte Ausschnitt dann generalisiert. Dann sind alle Investmentbanker so wie Bernard Madoff – es werden nur nicht alle erwischt und verurteilt. Ganz am Schluss wird das Ergebnis dieses Dreischritts dann noch mit viel Emotion multipliziert. Fertig ist die Moralkeule. Wer etwas noch nicht durchdacht hat, der muss in festen Schablonen denken. Dem fehlen Differenzierungsvermögen und Fingerspitzengefühl. Henry Ford sagte einmal: »Denken ist die schwerste Arbeit, die es gibt. Das ist wahrscheinlich auch der Grund, warum sich so wenige Leute damit beschäftigen.«

Wem es gelingt, nicht mehr ausschließlich in Ausschnitten

zu denken, der hat schon einen großen Schritt in Richtung persönlicher Reife getan. Wer anfängt, die verhängnisvollen Verhaltensmuster nicht nur bei anderen, sondern auch bei sich selbst zu erkennen, der ist auf einem kraftvollen Weg.

TEIL 2

Woran die Gesellschaft der Gutmenschen krankt

KAPITEL 10

Harmoniesucht: Zoffen zu Hause – Kuscheln im Büro

Robbie Williams ist eine beeindruckende Persönlichkeit. Der Frauenschwarm steht zu seinen beruflichen Fehlern und zu seinen privaten Problemen. Mehr noch, er spricht öffentlich über seine Ängste. Er sprach über die Angst vor zu viel Nähe zu seiner Partnerin und über seine Angst, Vater zu werden. Er sprach über die Angst vor Live-Auftritten und über die Angst vor dem Drogenrückfall. Er sprach auch über Todesangst, die Angst vor einem Attentat auf ihn und über die Angst zu versagen.

Nur zur Erinnerung: Robbie Williams ist nicht Patient in einer Klinik für Angstneurosen. Robbie Williams ist einer der erfolgreichsten Entertainer aller Zeiten, er hat 55 Millionen Tonträger verkauft und hält den Guinness-Rekord für die meisten an einem einzigen Tag verkauften Konzertkarten. Wer so erfolgreich ist, der hat sich bestimmte Freiheiten erarbeitet. Deswegen taugt er sicher nicht in allem zum Vorbild. Aber er kann es sich leisten, authentisch zu sein. Er kann zeigen, was wirklich in ihm vorgeht. Robbie Williams ist kein Mensch, der innerlich schwach ist und nach außen ein Image der Stärke projiziert. Er weiß und gibt es auch zu, dass er immer wieder scheitern wird, und dennoch geht er seinen Weg weiter. Denn wo wir scheitern dürfen, da dürfen wir Mensch sein.

Scheiterhaufenweise

Apropos Scheitern. Nach einer amerikanischen Studie scheitern die meisten Ehen an Kleinigkeiten. Jedenfalls äußerlich gesehen. Ganz oben auf der Hitliste der Trennungsgründe standen bei den befragten Personen Dinge wie nasse Handtücher auf dem Boden des Badezimmers, nicht gewechselte Toilettenpapierrollen oder zu lautes Lachen des Partners bei Treffen im Freundeskreis. Die Partner gingen sich offensichtlich gegenseitig auf den Geist. Hatten Männer anfangs noch gespannt darauf gewartet, wie ihre Frau sich für sie schön macht, empfanden sie das Warten irgendwann nur noch als Geduldsprobe. Galten kritische Anmerkungen der Ehefrau zur Kleidung anfangs als wertvolle Styling-Tipps, so wurden sie irgendwann unter Frontalangriff verbucht. Verstellte die Frau dann noch die Sender im Autoradio, war es bis zur Scheidung nicht mehr weit.

> Nasse Handtücher, nicht gewechselte Toilettenpapierrollen, zu lautes Lachen.

Wahrscheinlich wissen die meisten Betroffenen selbst, dass es um diese Kleinigkeiten in Wirklichkeit gar nicht geht. An ihnen machen sich vielmehr enttäuschte Erwartungen fest. Dies bestätigen auch Veröffentlichungen des Beratungs-Netzwerks pro familia. Danach haben immer mehr Menschen auch in unserem Land »Hollywood-Erwartungen« an ihren Partner, die kein normaler Mensch erfüllen kann. »Alle sind schön, reich und haben einen tollen Job« – wie in der Fernsehserie. Und natürlich ist jeder gemeinsame Moment voller Leidenschaft, Spannung, prickelnder Erotik und Intensität – wie im Kino. Wer angesichts solcher Erwartungen überhaupt noch eine Partnerschaft eingeht und nicht lieber gleich Single bleibt, um sich ungestört seinen Phantasien hinzugeben, der wird bald enttäuscht sein. Zum Beispiel von nassen Handtüchern, leeren Klorollen und lautem Lachen. Fast immer ist die tiefere Ursache: Die Partner wollten sich nicht gemeinsam entwickeln, sie hielten sich schon für perfekt und suchten nur noch das ebenso perfekte Gegenstück. Was für eine Selbstüberhöhung! Wir suchen nach dem Traumpartner, dem Traumberuf und nach traumhaften Kindern.

Wie wäre es im Gegenzug, wenn wir nicht bloß suchen, sondern stetig daran arbeiten, selbst ein Traumpartner, ein Traummitarbeiter oder ein Traumpapa beziehungsweise eine Traummama zu werden? Aus meiner Erfahrung ist das der einfachere Weg; Erwartungen können enttäuscht werden, Hoffnung nicht.

> Erwartungen können enttäuscht werden, Hoffnung nicht.

Wenn die solchermaßen Frustrierten ins Büro kommen, dann soll wenigstens hier alles perfekt sein. Wenn schon zu Hause so viel Zoff herrscht – über Wartezeiten vor dem Bad, verschüttete Milch oder falsch in die Schublade einsortiertes Besteck –, dann soll wenigstens hier die kosmische Harmonie herrschen. Doch diese Erwartung muss erst recht enttäuscht werden. In der Arbeitswelt geht es um Fortschritte und Ergebnisse. Harmonie ist hier wichtig, aber Auseinandersetzung ist es auch. Wo Menschen gerne zusammen sind, da bringen sie nicht automatisch Leistung. Sie müssen sich wohl fühlen, aber manchmal müssen sie sich auch unwohl fühlen. Ein Unternehmen, das sich mit dem Verlust eines A-Kunden gut fühlt, wäre der Anfang vom Ende des Unternehmens. Es sei denn, es wollte den Kunden loswerden. Auch das macht manchmal Sinn. Das Büro ist nicht der Ort, um sich fallen zu lassen. Ein gewisses Maß an Konkurrenz, Wettbewerb, Über- und Unterordnung gehören im Berufsleben dazu.

Wer sein Harmoniebedürfnis am Arbeitsplatz ausleben will, bekommt massive Probleme. Er läuft in eine Harmoniefalle, vor der auch die Autorin Irene Becker in ihrem Buch *Everybody's Darling, everybody's Depp* warnt. Die Autorin zeigt, dass die Harmoniesüchtigen am Arbeitsplatz am Ende genau das Gegenteil von dem erreichen, das sie sich ursprünglich gewünscht haben. »Eigentlich geht es im Berufsleben nicht um Beliebtheit, sondern um Respekt«, erklärt die Autorin in einem Interview. »Im Grunde will niemand nur ein netter und bequemer Mitarbeiter sein, der von niemandem ernst genommen wird. Aber genau dieser Respekt der Kollegen und Chefs kann bei übermäßigem Streben nach Harmonie verlorengehen. Jemand, der nie eine wahrnehmbare eigene Meinung hat, allem und jedem lächelnd zustimmt und übereifrig bereit ist, auch die stupidesten Arbeiten klaglos immer selbst zu übernehmen, wird auf Dauer eher belächelt.« Und so wird eben der »Darling« zum »Depp« und kann sich auf dasselbe Feuerwerk alltäglicher Demütigungen gefasst machen, das er zu Hause auch schon erlebt.

Beruf als Familienersatz ist eine der größten Fehlentwicklungen unserer Gesellschaft. Die Gesellschaft der Gutmenschen krankt an ihrer Unfähigkeit, sich Nestwärme dort zu holen, wo sie auf natürliche Weise zu haben ist – in der Ehe oder der eheähnlichen Gemeinschaft, im Kreis der Verwandten, unter wirklichen Freunden. Ich kenne keinen Menschen, der über Jahrzehnte Spitzenleistung erbringt und keine stabile Balance zwischen Beruf und Familie entwickelt hat. Anspannung ist wichtig, Entspannung auch. Chaos ist wichtig, Ordnung auch. Alles zu seiner Zeit.

Je weniger Menschen in der Lage sind, sich ein Nest zu schaffen, in dem sie sich fallen lassen können, desto mehr erwarten sie Harmonie in den Lebensbereichen außerhalb der Privatsphäre. Sie wollen kuscheln im Büro und installieren »Mobbingbeauftragte«, die einschreiten sollen, wenn diese Erwartung enttäuscht wird. Sie verlangen nach einem Staat, der seinen Bürgern die Verantwortung abnimmt und ihnen ein schönes Leben bereitet. Sie wollen überall gute Gefühle haben, statt sich selbst einen Raum zu schaffen, in dem sie sich fallen lassen können. Adorno brachte es auf den Punkt: »Geliebt wirst du einzig dort, wo du schwach dich zeigen kannst, ohne Stärke zu provozieren.« Und das ist sicher nicht in der Firma der Fall. Trotzdem: Die Bürogemeinschaft der Kuschler kennt keinen Feierabend. Wie viele Stunden jemand im Unternehmen »anwesend« ist, gilt als Erfolgsfaktor. Nicht die Arbeitsergebnisse zählen, sondern wie lange jemand an seinem Schreibtisch sitzt. Keiner sagt: »Genug für heute, geh jetzt nach Hause zu deiner Familie.« Stattdessen kursieren unter den harmoniesüchtigen Überehrgeizlingen sarkastische Sprüche. Etwa: »Keine Sorge, irgendjemand wird sich um deine Frau schon kümmern.« Harmoniesucht drückt sich also nicht nur im Kuscheln aus. Auch die sich ähnelnden, angepassten Verhaltensmuster der Karrieristen, die unbedingt dazugehören wollen, sind eine Form dieser Krankheit.

Wertschätzungsmangel

»Kennen Sie einen Menschen – sei er auch noch so toll –, dessen Leistung es wert ist, mit 50 Millionen Euro im Jahr vergütet zu werden?«, fragt Professor Marcus Lutter vom Zentrum für Europäisches Wirtschaftsrecht der Universität Bonn.

Nur allzu gern wiegen wir uns in der Illusion, wir hätten alles Gute uns selbst zuzuschreiben. Top-Manager rechtfertigen immer wieder völlig überzogene Gehälter und Boni mit dem Argument, ihnen – und natürlich ausschließlich ihnen – sei es zu verdanken, dass der Aktienkurs gestiegen oder der Gewinn explodiert sei.

Wenn das Unternehmen abstürzt und die Pleite droht, dann liegt das natürlich nicht mehr an dem einzelnen Top-Manager. Dann waren es die Banken, die Investoren, die Gewerkschaften, die Regierung, die Konkurrenz in Asien oder wer auch immer. Jedenfalls die anderen. Wie sieht die Realität bei den Gutmenschen unter den Führungskräften aus? Läuft es in einem Unternehmen gut, kriegen die Mitarbeiter einen Handschlag und die Manager deutlich mehr Gehalt. Läuft es schlecht, liegt es an der Wirtschafts- oder Finanzlage oder den leistungsschwachen Mitarbeitern. Tolles Modell: Immer gut dastehen, egal was passiert. So sieht Verantwortung auf jeden Fall nicht aus. Als Margot Käßmann im Februar 2010 betrunken über eine Ampel fuhr, hat sie entschieden, Verantwortung zu übernehmen. Sie sprach von einem »schlimmen Fehler« und trat als Ratsvorsitzende der evangelischen Kirche zurück. Genau so sieht Verantwortung aus. Deswegen fordere ich in meiner Arbeit mit Führungskräften diese dazu auf, sich ein kleines Schild auf den Schreibtisch zu stellen mit der Aufschrift: »Die Kette der Schuldzuweisungen endet hier.«

> »Die Kette der Schuldzuweisungen endet hier.«

Dabei sind es beileibe nicht nur Führungskräfte, die glauben, sie hätten alles Gute sich selbst zu verdanken und alles Schlechte anderen. An den Stammtischen wird auf das Finanzamt geschimpft und Steuern werden als Form von Enteignung verunglimpft – doch woher stammen die Straßen, auf denen wir die ganze Zeit fahren, wer holt den Müll ab, sorgt für die Wasserversorgung, baut die Schulen, schickt den Rettungswagen, bekämpft den Terrorismus? Dabei wäre es doch so einfach: Die Baustelle, in der ich gerade feststecke, wurde nicht gebaut, um mich an meinem Vorwärtskommen zu hindern. Sie wurde gebaut, um uns allen einen zukünftigen Verkehrsfluss zu ermöglichen.

Unser Land krankt insgesamt daran, dass wir nicht erkennen, was wir haben, und uns zunehmend über das beklagen, das uns angeblich fehlt. Wir ignorieren das vollständige Bild und blasen das auf, was fehlt. Wir machen uns selber krank, indem wir uns und die Welt übermäßig hohen Ansprüchen aussetzen, anstatt uns realistisch und ehrlich zu betrachten. Es mangelt vielen an einem gesunden Menschenverstand. Im Internet kursiert ein Text, der sarkastisch andeutet, wohin uns unsere heutige Sucht nach Sicherheit und Perfektionismus geführt hat:

Manchmal frage ich mich, wie die heute Über-Dreißigjährigen eigentlich überlebt haben. Sie fuhren zum Teil in Autos ohne Kindersitze, ohne Sicherheitsgurte und ohne Airbags. Ihre Bettchen waren in strahlenden Farben voller

Blei und Cadmium angemalt. Sie tranken Wasser aus Wasserhähnen und mit ihren Freunden aus einer Flasche. Niemand starb an den Folgen. Niemand wusste, wo sie waren. Sie hatten kein Handy dabei! Sie haben sich geschnitten, Knochen und Zähne gebrochen. Niemand wurde deswegen verklagt. Sie kämpften und schlugen sich einander manchmal grün und blau. Damit mussten sie leben. Beim Straßenfußball durfte nur mitmachen, wer gut war. Wer nicht gut war, musste lernen, mit Enttäuschungen klarzukommen. Manche Schüler waren nicht so schlau wie andere. Sie rasselten durch Prüfungen und wiederholten Klassen. Das führte nicht zu emotionalen Elternabenden oder gar zur Änderung der Leistungsbewertung. Sie aßen Kekse, Brot mit viel Butter, tranken sehr viel und wurden trotzdem nicht zu dick. Ihre Taten hatten manchmal Konsequenzen. Keiner konnte sich verstecken. Wenn einer Mist gebaut hatte, war klar, dass die Eltern ihn nicht aus dem Schlamassel heraushauen. Im Gegenteil: Die Eltern waren der gleichen Meinung wie die Autoritäten! Kaum zu glauben, dass sie überleben konnten.

Es gibt auch Kinder, die nicht sehen, was ihre Eltern alles für sie getan haben. Sie beschweren sich über das, was ihnen in ihrer Kindheit gefehlt hat, und wollen nicht anerkennen, dass ihnen auch viel gegeben wurde. Doch wer sich einmal aufrichtig bei seinen Eltern bedankt hat, für alles, was er von ihnen bekommen hat, der ist frei von ihnen und kann sich weiterentwickeln. Wer sich dagegen in Vorwürfen gegen seine Eltern verstrickt, bleibt unfrei und blockiert sich selbst. Dabei geht es nicht darum, wer was falsch oder richtig gemacht hat, sondern wie man mit dem, was passiert ist, lebt. Es liegt in der Macht jedes Einzelnen, das Geschehene zu interpretieren und dessen Folgen für das eigene Leben zu beeinflussen. Es ist nie zu spät, eine glückliche Kindheit gehabt zu haben.

Lebenshungerstreik

Das Zusammenleben mehrerer Generation auf engem Raum in den alten dörflichen und ständischen Gemeinschaften war fast immer eine Folge von Mangel und Zwang. Auch wenn das einige heute gerne verklären: Es gibt kein Zurück in die fest vorgegebenen Gemeinschaften früherer Jahrhunderte, der soziale Wandel ist unumkehrbar. Individualisierung ist eine Folge von Demokratie und Freiheit und als solche nichts Schlechtes. Wir können das Rad der Geschichte nicht zurückdrehen, sondern müssen uns der Herausforderung unserer individuellen Freiheit stellen und diese gestalten. Menschen sind auch nicht unbedingt einsamer geworden, sie sind nur heute für ihre Einsamkeit selbst verantwortlich. Wir haben in nie gekanntem Maße die Freiheit, uns zu entwickeln. Freiheit bedeutet, die Verantwortung für diese Freiheit zu übernehmen. Ständig Entscheidungen zu treffen und dafür geradezustehen. Das ist nicht einfach, aber nun mal der Preis der Freiheit. Wir haben alle die verdammte Pflicht, uns zu entwickeln.

Wer sich realistisch einschätzt, der sieht seine Stärken genauso klar wie seine Schwächen. Der lässt sich von Gutmenschen nicht ohne Grund einreden, dass sein Elternhaus ihn seelisch missbraucht und die Gesellschaft ihn deformiert hätte. Der kennt seine Prägungen und weiß, dass es die Möglichkeit gibt, diese zu ändern. Er vertraut seinem gesunden Urteilsvermögen und überschätzt sich deshalb auch nicht. Er weiß, dass er die anderen braucht und dass er von ihnen lernen kann. Trotzdem behält er die Verantwortung für sein Leben in der eigenen Hand.

Früher ging es in den allermeisten Familien ums nackte Überleben. Heute, da wir in Wohlstand und Freiheit leben, sind Ehen, eheähnliche Gemeinschaften und enge Freundeskreise eine Chance, uns gegenseitig in unserer Entwicklung zu unterstützen. Wir brauchen einen privaten Rückzugsraum. Dort müssen natürlich von Zeit zu Zeit auch einmal Konflikte ausgetragen werden. Und gewiss herrscht in ihm auch mal Neid und Konkurrenz. Aber all das darf nicht überhandnehmen, denn wir brauchen die Möglichkeit, uns fallen zu lassen, und müssen wieder lernen, uns aufeinander einzulassen. Nur wo Schwächen erlaubt sind, da können sich Stärken entfalten. Wer unverletzbar sein will, der kann auch nicht vertrauen und deshalb auch keine wirklich starken Bindungen eingehen.

In Japan ist der sogenannte Hikikomori auf dem Weg, zu einem Massenphänomen zu werden. Hikikomori sind Menschen – im Durchschnittsalter von 28 –, die sich vollkommen aus der Gesellschaft zurückgezogen haben. Bereits über eine Million junge Japaner verlassen so gut wie überhaupt nicht mehr ihr Zimmer und beschränken den sozialen Kontakt auf das absolute Minimum. Verhungern müssen sie so schnell nicht, da keine japanische Familie eines ihrer Mitglieder fallen lassen würde. Aber sie sind in eine Art »sozialen Hungerstreik« getreten.

Der Psychologe Tamaki Saito, der den Begriff Hikikomori geprägt hat, erklärt dieses Verhalten damit, dass die Betroffenen von den Erwartungen der Gesellschaft und ihren eigenen Idealvorstellungen von ihrem Leben vollkommen überfordert sind und deshalb kapitulieren. Da sie bei der Suche nach ihrem Traumpartner nicht enttäuscht werden wollen, suchen sie gar nicht erst nach Partnern. Weil es den perfekten Job in der perfekten Firma ohnehin nicht gibt, arbeiten sie lieber gar nicht erst. Viele schlafen irgendwann den ganzen Tag und sind dann nachtaktiv. Aber eben nur im eigenen Zimmer. Statt Freunde zu treffen, flüchten sie in die Welt der Manga-Comics oder sammeln Bilder schöner und attraktiver Menschen aus dem Internet. Die Hikikomori habe keine kleine Macke mehr, wie wir alle, sondern sie sind wirklich krank. Sie sind eine millionenfache Warnung – mitten in einer fried-

> Aber eben nur im eigenen Zimmer.

lichen Wohlstandsgesellschaft. Es ist eine Kunst, Erfüllung in der Normalität des Alltags zu erreichen. Das findet nur der, der das »Neue« im »Alten« erkennt. Das geht nicht an der Oberfläche, sondern nur in der Tiefe.

Wo Menschen realistische Erwartungen an sich selbst und an andere haben, kann es so weit nicht kommen. Unsere Gesellschaft der Gutmenschen krankt an einem Mangel an realistischer Selbsteinschätzung. Menschen denken, sie seien stark, sind es aber nicht. Menschen denken, sie steuern ihr Leben selbst, und erkennen nicht, wodurch sie gesteuert werden. Menschen machen sich nicht bewusst, wo sie herkommen, wer in der Vergangenheit wirklich etwas für sie getan hat und wie die Dinge um sie herum entstanden sind.

Es ist nicht die Perfektion, die uns attraktiv macht. Andere Menschen respektieren uns für unsere authentisch gelebten Stärken und sie lieben uns für unsere authentisch gelebten Schwächen. Sie lieben uns nicht für unsere kokettierenden Schwächen, die wieder als Stärken rüberkommen sollen. Das kotzt sie an. Wer um seine wirklichen Stärken und Schwächen weiß, der versteckt seine Sensibilität nicht hinter einer Mauer der Unantastbarkeit. Er öffnet sich dem anderen, obwohl ihm bewusst ist, dass die nächste Verletzung schon unterwegs ist. Ein solcher Weg kann mühsam sein, aber es ist kein einsamer Weg. Dabei kann sich jeder selbst zum Lehrer des anderen machen. Dazu ist es nur nötig, überzogene Erwartungen und unrealistische Ideale aufzugeben. Wer anfängt, die andere Person als das zu akzeptieren, was sie ist, der wird am Ende selbst zu dem, was er bei der anderen Person gesucht hat. So funktioniert Entwicklung: Wer nicht mehr erwartet, dass einen die anderen glücklich machen, der entdeckt, dass sein Glück längst da ist.

KAPITEL 11

Kapitalismushass: Schule der Durchschnittsmacher

»*Aus dem Jungen wird nie was* ...« heißt die Autobiographie von Hans Wall. Und genauso lautete auch die Botschaft, die Eltern und Lehrer dem jugendlichen Hans vermittelten. Nach einem mit Ach und Krach bestandenen Hauptschulabschluss und miserablen Noten auf dem Zeugnis landete Wall erst mal im Jugendarrest.

Damit stand er immerhin noch besser da als Richard Branson, der die Schule ganz ohne Abschluss verließ. Oder als Ronny Pecik. Der kroatische Gastarbeitersohn flog mit fünfzehn Jahren von einem österreichischen Gymnasium und wurde mit siebzehn vom Stiefvater auf die Straße gesetzt. Anschließend wurde seine Freundin ungewollt schwanger.

Hans Wall, Richard Branson, Ronny Pecik, drei Schulversager – heute drei erfolgreiche, verantwortungsvolle Unternehmer, der eine Multimillionär, die anderen beiden Milliardäre.

Das Rüstzeug für seinen Erfolg bekam der Berliner Hans Wall wohl kaum in der Schule vermittelt. Während Ende der 70er Jahre die Städte und Kommunen erstmals über klamme Kassen jammerten und die Innenstädte gleichzeitig ein vielerorts trostloses Bild abgaben, hatte Wall seine beste Idee: Er überließ den Städten sogenannte Stadtmöbel, also Parkbänke, WCs, Beleuchtungen, Infosäulen und so weiter kostenlos oder zu einem eher symbolischen Preis und bekam im Gegenzug Werbefläche. Ein Geschäft auf Gegenseitigkeit, auf das nur jemand kommen konnte, der pragmatisch ist und an die Bedürfnisse von Menschen denkt, statt in erster Linie daran, Verwaltungsvorschriften zu erfüllen und keine Fehler zu machen. Übrigens liegt Hans Wall das Gemeinwohl sehr am Herzen. Allein für die Sanierung der Berliner Gedächtniskirche hat er 750 000 Euro gespendet.

Der 1950 geborene Engländer Richard Branson hat in seinem Leben schon über 200 Firmen gegründet. Die bekanntesten sind das Plattenlabel Virgin und die gleichnamige Fluggesellschaft, das ambitionierteste Projekt ist sicherlich Virgin Galactic, das private Reisen ins Weltall anbietet. Ein völlig verrückter Hund also. Aber Branson ist auch bekannt für sein soziales Engagement und setzte sich unter anderem für die Bekämpfung von Aids und die Einschränkung von Tabakwerbung im Sport ein. In den kommenden Jahren will er Milliarden in die Förderung erneuerbarer Energien stecken. Für seine Lebensleistung wurde er von Königin Elisabeth II. zum Ritter geschlagen und darf sich seitdem Sir Richard nennen.

Ronny Pecik kauft heute alteingesessene Schweizer Industriebetriebe wie Oerlikon, Sulzer oder Saurer und hat deshalb unter den Eidgenossen viele Neider. Kein Wunder, denn offensichtlich macht der Mann einiges besser als die stolzen Absolventen der Schweizer Management-Schmieden, denen ja dieselben Investitionsmöglichkeiten offenstünden wie dem einstigen Schulversager.

Drei Menschen, die nicht nur Unternehmen, sondern auch andere Menschen führen und offensichtlich ein selbstbestimmtes Leben haben. Sind sie deswegen ideale Vorbilder? Sicher nicht. Wer in einem Menschen ein Ideal sucht, sollte sich einmal fragen, warum er das tut. Jeder weiß: Wo Licht ist, ist auch Schatten. Alles andere ist realitätsfremd. Diese Unternehmer erbringen jedoch den Beweis, dass man Führung auch außerhalb der Schule lernen kann. Das ist ein Segen, denn in Sachen Führung beeindruckt unsere Schule mit Totalversagen.

Drei Schulversager – heute drei erfolgreiche, verantwortungsvolle Unternehmer.

Marktwirtschaftsprüfer

Lehrpläne, die Lerninhalte festschreiben, sind für alle, die in Ministerien, Ämtern und Konferenzen Schule und Uni gestalten sollen, leider weit wichtiger als Führung. Auch Lehrer und Hochschullehrer wären eigentlich Führungskräfte, sie sollten als die allerwichtigsten Führungskräfte unserer Gesellschaft überhaupt angesehen werden. Führen hieße aber auch hier Vorleben – alles andere ist nämlich Dressur.

Wer Mut zum Risiko und Lust auf Veränderung vermitteln will, muss selbst glaubwürdig dafür stehen. Beamte auf Lebenszeit, die in ihrer eigenen Biographie nichts anderes erlebt haben als Schule und Hochschule, tun sich damit oft schwer. Zwei Jahrzehnte lang sind sie selbst permanent benotet worden, nun benoten sie drei Jahrzehnte lang selber, um anschließend in den Ruhestand zu gehen. Lehrer brauchen Lebenserfahrung, die sie zur Charakterbildung befähigt. Lebenserfahrung heißt hier ganz konkret Wirtschaftserfahrung.

Viele Schüler sagen, dass sie gerne Lehrer werden wollen. Klar, das hat mit dem Wunsch nach Rollentausch zu tun, mit der Verlockung, einmal vorne zu stehen und die Noten zu geben, statt nach der Pfeife der Lehrer zu tanzen. Aber es hat auch damit zu tun, dass Lehrer zu sein durch die Brille der Kinder und Jugendlichen nach einem attraktiven Job aussieht. Mittags frei, lange Ferien, unkündbar, sehr gutes Gehalt – ein deutscher Lehrer verdient mehr als die Lehrer in fast allen anderen Ländern der Welt, außer der Schweiz und Luxemburg. Vor allem aber bedeutet es: immer im Recht zu sein. Endlich niemand, der einem widerspricht oder nach dem man sich richten müsste. So hat es zumindest den Anschein. Aus Sicht der Schüler.

Am Ende werden die wenigsten Schüler selbst Lehrer. Dabei ist das der Job, auf den sie nach Abschluss ihrer Schulzeit am besten vorbereitet wären. Auf das harte Berufsleben in der Wirtschaft, das für die meisten Schulabsolventen auf dem Programm steht, bereitet die Schule jedenfalls nicht vor. Das kommt dann als ziemlicher Schock für den Jugendlichen. Es sei denn, er studiert noch ein paar Jahre an der Hochschule und schiebt damit die Konfrontation mit der wirtschaftlichen Realität noch etwas länger auf. Aber irgendwann ist es für die meisten so weit. Dann erleben sie den Unterschied zwischen dem, wie in der Schule über Wirtschaft gesprochen wurde, und dem tatsächlichen Wirtschaftsleben. Dann erleben sie es: den Unterschied zwischen schulklug und lebensklug.

<small>Dann erleben sie den Unterschied.</small>

An unseren Schulen wird selten positiv und anregend über Wirtschaft gesprochen. Das liegt zum einen an einer Vielzahl von Lehrern, für die Erfahrungen in der Wirtschaft in ihrem Ausbildungs- und Berufsweg nicht vorgesehen sind, nicht einmal in Form von Praktika. Und was Menschen überhaupt nicht kennen, geschweige denn verstehen, dem stehen sie grundsätzlich eher misstrauisch gegenüber. Das ist ein ganz alltägliches Phänomen. An vielen Schulen wird die Ignoranz gegenüber wirtschaftlichen Zusammenhängen und wirtschaftlichen Erfolgen von Individuen aber regelrecht kultiviert. Lehrer, die charakterlich nie gezwungen waren, die Prozesse von Anstrengung, Wachstum, Risiko, Niederlage, neuer Anstrengung und Beharrlichkeit so zu durchleben, wie es für Spitzenleistungen in der Wirtschaft nötig ist, blicken oft auf der Basis ihrer theoretischen und moralischen Vorstellungen auf den »Kapitalismus« wie auf eine Art Krankheit. Dabei ist es ihnen völlig egal, dass dieser »Kapitalismus« das Geld heranschafft, das uns Schulen auf hohem Niveau und die im globalen Vergleich ausgezeichneten Gehälter der Lehrer überhaupt ermöglicht. Durch den Kapitalismus bezahlt und auf denselben herabsehen – mir kommt dieses Muster bekannt vor.

Lehrer, die nie mit Wirtschaft in Berührung gekommen sind, pflegen einen intellektuellen Anti-Kapitalismus und geben sich gemeinsam mit ihren Schülern weltfremden

Träumen von gesellschaftlichen »Alternativen« hin, sollen aber gleichzeitig ihre Schüler darauf vorbereiten, in genau diesem permanent schlechtgeredeten Kapitalismus später einmal ihren Lebensunterhalt zu verdienen. Natürlich braucht kein Lehrer die Geschäftspolitik von Enron oder Lehman Brothers schönzureden. Auch müssen die Boni von Investmentbankern kein Tabu für Diskussionen im Sozialkundeunterricht sein. Schüler sollen ein kritisches Urteilsvermögen erlernen, das ist gar keine Frage. Aber wie tief sich wirtschaftliche Ignoranz in das System Schule eingegraben hat, belegt eine Studie im Auftrag der Friedrich-Naumann-Stiftung, bei der die Qualität der Darstellung ökonomischer Themen in 52 deutschen und 21 Schweizer Schulbüchern untersucht wurde.

»Die Ergebnisse sind zum Teil erschreckend. Neben gravierenden Fehlern gibt es eine starke Tendenz zur Emotionalisierung wirtschaftlicher Themen«, bewertet Justus Lenz von der Universität Erfurt die Studie. Eine der vielen fragwürdigen Aussagen findet sich beispielsweise in einem Erdkundebuch: »Hier werden Armut, wirtschaftliche Schwäche und ungerechtfertigte Bereicherungen im Zuge der Transformation in Russland pauschal der ›Einführung der Marktwirtschaft‹ zugeschrieben. Dass von einer Einführung der Marktwirtschaft in den frühen 90er Jahren in Russland nicht die Rede sein kann, wird verschwiegen, obwohl dort immerhin bis auf den heutigen Tag ein oligarchisches, vom Staat stark beeinflusstes Wirtschaftssystem existiert, in dem Korruption und Rechtsunsicherheit vorherrschen (man denke nur an den Fall Chodorkowski)«, schreibt Lenz in einem Zeitungsartikel.

In anderen Schulbüchern wird behauptet, Wirtschaftswachstum hätte immer steigende Arbeitslosigkeit zur Folge. Oder es wird geraten, Entwicklungsländer sollten auf keinen

> In Schulbüchern wird behauptet, Wirtschaftswachstum hätte steigende Arbeitslosigkeit zur Folge.

Fall unser Wirtschaftssystem übernehmen. Welches dann, verraten die Schulbücher allerdings auch nicht.

Wenn die Schüler schon nichts Brauchbares über wirtschaftliche Zusammenhänge lernen, so bekommen sie hoffentlich wenigstens das praktische Rüstzeug, um später in den Betrieben zurechtzukommen. Aber auch hier sieht es zunehmend düster aus. Immer mehr Unternehmen haben Schwierigkeiten, Lehrstellen zu besetzen. Der Deutsche Industrie- und Handelskammertag schlug vor einiger Zeit Alarm, dass immer mehr Bewerber auf einen Ausbildungsplatz derart massive Probleme beispielsweise mit deutscher Rechtschreibung oder den Grundrechenarten haben, dass sie als Auszubildende für ein Unternehmen nicht tragbar sind. An Englischkenntnisse, die im Zeitalter der Globalisierung eigentlich selbstverständlich sein sollten, will man bei diesen Schulabgängern schon gar nicht mehr denken. Eins ist klar: Mehrsprachigkeit in der Schule ist der Alltag von morgen. Dann wird die »Zumutbarkeitsfrage« nicht mehr gestellt. Denn dann geht es um die »Überlebensfrage«. Und die zeigt, wo es langgeht und was den Schülern zuzumuten ist.

Und wenn jemand doch eine Lehrstelle bekommt, heißt das noch lange nicht, dass er die Lehre auch absolviert. So beklagten Unternehmer gegenüber dem *Tagesspiegel*, dass sie immer häufiger erleben, wie Auszubildende nach dem zweiten, dritten Tag einfach nicht mehr wiederkommen. Ohne sich abzumelden oder sonst je wieder von sich hören zu lassen. Angesichts der Kosten und der Bürokratie, die mit der Einrichtung eines Ausbildungsplatzes verbunden sind, fragen sich solche Unternehmer, ob sie überhaupt noch weiter ausbilden sollen. Überspitzt ausgedrückt: Diese Schulabgänger kennen alle theoretischen und ideologischen Argumente gegen unser Wirtschaftssystem, haben aber nicht gelernt, dass eine Unterschrift unter einen Ausbildungsvertrag mit einer wechselseitigen Verpflichtung verbunden ist. Sie haben zu wenig Respekt vor Verantwortung und damit auch vor Verantwortungsträgern. Die Gesellschaft der Gutmenschen, die so etwas geschehen lässt, sägt an dem Ast, auf dem sie sitzt.

Weltfluchtinstinkt

Das Zeitalter der Romantik hat tiefe Spuren in der deutschen Seele hinterlassen. Seit dem Ende des 18. Jahrhunderts gehört es in Deutschland zum guten Ton, den Materialismus der westlichen Welt zu geißeln und sich den höheren Idealen zu verschreiben. Weltflucht ist ein Hauptmotiv der Romantik. Ein anderes ist die Verklärung der Kindheit als eine Zeit der Reinheit und des Unverdorbenen. Deutsche Pädagogen blenden Anforderungen des Arbeitsmarkts nur allzu gerne aus und fühlen sich dabei moralisch im Recht. Viele von ihnen scheinen im Geiste selbst Kind geblieben und nehmen nun die tatsächlichen Kinder mit auf ihren romantischen Fluchtweg aus der Realität.

Noch vor ein paar Jahrzehnten konnte man Lehrer und Schüler auf Klassenfotos deutlich unterscheiden. Das Lehrpersonal trug Anzug oder Kostüm und blickte streng. Heute trägt es immer öfter die gleichen Jeans und Shirts wie seine Schüler und holt das Klassenbuch aus dem gleichen Eastpack-Rucksack wie die Schüler ihre Hefte. Sie leiden am Michael-Jackson-Syndrom: Sie wollen selbst nicht richtig erwachsen werden, und dabei geht die wichtige Distanz zu den Schülern verloren.

> Sie leiden am Michael-Jackson-Syndrom.

Menschenführung und Charakterformung, die Vorbereitung aufs Leben, brauchen aber sowohl Nähe als auch Distanz. Vor lauter Nähe, Gleichheit und Harmonie erleben junge Menschen immer weniger Persönlichkeiten, denen sie mit Respekt begegnen, die sie als Vorbild akzeptieren können und die ihnen Orientierung geben.

Untersuchungen im Bankvertrieb haben ergeben, dass jugendliche Kunden von Bankberatern seriöses Auftreten und konservative Kleidung erwarten. Banker, die sich in Outfit und Auftreten den jugendlichen Kunden anpassen wollten, waren im Versuchszeitraum wenig erfolgreich und hatten ein Glaubwürdigkeitsproblem. Kein Wunder, dass auch Lehrer, die als Berufsjugendliche daherkommen, ein Autoritätsproblem haben.

Die Angst vor zu viel Beeinflussung in der Schule ist mit einem Blick auf unsere jüngere Geschichte verständlich. Im 20. Jahrhundert haben sich in Deutschland gleich zwei totalitäre Systeme an der Gehirnwäsche ganzer Schülergenerationen versucht. Doch es ist Zeit, die Schatten von Reichsbildungsminister Bernhard Rust und Volksbildungsministerin Margot Honecker hinter uns zu lassen. Denn junge Menschen, die sich selbst überlassen werden, sind erst recht anfällig für Manipulation. Beeinflussung im Sinne der Menschenentwicklung ist dagegen keine Manipulation. Manipulation heißt, jemanden dazu zu bringen, etwas Bestimmtes zu tun oder als gegeben vorauszusetzen, ohne dass er es selbst bewusst nachvollzieht, den Sinn versteht und überprüft hat, ob es seinen Interessen entspricht. Eine solche manipulative Bildung ist verwerflich. Denn ihre Ziele heißen Abhängigkeit und Fremdsteuerung.

Beeinflussung beruht hingegen darauf, Menschen zu überzeugen. Lehrer können und dürfen mit ihren Schülern nicht jeden Punkt ausdiskutieren, sondern müssen manchmal auch einfach Gehorsam einfordern. Wohlgemerkt: jenen Gehorsam, an dessen Ende die Selbständigkeit des Gehorchenden steht. Und nicht jenen, der zur Abhängigkeit führt. Lehrer überzeugen immer durch ihre Persönlichkeit. Man frage nur einmal im Bekanntenkreis, an welche Lehrer sich heutige Erwachsene noch erinnern. Es sind selten die lieben und netten »Schüler-Versteher«, die Weicheier in Jeans und Parka, die sich einfach um den Finger wickeln ließen. Meistens sind es die Persönlichkeiten mit Ecken und Kanten, die unbequem waren und Disziplin und Engagement einforderten. Die aber auch bereit waren, unendlich viel zu geben. Ihre Art der Beeinflussung junger Menschen basiert auf Ehrlichkeit und will die Schüler zu Stärke und Unabhängigkeit führen. Wenn sich bei einem solchen Lehrer theoretisches Wissen mit echter Lebenserfahrung paart, dann vertraue ich ihm meine Kinder gerne an.

Noch einmal: Lehrer sind Führungskräfte. So wie es die Aufgabe von Führungskräften in Unternehmen ist, Mitarbeiter zur Verantwortung zu führen, und nicht, möglichst beliebt zu sein, so ist es Aufgabe von Lehrern, jungen Menschen Verantwortungsbewusstsein und Mut zum eigenen Lebensweg nahezubringen. Wenn sie reife Menschen produzieren wollen, die in der Lage sind, sich Ziele zu setzen und diese beharrlich zu verfolgen, dann müssen Lehrer und Hochschullehrer aus ihren Elfenbeintürmen herauskommen und sich als Menschenentwickler begreifen. Unser gesamtes Bildungssystem leidet unter einer eklatanten Führungsschwäche.

Die Gesellschaft der Gutmenschen krankt daran, dass sie Anpassung und Beliebtheit lehrt statt Initiative und Verantwortung. Das produziert Mittelmaß und Durchschnitt. Jegliches Elitäre ist verpönt. Ängstlichkeit und Abhängigkeit junger Menschen werden in der Schule nicht bekämpft, sondern belohnt. Ob Lehrer oder Führungskraft – wir müssen alles dafür tun, um starke Schüler und Mitarbeiter zu bekommen, auch wenn diese unbequem werden und uns viel abfordern. Im Moment produzieren unsere Schulen jedoch vor allem bequeme Durchschnittstypen statt Persönlichkeiten. Wollen wir das wirklich?

Kapitel 12

Konsensstreben: Jasagergesellschaft mbH

Bei einem deutschen Autozulieferer wollten 30 Führungskräfte in einem Intensivseminar ihre Führungsfähigkeiten verbessern. Der Auftakt lief gut. Alle hörten einander aufmerksam zu, machten sich Notizen und brachten sich mit eigenen Vorstellungen ein. Dann galt es zu entscheiden, ob sie diesen weiterentwickelten Führungsansatz umsetzen möchten. 29 der Führungskräfte waren im Boot. Einer sagte, er wolle nicht mitmachen. Der ganze Ansatz sei ihm »zu starr« und mit seinen persönlichen Vorstellungen einfach nicht vereinbar.

Was taten die übrigen 29 Führungskräfte? Waren sie voller Tatendrang, weil sich ja fast alle einig waren? Nein, sie richteten ihre ganze Aufmerksamkeit auf den einen, der nicht mitmachen wollte. Nach kurzer Zeit drehten sich die Gespräche fast nur noch um diesen Verweigerer. Sie fragten sich: Was können wir tun, um auch ihn noch ins Boot zu holen? Sie hielten es nicht aus, dass einer unter ihnen nein sagte. Irgendwann begannen einige, die ganze Fortbildungsinitiative in Frage zu stellen. Darin zeigt sich: Dasjenige, auf das du dich konzentrierst – egal, ob bewusst oder unbewusst –, kann unverhältnismäßig stark anwachsen.

Eine solche Situation ist typisch für eine Jasagergesellschaft. Alle müssen mit ins Boot – so lautet der kategorische Imperativ der Konsensgesellschaft. Der Konsenszwang hat sich wie ein dicker, klebriger Brei über viele Organisationen gelegt. Nicht nur über Unternehmen. Auf jeden muss jederzeit Rücksicht genommen werden. Doch wo immer auf den Letzten gewartet werden muss, verzögern sich nicht nur notwendige Entwicklungen, sondern es stauen sich auch Konflikte auf. Wo von allen erwartet wird, dass sie zu allem ja und amen sagen, weil niemand anecken darf, da kommt es zu umso mehr Krawall, wenn das Bedürfnis des Individuums nach Unterscheidung wieder die Oberhand gewinnt.

Konsenszwang bedeutet im Umkehrschluss, dass jeder Einzelne jederzeit die weitere Entwicklung aller anderen blockieren kann. Meine jahrelange Erfahrung in Change-Managementprozessen hat mir klargemacht: Bei Veränderungsprozessen und Umbruchsituationen ist es völlig ausreichend, wenn ein Drittel einer Gruppe sich für das Neue begeistert und mit seiner Überzeugung ein weiteres Drittel mitzieht. Das letzte Drittel kann sich dann entweder irgendwann später anpassen oder manche davon in die Opposition gehen. Auch Letzteres ist legitim. Es müssen nicht immer alle einverstanden sein. Es müssen nicht einmal immer alle alles verstanden haben. Wer meint, das sei hart und ungerecht, und wer diese vermeintliche Härte vermeiden will, den holt die harte Realität nach einer gewissen Zeit umso unausweichlicher ein.

> Es müssen nicht immer alle einverstanden sein.

In jeder Situation gibt es Verbindendes und Trennendes zwischen Menschen, Gruppen und Organisationen. Der Menschenentwickler weiß das und betrachtet die jeweilige Situation. Er fragt sich: Was brauchen wir jetzt? Braucht eine Beziehung, ein Team, eine Gruppe oder eine Gesellschaft einen neuen Konsens, weil zu viel Trennendes vorherrscht und alle im Streit entzweit sind? Oder sind mehr Spannung und Auseinandersetzung nötig, weil alle in Harmonie erstarrt sind? Er ist emotional flexibel. Er liefert das, was in der momentanen Situation für den nächsten Schritt erforderlich ist, und nicht das, was ihm gerade angenehm wäre. Die Gutmenschen hingegen wollen in jeder Situation den Konsens erzwingen. Damit sind sie oft eine Zeitlang erfolgreich. Doch langfristig kann eine Jasagergesellschaft nur scheitern. Sie ist unfähig, sich aus sich selbst heraus zu erneuern. Und selbst bei einer Krise hat sie damit größte Schwierigkeiten.

Konsensblasenbildung

Viel mehr noch als wir Deutschen galten unsere niederländischen Nachbarn jahrzehntelang als der Inbegriff einer Konsensgesellschaft. Seit der Aufklärung prallten im relativ kleinen, aber wirtschaftlich hochentwickelten Holland die Wertvorstellungen unterschiedlicher gesellschaftlicher Gruppen aufeinander. Gläubige Katholiken und Protestanten sowie weltlich denkende Sozialisten und Liberale standen sich im 20. Jahrhundert als vier gesellschaftliche Milieus mit sehr verschiedenen Wertvorstellungen gegenüber. Die einzelnen Gruppierungen setzten sich deutlich voneinander ab. Katholiken schickten ihre Kinder auf eine katholische Schule, lasen katholische Zeitungen, kauften in katholischen Geschäften und wählten eine katholische Partei. Sozialisten waren in der Gewerkschaft, gingen am 1. Mai demonstrieren, gründeten Gesamtschulen und so weiter.

Man glaubte nun, für den inneren Frieden des Landes sei es das Wichtigste, dass keine dieser vier »Säulen« der Gesellschaft eine der anderen dominiert oder unterdrückt. Man fand es okay, dass Menschen nur mit ihresgleichen in Berührung kamen. Zwischen den Repräsentanten der verschiedenen Gruppen sollte dann aber der Konsens gefunden werden. Und es sollte immer gerecht zugehen. Wurde irgendwo eine protestantische Einrichtung gefördert, dann musste auch Geld an Vereine fließen, die sich katholischen, sozialistischen oder liberalen Werten verpflichtet fühlten. Bis heute ist das weltweit einmalige holländische Rundfunksystem Ausdruck dieses Konsenses. Die nationale Rundfunkanstalt macht selbst kein Programm, sondern sorgt für die gerechte Verteilung von Programmplätzen an Produzenten, die den einzelnen Bevölkerungsgruppen ideologisch nahestehen. Man hört in Holland also beispielsweise den ganzen Tag Radio 4 – dann aber morgens um neun eine Sendung des EO (Evangelischer Rundfunk), um elf eine Sendung vom KRO (Katholischer Rundfunk) und im Laufe des Tages weitere Sendungen vom liberal geprägten AVRO oder vom VARA, einer Anstalt, die ursprünglich als Vereinigter Arbeiterrundfunk gegründet wurde.

Lange Zeit fühlten sich die Holländer in ihrer Konsensgesellschaft wohl. Für alle war ausreichend gesorgt, und um die jeweils anderen brauchte man sich nicht zu kümmern. Heute fühlen sich die Holländer zunehmend unwohl.

Ein erster Schock war das Massaker von Srebrenica während des Bosnienkriegs 1995. Niederländischen Blauhelmsoldaten wurde vorgeworfen, dem Abschlachten von rund 8000 Bosniern durch serbische Milizen tatenlos zugesehen zu haben. Es geht mir nicht darum, was damals tatsächlich geschehen ist, sondern darum, dass die holländische Konsensgesellschaft Beobachtern zufolge überfordert war, den Fall aufzuklären und den Tatsachen ins Auge zu sehen. Unter dem Titel »Abwiegeln in Den Haag« berichtete die Wochenzeitung *Die Zeit* im Juli 2005 von gezielten Vertuschungsversuchen holländischer Militärs und Politiker. Andere Kommentatoren sprachen offen von den Grenzen der Konsensgesellschaft. Sie sei ein Modell, das nur in Friedenszeiten und in großem Wohlstand funktioniere. Diese Gesellschaft sei unfähig, in Krisensituationen und im Fall eklatanten politischen Versagens wirklich Verantwortung zu übernehmen.

> Heute fühlen sich die Holländer zunehmend unwohl.

Sehr zum Schrecken der übrigen Europäer wurde Holland seit dem Ende der 90er Jahre zu einer Hochburg des sogenannten Rechtspopulismus. Die erste Galionsfigur war Pim Fortuyn mit seiner nach ihm selbst benannten Partei. Immigranten waren im Konsensmodell der gesellschaftlichen Gruppen nie berücksichtigt gewesen. Das wurde zum Problem, als die Menschen nach den Selbstmordanschlägen vom 11. September plötzlich Angst vor einem islamischen Fundamentalismus bekamen. Fortuyn sprach als erster Politiker aus, was viele seiner Landsleute nur dachten: »Ich bin für einen Kalten Krieg mit dem Islam«, sagte er 2001. »Den Islam sehe ich als eine außerordentliche Bedrohung an, als eine feindliche Gesellschaft.« Mit dem Willen zum Konsens war es offensichtlich schlagartig vorbei.

Im Mai 2002 wurde Pim Fortuyn auf einem Parkplatz erschossen. Nicht von einen arabischen Fundamentalisten, sondern von einem radikalen Tierschützer. Fortuyn hatte im Wahlkampf gesagt, wer wieder ohne schlechtes Gewissen Pelz tragen wolle, solle ihn wählen.

2006 gründete Geert Wilders seine »Partei für die Freiheit« und trat das geistige Erbe Fortuyns an. Auch Wilders profilierte sich schnell als harscher Islamkritiker und feierte damit Erfolge. Seit dem Mord an dem ebenfalls islamkritischen Regisseur und Filmemacher Theo van Gogh stand Wilders unter ständigem Polizeischutz. Wilders schlief jede Nacht an einem anderen, streng geheimen Ort. Überhaupt fühlten sich viele Holländer spätestens seit der Jahrtausendwende bedroht. Sie hielten ihre Gesellschaft für »überfremdet« und hatten Angst, von kriminellen Zuwanderern überfallen zu werden. Das zeigt eindrücklich: Wo zu wenig Differenzierungsvermögen herrscht, haben Populisten leichtes Spiel.

Der Blick auf die Entwicklungen in unserem Nachbarland während der letzten Jahre zeigt, wie soziale Harmoniesucht und Konsenszwang irgendwann in Intoleranz und Aggression umschlagen können. Wenn Konflikte nicht ausgetragen, sondern verdrängt und unter Harmoniekleister verklebt werden, gären sie unter der Oberfläche nur umso stärker weiter.

Entscheidend sind auch hier nicht die äußeren Strukturen, sondern das, was sich im Inneren einzelner Menschen abspielt. Wer nie gelernt hat, Fremdheit auszuhalten und sich mit dem Fremden offen auseinanderzusetzen, in dem stauen sich Ressentiments, Bedrohungs- und Unterlegenheitsgefühle auf. Starke Persönlichkeiten sind hingegen fasziniert von der Unterschiedlichkeit der Menschen. Sie ergehen sich nicht in Verallgemeinerungen und im Schubladendenken, sondern nehmen im Fremden die Möglichkeit eines einzigartigen Beitrags wahr. Für innerlich starke Menschen gibt es eigentlich keine Fremden, sondern nur Menschen, die sie noch nicht kennengelernt haben.

Friedhofsruhestörung

Gesellschaftliche Veränderungen gehen stets von starken und typischerweise unangepassten Individuen aus. Niemals sind es die konsensseligen Jasager, die Reformen anstoßen, Bewegungen initiieren und den Mut aufbringen, alte Zöpfe abzuschneiden. Eine Gesellschaft muss ihren Charakterköpfen, Querdenkern und Abweichlern Raum geben, wenn sie Entwicklung will. Tut sie das nicht oder nicht rechtzeitig, so bekommt sie es stattdessen mit Demagogen, Hetzern und Rattenfängern zu tun.

Die Provokationen der Neinsager können allerdings weh tun. Diesen Schmerz, diese öffentliche Ruhestörung gilt es auszuhalten. Wer will, dass Menschen sich bewegen, die es sich auf ihren Stühlen bequem gemacht haben, muss seinen eigenen Stuhl weit genug von ihnen wegrücken und dann darauf warten, dass die ganze Stuhlreihe nachzieht. Bis es so weit ist, gelten viele außerhalb der Reihen nun einmal als ver-rückt. Manchmal ist es nötig, sich zehn Meter von den anderen wegzubewegen, damit diese einen Meter nachziehen. Deswegen bemerkte Machiavelli scharfzüngig: »Wer Neuerungen einführen will, hat alle zu Feinden, die aus der alten Ordnung Nutzen ziehen.« Und diese Nutznießer sind nicht selten die Gutmenschen.

Auch die Frauenrechtlerin Alice Schwarzer war viele Jahre für weite Teile der bürgerlichen Mittelschicht eine einzige Provokation. Die »Emanze« stritt sich 1975 im deutschen Fernsehen mit der Schriftstellerin Esther Vilar, die die Unterdrückung von Frauen durch Männer leugnete, so sehr, dass die Fetzen flogen. »Sie sind nicht nur Sexistin, sondern auch Faschistin!«, warf Schwarzer ihrer Kontrahentin vor. Die öffentlich-rechtlichen Rundfunkanstalten trauten sich nicht, die Sendung im Abendprogramm auszustrahlen, und verschoben sie auf den Nachmittag. Vier Jahre zuvor hatte Schwarzer die Aktion »Wir haben abgetrieben« der Zeitschrift *Stern* ins Leben gerufen, bei der sich Hunderte Frauen, darunter Prominente wie Romy Schneider oder Senta Berger, zum illegalen Schwangerschaftsabbruch bekannten. Dreißig Jahre später gab Schwarzer zu, dass sie und einige andere dieser Frauen gar nicht abgetrieben und das Ganze nur behauptet hatten, um zu provozieren. In jedem Fall war es der Anstoß zu einer Debatte über das Selbstbestimmungsrecht von Frauen.

> Sie hatten das Ganze nur behauptet, um zu provozieren.

Auch mit ihrem Plädoyer für eine »freie Sexualität« und gegen die politische Begünstigung einer in ihren Augen kulturell bedingten »Zwangsheterosexualität« machte sich Alice Schwarzer in den 70er Jahren nicht nur Freunde. Mit ihrer PorNO-Kampagne kämpfte sie in den 80er Jahren gegen Pornographie und stellte den berühmten Fotografen Helmut Newton wegen seiner Frauendarstellungen an den Pranger. Ihre vielleicht letzte große Provokation war ihr öffentlicher Applaus für die Tat der US-Amerikanerin Lorena Bobbitt, die ihrem schlafenden Mann den Penis abgetrennt hatte, nachdem dieser sie angeblich vergewaltigt hatte. »Amerikanische Hausfrauen denken beim Anblick eines Küchenmessers nicht mehr nur ans Petersiliehacken«, schrieb sie sarkastisch in der von ihr begründeten Frauenzeitschrift *Emma*, woraufhin ihr die Boulevardpresse den Namen »Schwanzab-Schwarzer« verlieh. Der Penis von Mister Bobbitt konnte übrigens wieder angenäht werden.

Szenenwechsel. Es ist der 19. Januar 2009 im Bundeskanzleramt, der politischen Machtzentrale Deutschlands. In einer Feierstunde wird eines Jubiläums gedacht: 90 Jahre Frauenwahlrecht. Bis zum 19. Januar 1919 galt im Deutschen Reich ein Gesetz, nach dem »Jugendliche, Schwachsinnige, Frauen und Kriminelle« kein Wahlrecht hatten. Zu Beginn des Festakts betritt Bundeskanzlerin Angela Merkel den Raum, flankiert auf der einen Seite von Bundesministerin Ursula von der Leyen und auf der anderen Seite von Alice Schwarzer. Schwarzer und die schwarze Kanzlerin werfen sich im Laufe des Vormittags immer wieder bedeutungsvolle Blicke zu, scherzen und lachen miteinander. Alice Schwarzer ist mittlerweile Trägerin des Bundesverdienstkreuzes, hat Angela Merkel für *Emma* interviewt und öffentlich erklärt, sie traue Deutschlands erster Kanzlerin viel zu. Die Lebensleistung von Alice Schwarzer stellt im politischen Berlin niemand mehr in Frage.

Das offizielle Geschenk der Bundesregierung für die Teilnehmer der Feierstunde ist das neue Buch von Alice Schwarzer. Es trägt den Titel *Damenwahl. Vom Kampf um das Frauenwahlrecht bis zur ersten Kanzlerin*. Das Vorwort hat Angela Merkel geschrieben. Und Alice Schwarzer erklärt mit einiger Berechtigung, die Frauenbewegung sei »die mit Abstand erfolgreichste Bewegung des 20. Jahrhunderts«.

Diese Bewegung ist gerade deswegen so erfolgreich gewesen, weil Protagonisten wie Alice Schwarzer provoziert haben, ließe sich hinzufügen. Und deshalb hat auch dieses Treffen im Kanzleramt nichts mit wohlfeiler Konsensseligkeit zu tun. Das ist eine Harmonie auf höherem Niveau, wie sie nur das Ergebnis langer und harter Auseinandersetzungen sein kann. Wenn sich Frauen und Männer mit ganz unterschiedlichen Prägungen und intellektuellen Ausrichtungen am Ende eines harten Kampfes in den Armen liegen, dann haben sie auch ein Recht dazu.

Das Gegenteil von Jasagern sind nicht prinzipielle Neinsager, sondern Autoritäten. Autoritäten haben sich einen Ruf erarbeitet. Sie durchdenken die Dinge und bilden sich eine klare, begründete Meinung. Sie sprechen durch Ergebnisse, nicht durch Positionen und Titel. Sie gehen Konflikten nicht aus dem Weg und kämpfen mit offenem Visier. Auch können sie den passenden Zeitpunkt eines Konfliktes abwarten. Für sie ist ein Konflikt stets der erste Schritt, um ein Problem zu lösen und einen Fortschritt zu erzielen. Es ist der Wunsch nach Klarheit, der sie antreibt. Soll Deutschland in der Weltwirtschaft weiterhin eine führende Rolle einnehmen? Dann müssen wir in unseren Reihen, entgegen dem allmächtigen Konsensstreben, Autoritäten akzeptieren, respektieren und fördern.

Robbie Williams hat in seinem Song *Tripping* den schweren Weg beschrieben, den diese Persönlichkeiten zu gehen haben: »First they ignore you/Then laugh at you and hate you/Then they fight you/Then you win.« Erst wirst du ignoriert, dann ausgelacht, dann gehasst, dann bekämpft, dann hast du gewonnen. Wir profitieren alle davon, wenn wir anfangen, ihnen den Weg leichter zu machen.

KAPITEL 13

Statusbesessenheit: Symbole statt Leistung

Besoffen Phaeton zu fahren ist keine gute Idee. Entweder man fliegt aus der Kurve, wie ein österreichischer Rechtspopulist, oder aus dem Amt, wie eine deutsche Bischöfin. Das Oberklassemodell aus Wolfsburg ist ein typisches Produkt unserer Tage und wäre noch vor wenigen Jahrzehnten nicht denkbar gewesen. Die Luxuslimousine erfüllt alle Anforderungen an ein klassisches Statussymbol auf vier Rädern: fürstliche Ausmaße, schwere Türen, Holz und Leder, acht oder zwölf Zylinder, Preise bis zu 100 000 Euro und mehr. Gleichzeitig schenkt sie aber ihrem Fahrer das gute Gefühl: Es ist doch nur ein Volkswagen! Es ist nur Nachbars Golf. Nichts Besonderes. Ganz bescheiden. So können volksnahe Politiker und kirchliche Würdenträger in Opulenz schwelgen, ohne als böse Kapitalisten dazustehen. Mit einer S-Klasse klappt das nicht.

Doch schon dem antiken Phaeton sind seine Ausfahrten schlecht bekommen. Obwohl nicht bekannt ist, mit wie viel Promille Alkohol im Blut er unterwegs war. Die mythologische Gestalt Phaeton ist in den *Metamorphosen* des römischen Schriftstellers Ovid ein Sinnbild für das Streben des Menschen nach Bestätigung seines Status, das ihm irgendwann zum Verhängnis wird. Phaeton ist der Sohn der Erdenbürgerin Klymene und besteht darauf, von dem Sonnengott Helios gezeugt worden zu sein. Doch der Status des Halbgottes wird ihm von seinen Mitmenschen streitig gemacht, was ihn ärgert und ihm keine Ruhe mehr lässt. Eines Tages sucht Phaeton den Sonnengott Helios in seinem Palast auf und will beweisen, dass er wirklich von ihm abstammt.

Phaeton schafft es schließlich, dass Helios sich verpflichtet, ihm ein Geschenk seiner Wahl zu gewähren. Da erbittet Phaeton, nur für einen Tag den »Sonnenwagen« lenken zu dürfen. Das steht eigentlich nur Helios zu. Mit dem Sonnenwagen fährt er tagsüber von der östlichen Ecke des Himmels zur westlichen und sorgt dafür, dass auf der Erde die Sonne aufgeht, vom Himmel scheint und wieder untergeht. Vier Feuerrösser ziehen den Wagen – und die haben so viel Power, dass dieses Gefährt wirklich nur etwas für Götter ist. Aber Phaeton will ja alle von seiner Göttlichkeit überzeugen und wagt sich deshalb ans Steuer. Am frühen Morgen besteigt er den kostbaren und reich verzierten Sonnenwagen des Helios, fährt los und lässt die Sonne aufgehen. Doch kaum machen die Pferde richtig Dampf, verliert Phaeton die Kontrolle über sein Fahrzeug.

Phaeton kommt von der himmlischen Bahn ab und löst damit auf der Erde eine Katastrophe aus. Ovid berichtet: »Die Erde geht in Flammen auf, die höchsten Gipfel zuerst, tiefe Risse springen auf, und alle Feuchtigkeit versiegt. Die Wiesen brennen zu weißer Asche, die Bäume werden mitsamt ihren Blättern versengt, und das reife Korn nährt selbst die es verzehrende Flamme. Große Städte gehen mitsamt ihren Mauern unter, und die ungeheure Feuersbrunst verwandelt ganze Völker zu Asche.« In ihrer Verzweiflung ruft die Mutter Erde den Göttervater Zeus zu Hilfe. Der schleudert einen Blitz auf Phaeton und zertrümmert seinen Wagen. Phaeton stürzt in die Tiefe und kommt beim Aufprall auf die Erde ums Leben. Er war eben nur ein sterblicher Mensch.

Phaeton stürzt in die Tiefe.

Dann also doch lieber S-Klasse statt Phaeton? Ein brandenburgischer Ministerpräsident hat es ausprobiert. In seinem Bundesland befindet sich ein großes Mercedes-Werk. Eines Tages traten die Konzernoberen aus Stuttgart an ihn heran und schlugen ihm vor, mit einer S-Klasse als Dienstwagen seine Verbundenheit mit einem der größten Arbeitgeber des

Landes und den vielen stolzen Beschäftigten bei Mercedes auszudrücken. Das leuchtete dem Landesvater ein. Aber seinem Volk nicht. Böse Briefe und wütende Proteste hagelte es, als er mit dem »Kapitalisten-Auto« vorfuhr. Eine Beleidigung für die vielen Arbeitslosen und Sozialhilfeempfänger in dem von Strukturschwäche geplagten Land sei das! Da stieg der Landesvater ganz schnell wieder in einen Volkswagen. Gleiche Größe, gleicher Hubraum, gleicher Preis wie die S-Klasse – aber sympathisch und sozial. Der Ministerpräsident hatte wieder ein gutes Gefühl. Keiner verwechselte ihn mehr mit einem Kapitalisten, und alle Landeskinder hatten ihn wieder lieb.

Lebenskennzeichen

Es ist verdammt anstrengend geworden mit den Statussymbolen. Wer die angenehmen Seiten des Lebens in vollen Zügen genießen und dabei trotzdem Gutmensch bleiben möchte, muss sich gut auskennen in der Welt der Zeichen. In der alten Industriegesellschaft war das einfacher. Das damalige Streben nach Status beschrieb der amerikanische Wirtschaftswissenschaftler und Soziologe Thorstein Veblen um 1900 in seinem Buch *Theorie der feinen Leute*. Er prägte darin den Begriff des »Geltungskonsums«, auch »demonstrativer Verbrauch« genannt. In der alten Industriegesellschaft lernten die Menschen zu zeigen, was sie haben, um zu demonstrieren, was sie sind. Oder besser: als was sie gelten wollen.

Veblens Welt, das ist die Welt der Straßenkreuzer und der Kreuzfahrten, der Golfbälle und des Opernballs. Hinter dem Geltungskonsum steht ein materialistisches Wertesystem, das die soziale Rangordnung an die Größe des Besitzes koppelt. Entscheidend ist, dass die anderen mitbekommen, was man sich leisten kann. Irgendwie merkwürdig: Erst die Anspannung, erfolgreich zu werden, dann der Stress, dafür zu sorgen, dass andere den Erfolg mitkriegen. Von der einen Sklaverei zur nächsten. Innere Freiheit sieht anders aus. Auch heute funktioniert diese alte Symbolik oft noch sehr gut. Wer es nicht glaubt, versuche sich einmal im Polo und ein anderes Mal im Porsche auf der linken Spur der Autobahn Platz zu verschaffen oder beantrage einmal im T-Shirt und ein anderes Mal im Maßanzug bei der Sparkasse einen Kredit.

Doch im Zuge der Studentenrevolte und des Wertewandels von 1968 haben sich auch Statussymbole radikal gewandelt. Immaterielle Statussymbole sind seitdem gegenüber materiellen immer wichtiger geworden. So beschreibt es der Knigge-Experte Rainer Wälde in seinem Buch *Understatement: Der Stil der Erfolgs*. Das große Auto, die Villa, die Yacht machen immer noch Eindruck. Aber darauf kommt es nicht mehr in erster Linie an. Die Statussymbole unserer Zeit sind subtiler, sagt der Autor. Zu ihnen gehört es zum Beispiel, Zeit zu haben, der Herr über den eigenen Terminkalender zu sein. Und für das derzeit größte Statussymbol hält Wälde, es sich leisten zu können, unerreichbar zu sein. In dem Film *Der Teufel trägt Prada* traktiert eine herrschsüchtige Chefin ihre Angestellten fast rund um die Uhr mit E-Mails, SMS und Anrufen und demonstriert ihnen damit, was sie sind: Handlanger. Der ultimative Statustest dagegen lautet: Wie lange kann es sich jemand erlauben, auf eine E-Mail nicht zu antworten? Ohne automatische Benachrichtigung natürlich. »Ab drei Wochen wird es interessant«, schreibt Rainer Wälde ironisch.

Die alten Statussymbole spielen auch für Moritz Freiherr Knigge kaum noch eine Rolle. In seinem Buch *Zeichen der Macht* lässt er hauptsächlich immaterielle Werte »die geheime Sprache der Statussymbole« sprechen. Und siehe da: Glaubt man dem Nachfahren des berühmten Adolph Freiherr Knigge, der 1788 *Über den Umgang mit Menschen* schrieb, dann ist Gutmenschentum heute eines der größten Statussymbole überhaupt. »Ich habe Herz«, ich besitze »Gemeinsinn«, die-

> Alte Statussymbole spielen kaum noch eine Rolle.

se Tugend kann laut Knigge der Öffentlichkeit nicht oft genug beweisen, wer im »Status-Quartett«, wie es der Autor nennt, die besten Karten haben will. Das Ganze mündet dann in folgender Aussage, die mal bei den Top-Models sehr modern war und es noch immer ist. Auf die Frage, was ihnen denn in ihrem Leben am wichtigsten sei, kommt automatisiert die Antwort: »Der Weltfrieden.«

Die Symbole für soziales Engagement kann man sich heute sogar an die Brust heften wie früher einen Orden. »Seit langer Zeit schon gehört das rote oder weiße Aids-Schleifchen zum modischen Outfit selbstverständlich dazu«, schreibt Knigge. Allerdings: »Seit es Medikamente gibt, mit denen sich die Immunschwäche aufhalten lässt, und die Infektion somit nicht mehr automatisch ein Todesurteil darstellt, sind die Schleifchen auf dem Rückzug.« Die Pose des Retters verspricht nur dann maximalen Status, wenn die Kulisse dramatisch genug ist. Überhaupt: Gemeinnützige Ein-Euro-Jobs mögen zwar für die Gesellschaft wichtig sein, bringen aber für den Status wenig.

»Insofern sticht die Karte Gemeinsinn nur dann«, schreibt Moritz Freiherr Knigge, »wenn sie auch mit der Erfolgs-Karte – der eigenen oder der des Mannes – winken kann.« So bringen die Damen der Gesellschaft auf Charity-Partys jährlich Millionen Euro für mildtätige Zwecke auf. Knigge analysiert treffend: »Das ist der Deal: Tue Gutes und werde dabei fotografiert! Die persönliche Eitelkeit öffnet das Portemonnaie. In bestimmten Kreisen geht man eben zu Charity-Events, wie andere nach Wimbledon oder zu den Salzburger Festspielen fahren. Statussymbol pur. Kritiker nennen das ›Welt-Hummer-Hilfe‹.«

Für mich ist es völlig in Ordnung, wenn Leute, die viel Geld haben, auch viel davon verschenken. Doch gleichzeitig werden Unternehmer, die Verantwortung für Hunderte oder Tausende von Mitarbeitern übernehmen, die dafür sorgen, dass deren Familien ein gutes und sicheres Auskommen haben, als Kapitalisten diffamiert. Fahren sie S-Klasse oder Maserati, wird ihnen Provokation in schlechten Zeiten vorgeworfen. Nur wenn sie auf den Alhambra-Feten der Gutmenschen auftauchen und für aidskranke Waisenkinder spenden, dürfen sie sich einmal über ein bisschen Respekt und Anerkennung freuen. Kann das unser Ernst sein? Das eitle Schaulaufen auf den Benefiz-Bühnen erhält mehr Wertschätzung, als jeden Tag dafür zu sorgen, dass unsere Wirtschaft funktioniert, Werte geschaffen werden und Menschen sinnvolle Arbeit haben? Gutmenschelei sorgt für mehr Prestige als Unternehmertum? Hehre Absichten bekommen mehr Anerkennung als verantwortungsvolle Taten? Ja, das ist so. Und das ist der Gipfel der Heuchelei! Wie wollen wir so ein Staat voller Unternehmer werden?

Reihenhausversammlung

Es sind nicht nur die Reichen, die nach Anerkennung streben, indem sie sich sympathisch und sozial geben. In jeder durchschnittlichen Wohnsiedlung wird auf das geschielt, was beim Nachbarn gut ankommt. Schnell einen anerkannten Job, möglichst vor der ersten Schwangerschaft heiraten, bald danach das zweite Kind. Doppelhaushälfte, ein Hund, eine Katze und ein Millimeter-Vorzeige-Rasen – das kommt in weiten Teilen Deutschlands immer noch gut an. Das gilt als anständig. Kein Wunder, wenn Menschen mit einer mentalen To-do-Liste unterwegs sind, eins nach dem anderen abarbeiten, ohne sich zu fragen, was sie wirklich wollen oder was ihre tatsächliche Berufung ist. Das Erwachen ist dann meist schmerzhaft. Wenn die Nachbarn einen heimlich bewundern und trotzdem mögen und sympathisch finden, dann hat man's geschafft, dann ist man ein Guter. Und wehe, man ist es nicht! Seid so wie wir, lautet der unausgesprochene Imperativ in den Vorstädten, auf den Dörfern und in den

Neubausiedlungen. Wer es wagt, anders zu sein, dem droht die emotionale Isolation.

Wer glaubt, dass die Verfechter eines alternativen und ökologischen Lebensstils da grundsätzlich anders ticken, der fahre nach Freiburg im Breisgau. Genauer gesagt in den Stadtteil Vauban. Hinter dem französisch klingenden Namen verbirgt sich eine ökologische Modellsiedlung. Auf den 38 Hektar eines ehemaligen französischen Kasernengeländes sollen einmal 5500 Menschen in nachhaltigen, ökologisch vollkommen korrekten Häusern leben. Überall finden sich Sonnenkollektoren, statt Autoparkplätzen gibt es Kinderspielplätze, Autos selbst müssen nahezu alle draußen bleiben. Die Hauseigentümer können ihre Häuser individuell gestalten. Bisher sehen die meisten von ihnen jedoch alle ziemlich gleich aus. Viel Holz, gerne bunt gestrichen. Ein bisschen wie bei Astrid Lindgren im Schweden ihrer Kinderbücher. Auch von einer Bevölkerungsmischung kann nicht die Rede sein. Die Bewohner sind fast alle zwischen dreißig und vierzig, gebildet und haben kleine Kinder. Als »Großwohngemeinschaft für gebildete Besserverdiener« bezeichnete die örtliche *Badische Zeitung* Vauban einmal.

Tatsächlich sind sozial Schwache, Ältere und Menschen mit Migrationshintergrund im Stadtteil nicht vorgesehen. Die Gutmenschen lieben es, sich für sozial Schwache, Ältere und Menschen mit Migrationshintergrund einzusetzen – wollen privat aber lieber unter sich sein. Ihre Kinder werden so auch von keinem Nachbarn zum Bösen verführt. Zum Beispiel zum Fernsehgucken, denn einen Fernseher hat hier kaum einer. Oder dazu, etwas anderes zu essen als Bio. Süßkram von Aldi und Burger von McDonald's sind von hier aus betrachtet Seuchen eines fernen, feindlichen Planeten. Wer hier wohnt, hat es geschafft. Er wiegt sich in der Gewissheit, alles richtig zu machen, weil er sich an seinen Nachbarn orientiert und andere soziale Mi-

> Burger von McDonald's sind Seuchen eines fernen, feindlichen Planeten.

lieus nicht mehr wahrnehmen muss. Der Punkt ist: In einer Siedlung nur aus Rentnern, nur aus Managern oder nur aus Mormonen würde es ganz ähnlich zugehen. Die Statussucht bleibt. Nur mit anderen Zeichen, Symbolen und Ritualen.

Statussymbolhandlungen

Status, der sich an Äußerlichkeiten aufhängt und über Symbole funktioniert, ist austauschbar. Man muss nicht mehr sein als ein guter Schauspieler, um dort, wo alle Regeln und Rituale fest definiert sind, Anerkennung zu finden. Doch es sind die Querdenker und Sturköpfe, die unangepassten Charaktere mit Ecken und Kanten, die sich wirklich einen Platz in den Herzen der Menschen erobern. Sie wollen nicht gut dastehen, sondern für ihre Überzeugungen einstehen. Ein passendes Beispiel eines solchen Menschen ist für mich der frühere SPD-Politiker Herbert Wehner. Ja, der war unbequem! Herbert Wehner ist der Politiker mit den meisten Ordnungsrufen in der Geschichte des Deutschen Bundestags. Einen CDU-Abgeordneten titulierte Wehner einmal als »Herr Übelkrähe«, einen anderen als »Herr Hodentöter« und einem SPD-Abgeordneten, der sich über die in den 60er Jahren übliche alphabetische Sitzverteilung beklagte, empfahl Wehner, sich dann doch einfach in »Genosse Arschloch« umzubenennen.

Im Zeitalter von Stefan Raab und Dieter Bohlen sind solche Äußerungen nicht mehr so wild wie damals. Viele Weggefährten haben Wehner außerdem als einen Menschen beschrieben, der auch sensibel und verständnisvoll sein konnte. Er redete eben, wie er redete. Dass er seinem Ansehen damit schadete, war ihm egal. Dazu passt, dass er nach dem Rücktritt von Willy Brandt nicht wie viele andere in der SPD in eine Schockstarre fiel, sondern nach vorn blickte. Wehner wusste, wie man sich Anerkennung verdienen muss: durch

Ja, der war unbequem!

Ergebnisse in der Sache. Bei den Lieblingen der Medien, die sich Anerkennung an der Oberfläche verschaffen wollen, genügt ein Fehltritt, und sie werden fallen gelassen. Sympathisch, sozial – und absturzgefährdet.

Anerkennung, Respekt und sozialer Status als Ergebnis herausragender Leistungen sind völlig in Ordnung. Es gehört zu den Grundantrieben des Menschen, nach Anerkennung für das eigene Tun zu streben. Kinder, die keinerlei Anerkennung bekommen, lernen nicht und entwickeln sich nicht mehr weiter. Mitarbeiter in Unternehmen, die von ihren Vorgesetzten und Kollegen keine Anerkennung für ihre Arbeit erhalten, verlieren jede Motivation und gehen in die innere Kündigung. Doch statussüchtige Menschen suchen die Abkürzung zur Anerkennung. Sie brauchen Bestätigung als Dauerberieselung und nicht etwa nur dann, wenn es ihre Leistungen wirklich rechtfertigen. Organisationen, in denen Status emotional höher gewertet wird als Ergebnisse, leiden an destruktiven informellen Gruppen, die ihren Status sichern wollen, wie an einem Krebsgeschwür. Denn wenn die Hirten streiten, merkt man es dem Käse an. Die Kurzehe von Daimler und Chrysler lässt grüßen.

Mit Statussymbolen konnte man sich schon immer sichtbar Respekt verschaffen, ohne ihn sich jedes Mal neu verdienen zu müssen. Die Gutmenschen verheddern sich im Geflecht aus alten und neuen Statussymbolen. Mit ihrem sympathischen Auftreten und ihrem Sozialengagement überdecken sie nur notdürftig ihren »Virus« Statussucht. Denn über ihre schwachen Ergebnisse und ihre innere Leere können äußere Symbole auf Dauer nicht hinwegtäuschen. Der Aufbau und der Erhalt des Saubermann-Images kosten letztlich so viel Energie, dass für echte Leistungen keine Kraft mehr vorhanden ist. Deswegen: Wer Anerkennung will, der arbeite hart an sich selbst und bemühe sich darum, dass das Ergebnis seiner Handlungen auch anderen Menschen dient. Alles andere gehört in den Zirkus.

Kapitel 14

Schwächebedürfnis: Da menschelt es prächtig

Unternehmen, die sich soziale Verantwortung auf die Fahnen geschrieben haben, freuen sich, wenn Behinderte sich bei ihnen bewerben. Sie wollen ja zu den Guten gehören und nicht einfach die Ausgleichsabgabe zahlen, sondern Behinderten tatsächlich eine Chance im Unternehmen geben. Endlich können diese Unternehmen zeigen, wie sozial sie sind. In der Probezeit ist der Behinderte deshalb schnell von lauter netten Kollegen umgeben. Der Erste hält ihm die Tür auf, der Zweite bietet ihm an, die Tasche zu tragen, der Dritte fragt ihn mittags, ob er ihm aus dem Supermarkt um die Ecke etwas zu essen mitbringen kann. Alle im Unternehmen sind supergut drauf, seit es den Behinderten gibt. Seitdem jeder täglich die Gelegenheit hat, eine soziale Tat zu vollbringen, hat sich das Betriebsklima enorm verbessert.

Der Behinderte darf jetzt bloß einen Fehler nicht begehen: Er darf seinen Job nicht besser machen als seine netten Kollegen. Er darf sie leistungsmäßig nicht einfach überholen. Moment mal, sagen die Leute in dem sozialen Unternehmen dann nämlich, wir haben dich doch eingekauft, damit wir uns gut fühlen können. Jetzt kommst du daher und sagst uns, wie unser Job geht. So nicht! Womit hat es ein behinderter Kollege im Vertrieb, der bessere Zahlen abliefert als man selbst, eigentlich verdient, dass man ihm die Tür aufhält? Das fragen sich jetzt alle. Und plötzlich hält dem Behinderten niemand mehr die Tür auf, niemand bietet ihm an, die Tasche zu tragen, und niemand fragt ihn mittags, ob er ihm aus dem Supermarkt um die Ecke etwas zu essen mitbringen kann. Stattdessen finden auf Treppenabsätzen, auf die der Behinderte nicht gelangen kann, konspirative Treffen der Kollegen statt, bei denen überlegt wird, wie man dem Behinderten mal so richtig eins auswischen kann. In solchen Gebäudenischen der sozialen Unternehmen fällt dann die Maske der Menschlichkeit.

Schwächegeneratoren

Familie und Erziehung. Guck doch mal, wie aufopferungsvoll ich mich um meine Kinder kümmere, lautet das Mantra der Wohlfühlmütter und Kuschelväter. Entweder sie fahren ihre Kinder mit dem Porsche Cayenne zur Schule und holen sie dort mittags auch wieder ab. Oder sie nehmen das vorzeigbare Gasauto, das natürlich mit Naturgas fährt. Unterschiedliche Autos – die gleiche Absicht. Nicht auszudenken, was den Kindern auf dem Schulweg alles passieren könnte, wenn sie zu Fuß gehen oder das Fahrrad nehmen würden! So wie wir das in unserer Kindheit tun mussten. Natürlich schmieren diese Eltern den Kindern auch liebevoll das Pausenbrot. Sie ziehen sie warm an und binden ihnen die Schuhe zu. Sie sind so tolle Eltern, so lieb zu den armen Kleinen.

Doch wehe, die Kinder brechen einmal zu einer Skifreizeit auf und Muttis Service-Paket fällt plötzlich komplett weg. Ich habe solche Situationen früher oft erlebt, während meiner Zeit als Jugendbetreuer im Sportbereich. Plötzlich sind die Kleinen völlig hilflos und total damit überfordert, sich selbst zu managen. Die kleinsten Anforderungen, wie sich zu waschen, anzuziehen oder die Sachen in Ordnung zu halten, setzen sie vollkommen unter Stress. Sie vergessen ständig irgendwelche Dinge und müssen sich bei anderen Kindern bedienen. Völlig selbstverständlich und ohne ein Dankeschön essen sie dann von den Pausenbroten der anderen, weil sie es ja gewohnt sind, dass die Mama sich um alles kümmert. Ihre

Eltern haben sie so konditioniert, dass sie glauben, andere seien dazu da, um ihnen gute Gefühle zu verschaffen. Diese Rolle des Nehmenden beherrschen die Kinder perfekt. Die Folge jedoch: Sie bleiben schwach und hilflos. Sie stark zu machen und selbstbewusst werden zu lassen war vielleicht der Wunsch der Eltern, aber nicht deren Wirkung.

Schwäche wird in unserer Gesellschaft bewusst und unbewusst kultiviert. Es ist entgegen aller Lippenbekenntnisse kein anerkanntes Ziel, die Schwachen zu stärken. Im Gegenteil: Sie sollen schwach bleiben. Weil Altruisten, Gutmenschen und Weltverbesserer dann sagen können, dass man sich um die Schwachen kümmern muss. Und natürlich sind sie selbst es, die sich um die Schwachen kümmern müssen. Denn sie wollen nicht helfen, sondern gebraucht werden. Und durch diese kultivierte Schwäche werden sie gebraucht, stehen im Mittelpunkt und können Macht ausüben. Das hilft den Schwachen nicht, sondern führt sie in die Abhängigkeit. Wer einmal Macht hat, will sie nicht mehr abgeben und fürchtet nichts so sehr wie den Aufstieg der Ohnmächtigen in den Zirkel der Mächtigen. Macht ist auf Machterhalt aus und nicht auf das Wachstum anderer.

Wer einmal Macht hat, will sie nicht mehr abgeben.

Die vermeintlichen Altruisten entpuppen sich im Ergebnis als Egoisten, die sich auf Kosten der Schwachen gute Gefühle verschaffen und ihre Machtpositionen verteidigen. Sie missbrauchen die Schwachen, um sich selbst stark zu fühlen. Und das ist letztlich noch schlimmer, als wenn sie die Schwachen offen unterdrücken würden. Denn gegen offene Unterdrückung könnten die Schwachen sich irgendwann wehren. Gegen die Verführung und Manipulation durch die Gutmenschen haben sie dagegen kaum eine Chance, weil sie den Mechanismus gar nicht erst durchschauen.

Dieser Mechanismus begegnet einem typischerweise dort, wo ihn viele auf den ersten Blick nicht vermuten. Beispielsweise fühlen sich menschelnde Politiker dazu berufen,

»Arbeitsplätze zu sichern«. Die Medien applaudieren, und kaum jemand widerspricht. Dabei greift hier genau das beschriebene Muster. Um Macht ausüben zu können, behandeln Politiker erwachsene Menschen wie Pflegefälle, die in ihren Betrieben wie in Heimen untergebracht sind und dort weiter betreut werden müssen. Die Mächtigen nutzen unter dem Mäntelchen des Sozialen die natürlichen Widerstände der Menschen vor großen Veränderungen, ihre verständliche Angst, und behindern dadurch ihre Entwicklung.

Die Politiker leugnen die Chancen eines Arbeitsplatzwechsels und wollen den Leuten weismachen, ihr bestehender Arbeitsplatz sei allein deshalb der beste, den sie je haben werden, weil es der ist, den sie heute haben. Es menschelt dann so richtig, wenn sich bestimmte Politiker mit offenem Hemdkragen und aufgerollten Ärmeln unter das arbeitende Volk mischen und sich als Retter inszenieren, die genau das sagen, was wir hören wollen. Doch nur wer glaubt, dass seine heutige Arbeit besser sei als alles, was ihm die Zukunft noch bieten könnte, lässt sich überhaupt von Politikern in die Opferrolle drängen. Dabei sind Politiker in der Demokratie nur der Spiegel unseres Bewusstseins. Wir lassen diejenigen an die Macht, die uns geben, wonach wir verlangen.

Weltbildstörung

Hinter diesem Kultivieren von Schwäche auf allen gesellschaftlichen Ebenen steckt ein Weltbild des schwachen, zu beschützenden Menschen. Dessen Verbreitung führt zu dem Ergebnis, dass Menschen nicht nur sagen »Ich kann nicht«, sondern auch »Ich will nicht«. Wo die Schwäche dem Schwachen Vorteile bringt, weil sich nämlich immer andere um ihn kümmern, liegt es nahe, dass sich dieser der Entwicklung von Stärke verweigert. Die Schwachen nehmen eine Opferrolle ein und verbünden sich mit anderen Schwachen, um sich gegenseitig darin zu bestätigen, dass die Opferhaltung in Ordnung ist.

Den Gutmenschen kommt das gerade recht. Sie nehmen nicht nur die in den Blick, die nicht können, sondern gern auch die, die nicht wollen. Denn für ihre eigentlichen Motive ist es egal, ob jemand nicht kann oder nicht will. Es kommt ihnen – bewusst oder unbewusst – lediglich darauf an, dass der andere schwach ist, schwach bleibt und es ihnen damit ermöglicht, selbst in die Helferrolle zu schlüpfen. Eine Rolle, die den Gutmenschen das Gefühl von Stärke verleiht, ihnen zu sozialem Ansehen verhilft und ihr schlechtes Gewissen beruhigt. Ein schlechtes Gewissen, das typischerweise dadurch genährt wird, dass sie selbst auf einer bestimmten Entwicklungsstufe ihrer Persönlichkeit stehen geblieben sind. Der Gutmensch will überall gebraucht werden, erzeugt deshalb permanent Abhängigkeiten in seinem Umfeld und verliert darüber seine eigene Entwicklung aus dem Blick.

Wer sich aber selbst nicht mehr weiterentwickelt, will auch nicht, dass andere sich weiterentwickeln. Er fühlt sich in einem möglichst statischen Umfeld am wohlsten, in dem die Rollen fest verteilt sind. Zu dieser Rollenverteilung gehört auch die dauerhafte Festlegung, wer die Schwachen zu sein haben und wer die Starken. Das Kultivieren von Schwäche wird so zu einem sich selbst reproduzierenden Muster.

Das Kultivieren von Schwäche wird zu einem sich selbst reproduzierenden Muster.

In meiner Tätigkeit als Coach erlebe ich dieses Muster immer wieder eindrucksvoll in größeren mittelständischen Firmen. Da komme ich in so manchen Betrieb und gewinne den Eindruck, der ganze Laden sei nur dazu da, damit die Mitarbeiter sich gegenseitig gute Gefühle verschaffen können. Bei ausgesprochen mäßigen Ergebnissen. Aber die Resultate der Arbeit scheinen den meisten egal zu sein, solange der Eigentümer mitspielt und immer noch irgendwo Geld herkommt.

Zum Beispiel: ein inhabergeführtes mittelständisches Unternehmen in Deutschland mit 350 Mitarbeitern. Schon wenn man diese Firma betritt, merkt man: Alles ist auf Harmonie getrimmt. Holz, warme Farben, Stoffe, Plätzchen auf dem Tisch. Alles lädt zum Verweilen ein. Entsprechend viele Meetings gibt es. Man redet lange, sehr lange über alles, obwohl man nicht präzise vorbereitet ist. Von fünf Punkten auf der Agenda hat man nach Stunden einen abgearbeitet. Effizienz pur. Dafür sind noch fünf weitere Punkte dazugekommen, über die man dann nächste Woche sprechen will. Aber immerhin ist jeder zu Wort gekommen, alle durften ihren Senf dazugeben. Letztlich hören aber alle nur auf einen, nämlich den Chef. Wenn er dazukommt und seine Meinung sagt, schwenken alle auf seine Linie ein. So lässt sich jeder Konflikt im Ansatz vermeiden.

Den Mitarbeitern in diesem Unternehmen scheint es richtig gutzugehen. Aber mir tun die Leute leid, die hier arbeiten. Weil ihre Chefs ihnen keine Chance geben wollen, sich weiterzuentwickeln. Die Führungskräfte sind selbst schwach und konfliktscheu, deshalb umgeben sie sich mit schwachen und ängstlichen Mitarbeitern, die sie klein halten, damit bloß keine Reibung entsteht. Ohne Reibung gibt es allerdings auch keine Entwicklung. So ist Stillstand der Preis für ein Betriebsklima, in dem sich alle liebhaben und keiner dem anderen irgendetwas zumuten will. Die Daseinsberechtigung des Unternehmens ist die Bestätigung des Chefs. Das Unternehmen ist sein persönlicher Kosmos. Hier spielt er eine Art Gott. Und er beschwert sich, dass immer alle zu ihm kommen. Mit jedem Mist. Das erwähnt er öfter. Dass er diese Situation selbst verursacht hat, dieser Wahrheit weicht er aus. Solange er kann. Kommt dann das böse Erwachen in Form einer drohenden Insolvenz, nehmen er und seine Mitarbeiter erst recht die Opferrolle ein und hoffen auf einen weißen Ritter, der die Firma rettet. Damit man weitermachen kann wie gewohnt. Und wenn der Ritter nicht kommt, dann sollen die Politiker es richten, womit diese wiederum die Möglichkeit bekommen, sich als Retter zu inszenieren.

Die Schwachen müssen sich an einer größeren Möglichkeit reiben können. Das heißt: an einer Person mit mehr Selbstvertrauen, Zielklarheit, Wissen oder Erfahrung. Das Fördern und Fordern durch eine solche Person ist anziehend und abstoßend zugleich, aber es führt zu einem Lernprozess. Statt klein gehalten und entmündigt zu werden, brauchen sie Perspektiven für ihre Entwicklung. Die Starken sind auf die Schwachen nicht angewiesen, es sei denn, um sie missbrauchen zu können. Aber die Schwachen brauchen die Starken als Vorbild und Ansporn. Der Starke ermutigt den Schwachen, wenn er Stärke kultiviert, nicht Schwäche.

Nicht umsonst ist der FC Bayern München der deutsche Fußballverein mit den meisten Mitgliedern. Er ist erfolgreich und macht sich nicht kleiner, als er ist. Er kultiviert seine Stärke, und dafür reißen ihm die Leute die Trikots, Schals und Poster aus den Händen. Menschen suchen die Nähe zur Stärke des Vereins und fühlen sich dort wohl. Gleichzeitig versuchen die Gutmenschen in den Medien, dem FC Bayern ein Image der Kälte anzudichten. Wer den Verein kennt, weiß, wie freundschaftlich und familiär es dort zugeht, trotz des Bekenntnisses zu permanenter Spitzenleistung.

Und der Fußballverein mit den zweitmeisten Mitgliedern in Deutschland? Deutscher Meister war Schalke 04 zuletzt 1958, aber seine Anhänger nennen den Verein aus dem Ruhrgebiet den »Meister der Herzen«. Nicht wenige dieser Anhänger bestätigen damit ihre eigene Überzeugung, dass gute Gefühle wichtiger sind als Wachstum und Stärke.

Vielleicht erfahren die Schalker Fans bald, wie viel besser es sich anfühlt, »echter« Meister zu sein.

Das ist der Spiegel einer Gesellschaft, die Schwäche kultiviert und glaubt, persönliche und berufliche Weiterentwicklung ließe sich durch gute Gefühle ersetzen. Umso interessanter ist nun das Experiment, mit dem Meistertrainer

Felix Magath Verein und Mannschaft von einem Starken, von einem Menschenentwickler führen zu lassen. Clever wie er ist, hat er für sich die entscheidenden Machtpositionen verhandelt. Zu groß war seine Angst, dass ihm die Gutmenschen »gutgemeint« ins Handwerk pfuschen. Vielleicht erfahren die Schalker Fans bald, wie viel besser es sich anfühlt, »echter« Meister zu sein.

Menschenentwicklungshilfe

Nichts ist unmenschlicher, als die Schwachen jeglicher Wachstumsperspektive zu berauben, indem man sie bewusst schwach hält. Das ist buchstäblich menschenverachtend, weil es das Potential, das in jedem einzelnen Menschen steckt, missachtet.

Der Mensch hat die Pflicht, sich selbst weiterzuentwickeln und andere bei ihrer Entwicklung zu unterstützen. Je stärker jemand ist, desto mehr muss er anderen helfen, selbst stark zu werden. Als Folge wird er erleben, dass es ihn selbst nicht schwächt, wenn andere um ihn herum ebenfalls stark werden, sondern dass ihn das im Gegenteil noch stärker macht.

Während eines Entwicklungsprogramms für Führungskräfte in einem mittelständischen Unternehmen lernte ich einen jungen Mann kennen. Als diplomierter Betriebswirt kam er gerade frisch von der Uni und hatte in einem harten Auswahlprozess die Assistenzstelle der Vertriebsleitung ergattert. Er war ein hochgewachsener, dünner Mann mit unsicherem Auftreten. Nach einem der Seminare kam er zu mir und teilte mir offen sein Problem mit: Er versuche, sich weiterzuentwickeln und neue Aufgaben anzugehen, aber es gebe einige Vorgesetzte, die kein Interesse an seiner Entwicklung hätten. Je engagierter er an die Sachen herangehe, desto mehr Widerstände würden ihm in den Weg gelegt. Ich bot ihm an, ihn bei seiner Weiterbildung persönlich zu betreuen. Unter der Voraussetzung, dass er hart an sich arbeitet und sich nicht durch die Äußerungen anderer aufhalten lässt. Er willigte begeistert ein.

In kürzester Zeit machte er eine rasante Karriere und gewann den Respekt aller Kollegen. Heute ist er die rechte Hand der Geschäftsführung und hat inzwischen selbst fünf Leistungsträger herangezogen. Er hat seine Stärke an andere weitergegeben. Sicherlich hat er mich auf dem Weg nach oben einige Male verflucht. Aber aus meiner Sicht bedeutet Menschlichkeit nicht, den anderen vor Problemen oder schwierigen Zeiten zu schützen, sondern sein Potential zu entdecken und zu fördern.

Im Gegensatz zum Gutmenschen sieht der Menschenentwickler den anderen deshalb nicht so, wie er ihn für seine Zwecke gerne hätte. Er sieht ihn in der Größe, die er haben könnte, wenn er sich entsprechend entwickeln würde. Das macht ihn extrem unbequem. Denn er fordert Veränderung, statt nur Bestätigung zu geben. Er sagt: »Ich gebe dir Anerkennung für das, was du sein kannst.« Da hört es sofort auf zu menscheln. Dafür geht es schlagartig an den Kern der Person. »Mich interessiert es kein bisschen, woher du kommst, welche Umstände dich geprägt haben und wer du jetzt bist«, sagt der Menschenentwickler. »Mich interessiert, wer du sein kannst.«

> Da hört es sofort auf zu menscheln.

Das totale Gegenprogramm dazu ist der politische Populismus, wie er in Europa in der letzten Zeit wieder Aufwind bekommt. Es gibt wohl fast niemanden mit einem halbwegs intakten Verstand, der populistische Politiker nicht durchschauen würde. Populisten sagen, dass sie für die sogenannten kleinen Leute etwas Gutes tun wollen, aber jeder weiß, dass sie in erster Linie die Macht übernehmen wollen, um die Leute anschließend noch mehr zu unterdrücken. Die historischen Beispiele wurden in einem früheren Kapitel beschrieben. Sie kultivieren also die Schwäche weiter, damit sie so tun können, als würden sie für die Schwachen die Lanze brechen. Fast jeder erkennt den Mechanismus dahinter – es funktioniert aber trotzdem.

Es funktioniert, weil die Botschaft so verlockend ist. Weil der Populist genau die Form von Anerkennung ohne Anstrengung anbietet, die den Willen, sich weiterzuentwickeln, untergräbt. Mit euch ist alles toll, signalisiert der Populist. »Ihr seid super, ihr braucht euch nicht anzustrengen, bei euch sind keine Veränderungen nötig, ihr könnt so bleiben, wie ihr seid. Nur die da oben müssen weg. Die da oben sind an allem schuld. Bei euch ist alles in Ordnung, die anderen sind die Schweine: die Manager, die Banken, die Medien, die Migranten, die in Brüssel, die in Washington, die in Israel. Wenn die erst einmal alle weg sind und ich an der Macht bin, dann wird endlich mal anerkannt, wie toll ihr alle seid.« Und wie der Populist sich so in Rage redet, fühlt er sich immer besser. Wie schön für ihn, dass es die kleinen Leute gibt, die ihn toll finden, weil er sie toll findet. Der Punkt ist nur: Die sogenannten kleinen Leute müssten nicht klein bleiben.

Menschen, die andere klein halten, um selbst größer zu erscheinen, haben sich in unserer Gesellschaft geschickt eingenistet. Das müssen wir ändern.

KAPITEL 15

Verantwortungsscheu: Die Suche nach dem Schuldigen

Nach dem Amoklauf in einer Realschule im baden-württembergischen Winnenden rangen Menschen, die von den Einzelheiten der Tat erfahren hatten, mit ihrer Fassungslosigkeit. Doch in Fernsehen und Radio, in Internetforen und auf den Straßen rückte sofort eine Frage in den Mittelpunkt: Wer ist schuld? Der Amokschütze war von der Polizei erschossen worden. Im Sinne des Strafrechts war er zweifellos der allein Schuldige und wäre vor Gericht gestellt worden, wenn er überlebt hätte. Aber ein einziger Schuldiger befriedigt viele nicht, vor allem kein toter.

Wer also war *eigentlich* schuld? Die Sportschützen seien es, sagten die einen, denn der Täter war an Waffen und Munition gekommen, weil sein Vater Sportschütze war. Die Hersteller von Videospielen seien schuld, sagten andere, weil Jugendliche erst durch Ballerspiele zu Amokläufen angestiftet würden. Der dominante Vater des Täters sei schuld, sagten wieder andere, weil er seinem Sohn zu wenig Liebe geschenkt habe. Die Lehrer seien schuld, sagten manche, denn sie hätten gegen die soziale Isolation des Täters an der Schule einschreiten müssen. Eine Psychologin sei schuld, kursierte in den Medien, denn sie habe von den Gewaltphantasien des Täters gewusst und es versäumt, die Polizei zu alarmieren. Unsere Wettbewerbsgesellschaft und die Ökonomisierung seien schuld, meinten andere, weil bei Jugendlichen die Versagensangst irgendwann in Gewalt umschlagen müsse. Der Staat sei aber auch schuld, weil in Deutschland die Waffengesetze immer noch zu lax seien, denn eine Allianz aus Waffenlobby, Reserveoffizieren und Schützenvereinen wolle das nicht anders. Und damit sind noch nicht einmal alle Schuldzuweisungen aufgezählt, die unmittelbar nach dem Amoklauf gehandelt wurden.

Wer ist schuld? So lautet die inzwischen geradezu reflexhafte Frage bei jedem erschütternden Ereignis, das öffentlich bekannt wird. Die Schuldfrage wird nicht mehr in erster Linie dort gestellt, wo Monate nach einer Katastrophe die juristischen Folgen in den Fokus rücken. Nein, die Frage nach dem Schuldigen wird so schnell ins Spiel gebracht, dass sie der Erschütterung über das Unbegreifliche kaum noch Raum lässt.

> Wer ist schuld?

Warum ein Airbus der Air France über dem Atlantik abgestürzt ist und alle an Bord befindlichen Passagiere und Besatzungsmitglieder sterben mussten, lässt sich nicht aufklären. Der Flugschreiber liegt unerreichbar auf dem Meeresgrund. Umso lebhafter wird die Frage diskutiert: Wer ist schuld? Ist es der Flugzeughersteller oder die Flugsicherung oder der Flugkapitän oder ein Mechaniker auf dem Heimatflughafen? Oder ist es gar die Unternehmenskultur von Air France – so wurde ernsthaft gefragt –, die ihre Cockpit-Besatzungen zu allzu großer Technikgläubigkeit erziehe?

Selbst Naturkatastrophen bleiben von der sofort einsetzenden Schulddiskussion nicht ausgeklammert. So wurde nach dem verheerenden Tsunami in Asien zu Weihnachten 2004 über geheime Atomtests als Auslöser spekuliert. An den vielen Toten seien außerdem unzureichende staatliche Frühwarnsysteme schuld.

Und was ist bei Naturkatastrophen, die kein Mensch vorhersehen kann? Als ein Erdbeben die Häuser des Inselstaats Haiti fast komplett zerstörte, meinten evangelikale Fernsehprediger in den USA, der teuflische Voodoo-Kult der Haitianer sei daran schuld. Dafür habe Gott die Haitianer jetzt bestraft.

Sühneopferhaltung

Die Suche nach dem Schuldigen ist im ersten Schritt ein Ausdruck unserer Kontrollwut und folgt einer Angst vor dem Kontrollverlust. Diese Angst entsteht aus einem grundsätzlichen Mangel an Vertrauen und äußert sich in einer erhöhten Bestrafungs- und Regulierungswut. Im zweiten Schritt ist die Suche nach dem Schuldigen darum Ausdruck von Machtstreben. Je mehr und länger dann über die Schuldfrage diskutiert wird, desto mehr geht es in Wirklichkeit um die Machtfrage.

Der in seiner persönlichen Entwicklung gehemmte Mensch ist über Schuld kontrollierbar. Das wissen nicht nur die Kirchen, die so jahrhundertelang ihre Macht erhalten haben. Wer als »Sünder« abgestempelt ist, der erkennt die Größe seines Potentials nicht und wird nicht frei und selbständig. »Aids ist die Strafe Gottes für die Unkeuschen«, sagen die strengen Kirchenvertreter. Und welche Strafe Gottes sind die unzähligen Missbrauchsfälle? Was sind die Motive all der Schuldzuweiser? Wollen sie aus Verbrechen und Katastrophen lernen? Wollen sie die Läuterung und Weiterentwicklung des Menschen im Angesicht schmerzhafter, kaum begreiflicher Erfahrungen? Oder suchen sie nur nach dem spektakulären Beweis für ihre Lieblingsthesen? Wollen sie Aufmerksamkeit bekommen, gut dastehen oder zeigen, dass stimmt, was sie »immer schon gesagt« haben? Wer einen Menschen beherrschen will, der rede ihm Schuld ein.

»Dass der 17-Jährige auf der Flucht noch weiter um sich geschossen hat, ist ein Verhalten, das Jugendliche auch in Spielen wie Counter-Strike oder Crysis lernen können«, sagte der Präsident der Deutschen Stiftung für Verbrechensbekämpfung nach dem Amoklauf von Winnenden der *Neuen Osnabrücker Zeitung*. In demselben Interview sprach er sich für ein totales Verbot von Computer-Gewaltspielen aus. Ist es unzulässige Spekulation, wenn ich annehme, dass dieser Lobbyist bereits vor der Bluttat von Winnenden für ein totales Verbot von Ballerspielen kämpfte? Sahen diejenigen, die Schützenvereinen die Schuld an Amokläufen geben, in dieser Art von Traditionspflege vielleicht schon immer ein gewaltbereites deutsches Spießertum? Ist es Zufall, wenn diejenigen, die großen Fluggesellschaften die Schuld an Flugzeugabstürzen geben, auch sonst auf »die Konzerne« nicht gut zu sprechen sind? Dass evangelikale Christen sämtliche Anhänger von Naturreligionen am liebsten zu ihrem Glauben bekehren würden, dürfte jedenfalls kein Fernsehprediger ernsthaft bestreiten. Und wer davon überzeugt ist, dass es nicht nur einen einzigen Heilsweg für den Menschen gibt, wird den Machtanspruch dahinter kaum übersehen. Schon wieder: Wer nur einen Hammer hat, für den sieht alles wie ein Nagel aus.

> Wer nur einen Hammer hat, für den sieht alles wie ein Nagel aus.

Wenn die Entwicklung von Menschen und nicht die Ausübung von Macht das eigentliche Motiv unseres Handelns ist, dann kommen wir mit der ständigen Frage nach Schuld nicht weiter. Der allgemeine Schuldkomplex öffnet manipulativer Machtausübung Tür und Tor und verhindert gleichzeitig, dass Menschen wirklich Verantwortung für ihr Handeln übernehmen. Wenn wir das Wort »Schuld« aus den öffentlichen Debatten strichen und konsequent durch das Wort »Verantwortung« ersetzten, dann würden wir nach einem Jahr das Land nicht wiedererkennen! Damit behaupte ich nicht, dass es so etwas wie Schuld nicht gebe, aber sie hat in der öffentlichen Diskussion nichts zu suchen. Es macht einen riesigen Unterschied, ob man einen Menschen nach der Schuld oder nach der Verantwortung fragt. Verantwortung möchten Menschen gerne tragen, schuld sein wollen sie jedoch nicht.

Wer darauf achtet, nicht schuldig zu werden, versucht alles, um Fehler zu vermeiden. Er legt sich schon im Vorhinein Ausreden zurecht, um im Fall des Scheiterns trotzdem noch eine gute Figur zu machen. Dabei verliert er natürlich das Ziel aus den Augen. Wer dagegen Verantwortung übernehmen darf und nicht Angst haben muss, schuldig zu werden, konzentriert sich auf seine Aufgabe. Dabei ist ihm klar, dass Fehler passieren können. Die gehören dazu. Genauso wie ein Stürmer auch mal am Tor vorbeischießt, wenn er versucht, es in einem wichtigen Spiel zu treffen. Schwierig dagegen wird es, wenn der Stürmer unbedingt treffen muss, weil er seit zehn Spieltagen kein Tor mehr geschossen hat und von den Fans gnadenlos ausgebuht wird. Es ist ein großer Unterschied, ob jemand spielt, um zu gewinnen oder um nicht zu verlieren.

Das Wort Schuld hat eine unwiderrufliche Wirkung auf die Psyche des Menschen – wer einmal Schuld auf sich geladen hat, an dem haftet sie hartnäckiger als ein Sekundenkleber. Die verbreitete Angst, schuldig zu werden, oder besser: als Schuldiger ausgestellt zu werden, führt dazu, dass viele auch die Übernahme von Verantwortung vermeiden. Diese mangelnde Bereitschaft, Verantwortung zu übernehmen, ist verheerend. Wird das Wort »Schuld« in einer Kultur konsequent durch das Wort »Verantwortung« ersetzt, wird sich das ändern. In Unternehmenskulturen funktioniert das hervorragend. Unsere Akademie hat das viele Male nachgewiesen. Auch in Familien funktioniert es. Das berichten mir Hunderte Mütter und Väter, die dieses Prinzip in ihrer Familie umgesetzt haben, nachdem sie es in unseren Seminaren kennen- und schätzengelernt haben. Wer nicht fürchten muss, schuldig zu werden, der übernimmt gern Verantwortung.

Und wer es nicht schafft, Verantwortung zu übernehmen, weil er unter den Schuldgefühlen leidet, die ihm andere eingeredet haben, der befreie sich von diesen Gefühlen. Einfach ist das nicht, keine Frage. In dem Film *Spiderman 3* sagt eine weise Frau zu dem Spinnenmann: »Fang doch mit dem Schwierigsten an, vergib dir selbst!« Das erscheint schwer. Aber es ist der Weg zu Freiheit und Selbstverantwortung. Wer andere beherrscht, *erscheint* mächtig, wer sich selbst beherrscht, *ist* mächtig.

Leitbildbearbeitungsprogramm

Menschen, die nicht nach Manipulation und Machtausübung streben, sondern Entwicklung und Fortschritt wollen, kündigen Handlungen nicht an, sondern handeln. Der Menschenentwickler weiß, was er will, sagt klar, was er von anderen erwartet, und lässt sich an seinen Ergebnissen messen. Deshalb sind ihm hohle Phrasen und hehre Absichtserklärungen ein Gräuel. Leider begegnen sie ihm auf Schritt und Tritt. Es gibt kaum ein Unternehmen, das heute nicht irgendwo an der Wand seine goldgerahmten »Leitsätze« verkünden würde. Selbstverständlich sind sie auch im Internet abrufbar, damit alle Kunden, Partner und Investoren wissen, wie gut man dasteht und aus welch edlen Motiven man sein wirtschaftliches Handeln ableitet.

Ein typischer Satz aus einem Unternehmensleitbild liest sich so: »Ohne eine ökologisch und sozial verträgliche Wirtschaftsweise ist eine nachhaltige Gesellschaftsentwicklung nicht möglich. Daher berücksichtigen wir entlang der gesamten Wertschöpfungskette ökologische und soziale Aspekte und tragen so unserer gesellschaftlichen Verantwortung Rechnung.« Das Zitat entstammt dem Leitbild einer Bank, in der sich einer der größten Finanzskandale der deutschen Nachkriegsgeschichte ereignete. Die Verpflichtung zu »ökologisch und sozial verträglicher Wirtschaftsweise« und »nachhaltiger Gesellschaftsentwicklung« konnte das »Milliardendesaster«, wie es das *manager magazin* nennt, offensichtlich ebenso wenig verhindern wie das Bekenntnis zur »gesellschaftlichen Verantwortung«. Auch der Satz »Integrität bestimmt den Umgang mit unseren Mitarbeitern, Geschäftspartnern und Aktionären« aus dem Leitbild eines süddeutschen DAX-Konzerns konnte einen der größten Schmiergeldskandale der deutschen Wirtschaftsgeschichte in diesem Unternehmen nicht verhindern. Schätzungsweise 2,9 Milliarden Euro verlor dieser nach eigenem Anspruch von »Integrität« bestimmte Konzern mit erwarteten und bereits verhängten Strafen, Beraterkosten und Steuernachzahlungen im Zusammenhang mit dem Skandal.

Nun ist es nicht neu, dass Menschen scheitern. Auch sollte es niemanden überraschen, wenn Top-Manager auf höherem Niveau scheitern als ihre durchschnittlichen Angestellten, zumindest was die Höhe der finanziellen Schäden betrifft. Aber wie reagieren die Führungskräfte typischerweise, wenn solche Skandale auffliegen? Lassen sie ihre Leitbilder als Messlatte für ihr Verhalten gelten? Übernehmen sie öffentlich die Verantwortung dafür, weder nachhaltig noch sozial verträglich noch besonders integer gehandelt zu haben? Räumen sie ein, an dem Maßstab, den sie an sich und ihr Unternehmen angelegt sehen wollten, gescheitert zu sein?

Über den größten Betrüger aller Zeiten, den zu 150 Jahren Haft verurteilten Bernard Madoff, kursiert die Anekdote, er gebe seinen Mitgefangenen regelmäßig clevere Anlagetipps und sei dadurch der Held in seinem Gefängnis. Immerhin dürfte unter den Knastbrüdern niemand mehr den geringsten Zweifel über Madoffs wahre Motive haben. Bei den zurückgetretenen Vorständen der Skandalunternehmen denkt sich zwar auch jeder seinen Teil, bloß streiten die Akteure in der Regel alles ab. Hier zeigt sich: Sich Leitbilder auszudenken und sie an die Wand zu hängen ist das eine. Seine erklärten Absichten auch glaubhaft mit Leben zu füllen und als Maßstab des eigenen Handelns gelten zu lassen ist das andere. Meine Erfahrung: Je mehr Leitbilder aushängen und nach außen »verkauft« werden, desto weniger werden sie gelebt. So ist das mit den Werten. Sie zu verkünden und sie zu leben – dazwischen liegt ein großer Unterschied.

»An ihren Früchten werdet ihr sie erkennen.«

»An ihren Früchten werdet ihr sie erkennen«, lässt der biblische Schriftsteller Matthäus Jesus sagen. Gemeint sind die »falschen Propheten«, die andere Ergebnisse hervorbringen, als sie angekündigt haben, weil sie bereits andere Absichten hatten. Absichten, Ankündigungen, Ergebnisse. Einer der größten Fehler ist es, für Ankündigungen Anerkennung zu zollen. Das passiert beispielsweise, wenn sich jemand im Vertriebsteam astronomisch hohe Ziele setzt. Anstatt kritisch zu hinterfragen, wie er das erreichen will, werden die großen Ziele seitens der Führung bewundert und unterstützt, so dass sich alle gemeinsam gut fühlen können. Zu hohe oder auch zu tiefe Ziele sind jedoch Ausdruck eines unreflektierten Charakters. Ankündigungen verraten meistens nicht die beabsichtigten Ergebnisse, sondern verschleiern sie. Erst am Ende des Tages, wenn die Ergebnisse da sind, weiß man, was hinter den vollmundigen Ansagen stand. Mit einem »Schau'n mer mal«, wie wir es oft vom Fußball-Kaiser Franz Beckenbauer hören, zeigt einer, dass es ihm auf das Resultat ankommt und nicht darauf, einen guten Eindruck zu machen.

»Schau'n mer mal!«

Ankündigungsschutz

Im Frühjahr 2000 trafen sich die europäischen Regierungschefs in Lissabon und beschlossen nicht weniger, als dass Europa innerhalb von zehn Jahren – also bis 2010 – zum »wettbewerbsfähigsten und dynamischsten wissensgestützten Wirtschaftsraum der Welt« werden solle. Im Jahr 2010 werde die EU »im Rahmen des globalen Ziels der nachhaltigen Entwicklung ein Vorbild für den wirtschaftlichen, sozialen und ökologischen Fortschritt in der Welt sein«, schrieben die Staatschefs damals. Um ihre Lissabon-Agenda mit Leben zu füllen, boten sie eine illustre Riege an wirtschaftlichen und gesellschaftlichen Vordenkern auf. Diese diktierten munter ins Programm, wie sie sich ihr Europa in zehn Jahren so vorstellten: Eine »Wissensgesellschaft«, bestimmt von »Innovationen« als »Motor«, aber gleichzeitig auch »sozial« wie nie zuvor und der Nabel der Welt in puncto »Umweltschutz«. Das war Begeisterung ohne Kompetenz, und die lässt nichts Gutes ahnen. Es ist der typische Anfangszustand des »Verliebtseins« – eine rosarote Brille ohne Sachverstand. Das fühlt sich gut an, ist aber substanzlos. Zwischen »Verliebtsein« und »erfüllter Liebe« ist jedoch ein großer Unterschied.

Wieso fiel damals eigentlich nur wenigen auf, dass hier ein politisches Wunschkonzert beschlossen wurde, ohne jede konkrete Aussage über den Weg zum Ziel? Wieso wurden die Politiker nicht einfach ausgelacht, als sie mit ihrem Beschluss signalisierten, um Europa innerhalb eines Jahrzehnts zum wirtschaftlichen Leuchtturm der Erde zu machen, genüge es, wenn sie das so beschließen? Zur Halbzeit kamen in Brüssel immerhin erste Zweifel auf. Bei seinem Treffen im März 2005 bekräftigte der Europäische Rat die Lissabonner Wachstumsziele. Doch da sich der Wachstumsabstand zu den USA in den letzten fünf Jahren vergrößert hatte, vermied er konkrete Aussagen über die Ziele. Jeder Mitgliedsstaat solle doch besser eigene nationale Reformprogramme erstellen. Man ahnte das Debakel.

Zum Stichtag des Lissabon-Prozesses im Frühjahr 2010 war Europa weder gänzlich verarmt, noch war es der wirtschaftliche Leuchtturm des Globus. Es war mehr oder weniger dasselbe Europa wie im Jahr 2000, als ob der Status quo die verborgene Agenda von Lissabon gewesen wäre. Allerdings sorgte pünktlich zum zehnjährigen Jubiläum der Lissabon-Strategie der Beinahe-Staatsbankrott Griechenlands für einige Unruhe in der EU – und der Umgang der Europäer mit diesem Problem ließ sie von Washington oder Tokio aus gesehen nicht unbedingt als »Vorbild für den wirtschaftlichen, sozialen und ökologischen Fortschritt in der Welt« erscheinen. Dass Spanien und Portugal, dessen Hauptstadt ausgerechnet Lissabon heißt, sich mit ihren Staatsfinanzen einer ähnlich prekären Lage näherten wie Griechenland, machte die Sache nicht besser.

Und wer übernahm die Verantwortung für den gescheiterten Lissabon-Prozess? So recht niemand. Man wandte sich anderen Dingen zu und ließ die Sache stillschweigend auf sich beruhen. Verantwortung zu übernehmen muss nicht automatisch bedeuten, vom Amt zurücktreten zu müssen. Es bedeutet vielmehr, sich zu Fehlern und Versäumnissen zu bekennen und nachvollziehbare Gründe für die miesen Ergebnisse zu finden, um es beim nächsten Mal besser machen zu können. Ein Erfolg des Lissabon-Prozesses war in Wahrheit jedoch nie wirklich beabsichtigt gewesen. Denn hätten die Ankündigungen den wahren Absichten entsprochen, dann müsste sich die Europäische Union nun angesichts der eigenen Erfolglosigkeit konsequenterweise auflösen. Der wahren Absicht, nämlich Machterhalt, hat dieser gigantische Politikflop dagegen überhaupt nicht geschadet.

> Gemessen an ihren Ankündigungen, müsste sich die EU auflösen.

Sind wir bereit zu lernen? Angenommen, eine Bank würde sich den Leitsatz an die Wand hängen: »Uns geht es um mehr Kohle und um sonst gar nichts.« Oder europäische Politiker würden eine »Agenda 20xy« verkünden, in der sie schreiben: »Unser oberstes Ziel ist es, dass wir Staatschefs in zehn Jahren noch an der Macht sind.« Das wäre zugegebenermaßen nicht besonders edel. Aber es wäre ein erster Schritt zu Klarheit und Wahrheit. Und außerdem ein Anspruch, an dem sich die Beteiligten auch problemlos messen ließen. Doch Scherz beiseite: Wenn wir unsere Ergebnisse genau ansehen, wissen wir, wer wir wirklich sind. An der Wirkung erkennen wir unsere wahren Motive. Deshalb lohnt sich der Mut, unseren Motiven unverblümt ins Auge zu sehen und zu ihnen zu stehen. Dann kommen wir am Schluss weniger in Erklärungsnot.

Kapitel 16

Sensationsgier: Brot und Spiele

In der arabischen Mystik des Mittelalters gibt es die Geschichte eines Mannes, der so arm war, dass er sich keine Schuhe leisten konnte. Tagaus, tagein beklagte er sich über seine Armut. Er ging auf den Markt und erzählte allen, wie arm er sei, und er fragte, ob nicht jemand ihm ein Paar Schuhe kaufen könne. Doch je mehr er jammerte und sich beklagte, desto weniger Leute hörten ihm zu – geschweige denn, dass sich jemand gefunden hätte, der bereit gewesen wäre, ihm Schuhe zu kaufen. Da begegnete ihm eines Tages auf dem Markt ein Mann, der keine Beine hatte. Und als der Mann ohne Schuhe den Mann ohne Beine sah, blickte er zum Himmel und rief aus: »Oh Herr, Dank sei Dir, dass ich Beine habe und mir nur die Schuhe fehlen!«

Es ist unglaublich, aber Menschen, die sich schlecht fühlen, empfinden tatsächlich Erleichterung, wenn sie sehen, dass es anderen noch schlechter geht. Schon oft habe ich in Unternehmen verbissene Neider und Dauerfrustrierte erlebt – die sich plötzlich besser fühlten, als ihr bisher glänzender Kollege eine Schlappe einstecken musste oder ihrem hyperkritischen Chef selbst ein Fehler unterlief. »Dass *Ihnen* so etwas auch einmal passiert, tut richtig gut« – solche vernichtenden Sätze dürfte es eigentlich gar nicht geben, und doch hört man sie immer wieder.

Ähnlich wie mit diesem Übelwollen verhält es sich mit dem Gefühl des Neids. Neid ist nichts anderes als ein undisziplinierter Geist, der sich mit dem beschäftigt, was andere haben. Er erkennt die Leistung anderer Menschen nicht an und ist Ausdruck von Selbstmitleid. Wer neidisch ist, sagt im Grunde: »Eigentlich steht *mir* das zu, was du hast. Nein, anstrengen oder verändern will ich mich dafür aber nicht.« Könnten wir messen, wie hoch der volkswirtschaftliche Schaden durch Neid ist, hätten wir wahrscheinlich keine Probleme mit der Staatsverschuldung mehr.

Wie alle niedrigen Bedürfnisse greifen die Medien auch das Bedürfnis der »schuhlosen« Menschen begierig auf. Wir bekommen Verbrechen, Kriege und Katastrophen als Unterhaltung präsentiert, damit es uns besser geht. Die offizielle Erklärung lautet jedoch: damit wir informiert sind. Na klar. Angeblich schaut auch niemand die täglichen Soaps und liest niemand die Zeitungen mit den großen Buchstaben, allenfalls ab und zu mal. Und Bordelle kennt man nur vom Hörensagen. In Wirklichkeit kultivieren wir eine Vorliebe für Mittelmaß und Oberflächlichkeit. Hinter der heimlichen Freude über das Unglück und das Mittelmaß des anderen steckt die Angst, selbst zu kurz zu kommen. Das deutsche Wort »Schadenfreude« lässt sich in keine andere Sprache übersetzen und hat deshalb sogar Eingang ins Englische gefunden. Schadenfreude scheint unsere Spezialität zu sein.

> Das deutsche Wort »Schadenfreude« lässt sich in keine andere Sprache übersetzen.

Wer ständig fürchtet, zu kurz zu kommen, hat das Bild von einem »Kuchen« im Kopf, der eigentlich nicht für alle reicht und deshalb wenigstens so gerecht wie möglich aufgeteilt werden muss. Menschen, die solchen Auffassungen anhängen, lassen sich von einer Vorstellung des Mangels statt von einer des Wachstums und der Fülle leiten. Dabei muss Wachstum nicht immer materieller Natur sein. Es kann auch um geistiges Wachstum gehen. Die Anhänger dieses begrenzten Weltbilds erkennen nicht, dass es die Möglichkeit gibt, den Kuchen wachsen zu lassen. Ihnen fehlen zwei entscheidende Dinge: der Wunsch, sich und andere Menschen voranzubringen, und das Vertrauen in die Zukunft. Wer bloß auf Brot und Spiele aus ist, der achtet voller Misstrauen darauf, dass er auch immer genug Brot bekommt und dass die Spiele nie langweilig werden.

Satt zu sein und unterhalten zu werden, so beschrieb der Dichter Juvenal die Bedürfnisse der Masse im späten Rom. Wehmütig blickte er auf die Zeit zurück, als das römische Reich noch eine intakte Republik gewesen war, das Volk am politischen Leben teilgenommen und seine Beamten selbst gewählt hatte. Schaute sich der Dichter nun zu seiner Zeit um, so sah er Menschen, die ängstlich und pessimistisch in die Zukunft blickten, ihre Politiker abgeschrieben hatten und vom Staat nur noch erwarteten, dass er alle ernährte und für genügend Unterhaltung sorgte. Bekanntlich fielen bald darauf die Barbaren ein, und das römische Weltreich ging unter.

Vollstreckungsverfahrensirrtum

Im Jahr 1936 fand in den USA die letzte öffentliche Hinrichtung in einer westlichen Demokratie statt. Im Bundesstaat Kentucky war ein Schwarzer namens Rainey Bethea wegen Vergewaltigung und Mordes an einer 70-jährigen Weißen zum Tod verurteilt worden. Damals war es in den amerikanischen Südstaaten üblich, dass zum Tode Verurteilte durch den örtlichen Sheriff gehängt werden. Nun war im Fall von Rainey Bethea der zuständige Sheriff eine Frau: Florence Thompson hatte das Amt des Sheriffs von Daviess County von ihrem Mann übernommen, da dieser unmittelbar nach seinem Amtsantritt an einer Lungenentzündung gestorben war. Und so strömten Reporter aus ganz Amerika nach Daviess County. »Weiße Frau hängt schwarzen Mann auf« – über diese Sensation wollte man den Lesern ausführlich berichten. Fotos von der öffentlichen Hinrichtung inklusive.

Florence Thompson erhielt in Folge der Medienberichterstattung Waschkörbe voller Briefe von Männern aus dem ganzen Land, die ihr anboten, an ihrer Stelle die Hinrichtung zu vollziehen. Schließlich nahm sie das Angebot von Arthur Hash, einem ehemaligen Polizisten aus Louisville, an und versicherte dem Mann, dass er anonym bleiben würde. Einen weiteren Freiwilligen, Phil Hanna, der bereits Erfahrung mit Exekutionen hatte, wählte sie als Assistenten aus. Am Morgen der Hinrichtung, kurz nach fünf Uhr, versammelte sich eine riesige Menschenmenge um den Galgen. Darunter waren Reporter und Fotografen nahezu aller amerikanischen Zeitungen. Insgesamt standen schätzungsweise 20 000 Menschen um die Hinrichtungsstätte. Der Verurteilte Bethea stellte sich auf den mit einem Kreidekreuz markierten Punkt auf dem Schafott, dann wurde ihm die Schlinge um den Hals gelegt. Jetzt sollte Hash die Hinrichtung vollziehen, aber er war sturzbetrunken und bekam überhaupt nichts mehr mit. »Mach es jetzt!«, schrie ihn Assistent Hanna an, aber nichts geschah. Nach endlosen Minuten griff einer der anwesenden Polizisten nach dem Hebel, der die Klappe unter den Füßen des Verurteilten öffnete, und exekutierte damit Bethea.

> »Mach es jetzt!«, schrie ihn Assistent Hanna an.

Nach diesem grotesken Spektakel wurden die öffentlichen Hinrichtungen in den USA beendet. Ursprünglich sollten öffentliche Hinrichtungen einmal der Abschreckung potentieller Krimineller dienen, doch bekanntlich verbreitete es schon im alten Rom nicht nur Angst und Schrecken, wenn im Circus Maximus die Verurteilten den Löwen zum Fraß vorgeworfen wurden. Das Publikum im Zirkusrund soll sich auch glänzend amüsiert haben. In der Neuzeit nahmen öffentliche Hinrichtungen in Europa endgültig den Charakter von Volksfesten an. Die ganze Familie machte sich auf zum Schafott und packte dafür Brot, Wein und Leckereien in den Picknickkorb. Und als die abgesetzte Königin Marie Antoinette während der Französischen Revolution durch die Guillotine starb, jubelte das auf der Place de la Concorde versammelte Volk. Der Kopf einer von denen »da oben«, die in Saus und Braus gelebt hatten, rollte. Da schien es vielen sofort besser gegangen zu sein.

Die Gesellschaft der Gutmenschen verabscheut Hinrichtungen. Jedenfalls körperliche. Die letzte Hinrichtung in Deutschland fand 1981 in Leipzig statt, ausgeführt von einem Stasi-Offizier per Genickschuss. Heute ist es selbstverständlich, die Todesstrafe zu ächten und samstags in der Fußgängerzone am Stand von Amnesty International gegen Hinrichtungen in den USA zu unterschreiben. Doch seit wir vor Galgen und Guillotine zurückschrecken, geben wir uns umso lustvoller den sozialen Hinrichtungen hin.

»Mehdorn muss weg!«, schallte es nicht nur durch alle Medien und Internetforen, als der Bahnchef in Ungnade gefallen war. »Mehdorn muss weg!« hallte auch über jeden Bahnsteig und durch jeden ICE, in dem die Toiletten wieder einmal defekt waren. Längst war die Erinnerung an die einstige Behördenbahn verblasst, das Bord-Entertainment-System war ebenso selbstverständlich wie das glitzernde Einkaufszentrum am Zielbahnhof, und stickige Abteile, miesgelaunte Schaffner oder nach Urin stinkende Bahnhofshallen wollte keiner mehr erlebt haben. Die Bahn ist Mist, so lautete der Konsens, und deshalb musste Mehdorn eben weg. Trotz oder wegen der hervorragenden Ergebnisse, die es unter seiner Führung gab.

Wiedeking musste auch weg. Der Porsche-Chef hatte den vierrädrigen Traum aller kleinen Jungen zwar vor dem Untergang gerettet und wieder wettbewerbsfähig gemacht, aber irgendwann war er einfach zu erfolgreich, verdiente zu viel Geld, redete zu arrogant daher und hatte zu viel Speck auf den Rippen. Dann verhob er sich beim Duell mit VW. Die Zeit der Henker war gekommen. Selbst wer von Management keine Ahnung hatte und von den Ränkespielen in der »Deutschland AG« noch weniger, wusste zumindest, dass Wiedeking weg musste. Am liebsten sollte Ackermann auch weg. Doch er ist einfach zu gut. Gut im Sinne von wirkungsvoll. Seine Henker sind jedoch sicher schon in Lauerstellung.

Klinsmann musste bei den Bayern sowieso weg, nachdem er eigentlich gar nicht hätte da sein dürfen. Er bescherte uns 2006 einen unvergesslichen Sommer, die Nation der Gutmenschen ließ ihren Gefühlen freien Lauf wie selten zuvor, und gerade deshalb war das Gefühl der Genugtuung auch so intensiv, als er weg musste und dann auch weg kam. Althaus musste weg nach seinem Skiunfall, das war keine Frage. Nur Kohl musste von Anfang an weg – und hielt sich trotzdem 16 Jahre lang als Kanzler.

> Mehdorn musste weg.
> Wiedeking musste weg.
> Kohl musste weg.

»Die sind auch nicht besser!«, so heißt dieses Spiel mit dem eigenen Minderwert. Wir heben jemanden auf den Sockel und bewundern ihn, bis wir einen Makel an ihm finden und dann sehen wollen, wie er fällt. Fällt er daraufhin wirklich, sehen wir uns nicht mehr als Spielball anderer, die Macht über uns haben, sondern fühlen uns mächtig und stark, weil wir ja die Mächtigen zu Fall bringen können. In Wirklichkeit lenken sich Menschen, die auf öffentliche Hinrichtungen aus sind, nur von sich selbst ab. Je intensiver jemand den Aufstieg eines anderen verfolgt, desto weniger braucht er sich mit seinen eigenen Lebenszielen zu beschäftigen. Und wer andere vom Thron fallen sieht, braucht nicht über die Gründe für sein eigenes Scheitern nachzudenken. Wer sich selbst gut fühlt, wenn ein anderer scheitert, unterstreicht damit seine eigene Mittelmäßigkeit.

Zwei der intensivsten emotionalen Ersatzbefriedigungen sind Seifenopern und die Beschäftigung mit Prominenten über die Medien. Für alles, was Menschen in ihrem eigenen Leben erleben könnten, wenn sie sich auf das Leben ganz einließen und ihre Möglichkeiten voll ausschöpften, gibt es passende menschliche Projektionsflächen. Schauspieler spielen Emotionen vor, die es im eigenen Leben so nicht mehr gibt. Oder das übersteigerte Interesse für das Leben der Promis. Auf die Idee, dass das eigene Leben viel spannender sein könnte, kommen diese Menschen nicht. So lässt sich mitfiebern und mitzittern. Dass im eigenen Leben irgendwann nichts mehr geschieht, ist dann egal.

Ablenkungsmechanismen

11 Millionen Dollar erzielten die Schauspieler Brad Pitt und Angelina Jolie für erste Fotos ihrer neugeborenen Zwillinge. Die halbe Welt wollte auf den Titelseiten ihrer Magazine die beiden Babys bewundern. Insider wissen, dass das Privatleben von Schauspielern meist langweilig ist. Wer vor der Kamera oder auf der Bühne alles gibt und ständig große Gefühle spielt, der ist nach Dienstschluss nicht selten ausgebrannt. Wer das nicht wahrhaben will, nimmt Drogen. Doch das Publikum unterscheidet längst nicht mehr zwischen Leinwand und Wirklichkeit. Brangelinas Babys sind keine gewöhnlichen Kinder, schon deshalb nicht, weil man gewöhnliche Kinder ja auch selbst haben könnte. Eigene Kinder hätten allerdings den Nachteil, dass man ihnen viele Jahre Aufmerksamkeit widmen muss.

Hat man genug vom Kinderglück der Prominenten, ist das Gefühl aus zweiter Hand genug ausgekostet, kann man sich dem nächsten Reiz zuwenden. Wie praktisch, wenn die jungen Eltern sich bald darauf trennen. Trennungsschmerz, wer kennt ihn nicht? Doch trennt man sich in Hollywood, ist alles so viel dramatischer und gleichzeitig ästhetischer. Wer mag noch daran denken, wie man die eigene Beziehung hätte retten können, wenn weinende Schönlinge unter der Sonne Kaliforniens in teure Sportwagen steigen, ihre Scheidungsanwälte im Schlepptau? So lassen sich Gefühle auskosten, die mit dem eigenen Leben indirekt genug zu tun haben, um darin nichts verändern zu können.

Schließlich führt die Sensationsgier sogar dazu, dass wir den Tod in Szene setzen, auch wenn wir vorgeben, nur Anteil am sterbenden Prominenten zu nehmen. So versetzte das öffentliche Sterben von Papst Johannes Paul II. selbst abgebrühte ostdeutsche Atheisten in eine eigenartig weihevolle Stimmung. Von den Reaktionen in Polen ganz zu schweigen. »In der Heimat von Johannes Paul II. hatten die Non-Stop-Berichte aus dem Vatikan beinahe den Charakter einer Sterbewache«, berichtete der *Stern* 2005. Und weiter: »Sie gaben den Menschen das Gefühl, den Papst begleiten und ihm auf diese Weise näher sein zu können. In Ungarn wurde dem staatlichen Fernsehen MTV gar vorgeworfen, den Papst-Tod nicht wichtig genug genommen zu haben. Der MTV-Nachrichtenchef György Nika muss um seinen Posten bangen, weil der Sender beim Bekanntwerden des Todes sein laufendes Programm nicht unterbrochen hatte.«

> Habt ihr hier nicht vielleicht ein Video von Ben Hur?

Doch es gab auch kritische Stimmen. Vom »Medienpapst bis zum Ende« war die Rede, und von »TV-Nekrophilie«. Die Madrider Zeitung *El Mundo* brachte eine Karikatur, die den verstorbenen Papst im Himmel auf einer Wolke vor dem Fernseher zeigt. In einer Sprechblase beschwert er sich bei Gott: »Ich kann die Übertragungen von meinen Trauerfeiern nicht mehr sehen. Habt ihr hier nicht vielleicht ein Video von Ben Hur?«

Die Gesellschaft der Gutmenschen krankt daran, dass sie sich zu wenig für die Potentiale interessiert, die in jedem Menschen wohnen. Immer mehr Menschen ahnen jedoch, dass mehr in ihnen steckt, als sie bisher gelebt haben, und fragen sich: Soll das alles sein? Diese Ahnung löst eine Unruhe aus, die Nelson Mandela bei seiner Antrittsrede zum südafrikanischen Staatspräsidenten 1994 so beschrieb: »Unsere tiefste Angst ist nicht, dass wir unzureichend sind. Unsere tiefste Angst ist, dass wir über die Maßen machtvoll sind. Es ist unser Licht, nicht unsere Dunkelheit, das uns am meisten ängstigt.« Doch je mehr wir uns mit anderen Dingen als unserem eigenen Wachstum beschäftigen und je weiter diese anderen Dinge von uns entfernt sind, desto mehr beruhigen wir uns wieder. Diese Beschäftigung gaukelt uns eine trügerische Sicherheit vor, bis uns die nächste Krise wieder aufschreckt.

Auch die Errichtung von Feindbildern hilft, sich von den eigenen Problemen abzulenken. Wer Krieg gegen andere führt, muss sich nicht mit sich selbst beschäftigen. Ob Kalter Krieg oder Krieg ums Öl, Vereinskriege, Nachbarschaftskriege oder der Krieg in der Familie – hier findet sich weiteres Ablenkungspotential. Der äußerliche Kampf überdeckt die Schwierigkeiten, die vor der eigenen Haustür liegen und gelöst werden wollen. Aber was passiert, wenn es auf einmal keinen Feind mehr gibt? Dann dringen die eigenen Probleme an die Oberfläche. Um das zu verhindern, geht es so schnell wie möglich auf zum nächsten Feindbild oder zu nächsten Sensation. Zum Glück gibt es den Irak, Afghanistan oder den Terrorismus. Irgendein Feind findet sich immer.

Karl Marx sprach einmal vom »Opium des Volkes« und meinte damit die Religion, in der er ein Ablenkungsmanöver der Mächtigen sah. Doch seine Kritik an der Religion lässt sich auch als Kritik an unserer sensationsgierigen Erlebnisgesellschaft lesen und büßt dabei nichts an ihrer Schärfe ein: »Die Aufhebung ... des illusorischen Glücks des Volkes ist die Forderung seines wirklichen Glücks. Die Forderung, die Illusionen über seinen Zustand aufzugeben, ist die Forderung, einen Zustand aufzugeben, der der Illusionen bedarf.« So schrieb Marx vor über hundert Jahren. Als »Zustand, der der Illusionen bedarf«, sah er den Kapitalismus an. Darin könnte er sich geirrt haben. Der »Zustand, der der Illusionen bedarf«, ist ein Zustand der Durchschnittlichkeit und der mangelnden Entwicklungsbereitschaft. Egal, in welchem politischen System man sich befindet.

TEIL 3

Was uns gesunden lässt: Menschenentwicklung

KAPITEL 17

Wirkung als Kompass

Während der Jahre, die er in Südafrika verbrachte, hatte der indische Rechtsanwalt Mohandas Gandhi gelernt, was innere Entschlossenheit bewirken kann. Er widersetzte sich der dortigen Rassendiskriminierung, indem er sich beispielsweise in die erste Klasse der Züge setzte, obwohl Inder nur im Gepäckwagen reisen durften. Mit seiner Entschlossenheit steckte er andere an und erreichte schließlich echte Verbesserungen, wenn auch nicht die Abschaffung der Apartheid.

Zurück in seinem Heimatland entdeckte Gandhi ein weiteres wichtiges inneres Prinzip. Eine Minderheit kann eine Mehrheit auf Dauer nur beherrschen, wenn die Mehrheit sich beherrschen lässt. Gandhi war zu der tiefen Überzeugung gelangt, dass eine Veränderung der inneren Haltung möglichst vieler Menschen auch einen realen Wandel ihrer äußeren politischen Verhältnisse mit sich bringen würde. Die wichtigste innere Haltung, mit der er seine Anhänger überzeugte, war eine Kombination aus bedingungsloser Wahrhaftigkeit – »Satyagraha« – und absoluter Gewaltfreiheit – »Ahimsa«.

Nachdem Gandhi seine Anhänger dazu gebracht hatte, ihre Haltung zu ändern, also immer – oder immer mehr – bei der Wahrheit und friedlich zu bleiben, forderte er sie auf, die Zusammenarbeit mit den englischen Kolonialherren zu beenden. 100 000 Briten würden nicht auf Dauer 300 Millionen Inder beherrschen können, wenn diese die Zusammenarbeit verweigerten. Je mehr Gandhis Befreiungsbewegung, der »Indische Nationalkongress«, zur Massenbewegung wurde, desto schwieriger wurde es für die Engländer, die öffentliche Ordnung aufrechtzuerhalten. Symbolische Aktionen, wie

Irgendwann gab London auf. zum Beispiel friedliche Protestmärsche, taten ein Übriges, um die Befreiungsbewegung zu stärken. Dabei ließen sich tatsächlich Anhänger Gandhis von englischen Soldaten töten, ohne irgendeine Gegenwehr zu leisten. Dadurch wurde das Gewissen der Engländer aufs Schwerste belastet. Irgendwann gab London auf.

Das Erbe Mohandas Gandhis, der später von seinen Bewunderern »Mahatma« – große Seele – genannt wurde, besteht heute unter anderem in der größten Demokratie der Welt. Seit der Unabhängigkeit von Großbritannien im Jahr 1947 ist Indien ein freies Land, während sich anderswo auf der Welt nach dem Ende der Kolonialzeit die Diktaturen nur so abwechselten. Eine gigantische Leistung. Kritiker werden anmerken, dass in dieser Demokratie heute einiges falsch läuft. Auch wenn der Einwand berechtigt ist, darum geht es hier nicht.

In der Rückschau kommt uns die Unabhängigkeit Indiens so selbstverständlich vor, dass sich kaum noch jemand klarmacht, wie ungewöhnlich Gandhis Herangehensweise war und ist. Praktisch alle anderen Freiheitskämpfer der Welt glaubten entweder an einen gewaltsamen Umsturz oder höchstens an eine Verhandlungslösung. Jedenfalls riefen sie zum Kampf gegen die äußeren Bedingungen auf. Gandhi dagegen sagte den Indern: Verändert euch innen, dann wird sich auch das Außen verändern. Und das funktionierte tatsächlich.

Während Unternehmen und Berater unserer Tage pausenlos von Visionen schwadronieren, wenn eigentlich Ziele gemeint sind, hatte Gandhi die Gnade, im Laufe seines Lebens tatsächlich eine Vision zu entwickeln. Eine Vision ist etwas, das den einzelnen Menschen übersteigt. Sie ist ein Geschenk an die nächste Generation, jenseits der eigenen, unmittelbaren Bedürfnisse, und hat mit Hingabe und Berufung zu tun. Visionen sind selten.

Aber warum sollte auch jeder Hans und Franz eine Vision

haben: Das ist gar nicht nötig. Menschen können gigantisch viel verändern, wenn sie bei sich selbst bleiben. Wer an sich selbst und seinen eigenen Fähigkeiten und Einstellungen arbeitet, ist wie ein ins Wasser geworfener Stein, der weite Kreise zieht.

Dagegen ist es furchtbar dumm, über Dinge zu reden, die man nicht beeinflussen kann. Klagen, Mahnen, Fordern oder Vorwerfen bedeutet nichts anderes, als von sich abzulenken – sowohl von den eigenen Mängeln als auch vom eigenen Potential. Wenn Menschen bei sich bleiben, so bedeutet das nicht, dass sie in ihrer Familie, ihrer Straße, ihrer Firma oder ihrer Kleinstadt nichts bewirken können. Sie müssen sich aber die Befähigung, mit ihren Taten größere Kreise zu ziehen, erst erarbeitet haben.

Kriegsgewinnspiel

Vor einiger Zeit habe ich Arun Gandhi, einen Enkel von Mahatma Gandhi, bei einem Vortrag in meiner Heimatstadt erlebt. Arun Gandhi hat es sich zu seiner Lebensaufgabe gemacht, das Erbe seines Großvaters in unserer Zeit lebendig zu halten. Arun Gandhi wuchs in Südafrika auf, wo er auch noch lebte, als sein Großvater 1948 von einem hinduistischen Fundamentalisten erschossen wurde. Arun schwor, an dem Attentäter Rache zu üben, doch seine Eltern erinnerten ihn an eine Weisung seines Großvaters: Handle nie aus einer unmittelbaren Wut heraus. Wenn Arun etwas für seinen Großvater tun wolle, rieten ihm seine Eltern, dann solle er dem Attentäter aus tiefem Herzen vergeben und sein Leben dem Kampf gegen sinnlose Gewalt in der Welt widmen. In den USA gründete Arun Gandhi daher ein Institut, das Regierungen bei der gewaltfreien Konfliktlösung unterstützt. Der Name Gandhi hat Gewicht in der Weltpolitik, trotzdem muss auch Arun Gandhi vorerst mit sehr kleinen Schritten zufrieden sein. Aber er wird nicht müde, an Menschen – nicht nur Politiker – zu appellieren, ihre Einstellung zu ändern und zu einer inneren Haltung der Friedfertigkeit zu kommen, die äußeren Frieden nach sich zieht.

Mich hat Arun Gandhi mit einem Vortrag tief beeindruckt. Er hatte eine sehr persönliche Botschaft für seine Zuhörer, die bei mir einiges ausgelöst hat. Deshalb schnürte es mir schier die Kehle zu, als nach seinem Vortrag die Diskussionsrunde begann. Worüber wollten die Gutmenschen unter den Zuhörern mit Arun Gandhi diskutieren? Über den Hunger in der Dritten Welt und die Konflikte im Irak und in Afghanistan! Ich fragte mich, ob das wahr sein konnte. Glaubten die Leute allen Ernstes, Arun Gandhi sei in eine schwäbische Kleinstadt gekommen, um mit seinen Zuhörern Strategien für die Zukunft Afghanistans zu entwickeln? Hatten sie wirklich nicht verstanden, dass dieser Mann in Städte wie Trossingen oder Lüdenscheid oder Ratzeburg kommt, weil er eine Botschaft hat, die jeden einzelnen Menschen in seinem Leben angeht? Dass er übers Innere sprach, nicht übers Äußere?

Mir tat Arun Gandhi regelrecht leid, und ich fragte mich, was er auf alle diese Fragen zur Weltlage der selbsternannten Weltfriedensbeauftragten wohl sagen würde. Doch Gandhi beeindruckte mich ein weiteres Mal, denn er ließ sich von seiner Position nicht abbringen. Er sprach unbeirrt weiter vom »inneren Krieg«, dem Krieg in den Seelen der Menschen, der sich im Äußeren als militärischer Konflikt manifestiert. Seine Botschaft hieß: Beendet den Krieg in euch! Dann werden auch alle anderen Kriege nach und nach enden. Aber seine Botschaft kam bei vielen nicht an. Es gab auch einige, die tief in sich gekehrt waren und nachdachten. Die versammelten Gutmenschen stellten jedoch hartnäckig weiter dieselben Fragen: Was müsste man für Afrika, für Palästina, für Afghanistan tun? Warum ist der Mensch so schlecht?

> Mir schnürte es die Kehle zu, als die Diskussionsrunde begann.

Die Gutmenschen und Weltverbesserer glauben tatsächlich, mit ihrem Geschwafel etwas zur friedlichen Lösung des Palästinakonflikts beitragen zu können. Dabei schaffen sie es nicht einmal, den Streit mit der Schwiegermutter zu beenden. Oder sie sind überfordert, wenn der Sohn zu viel Zeit mit Ballerspielen am Computer verbringt. Sie haben ihr eigenes Leben nicht durchdrungen, aber glauben zu wissen, was die Welt braucht. In der Diskussionsrunde über den Weltfrieden im örtlichen Gemeindezentrum oder in der Diskussionsrunde nach einem Vortrag lässt sich für zwei Stunden vergessen, was in der eigenen Familie und in der eigenen Firma der Versöhnung und Heilung bedarf.

Wenn intelligente, gut ausgebildete Menschen zusammenkommen und lieber über Afghanistan diskutieren als über das, was sie als Nächstes in ihrem eigenen Leben überwinden sollten, dann mache ich mir Sorgen. Sorgen über das, was ihr Verhalten bei den Kindern und Enkelkindern bewirken wird. Die ersten Vorbilder entstehen immer im unmittelbaren Umfeld. Und die Auswirkungen unseres Handelns auf die zukünftigen Generationen müssen der Maßstab für unser Leben sein. Wir sollten die Wirkung auf andere darum als eine Art Kompass für unser Handeln verstehen. Noch ist es schwer vorstellbar, dass unsere Enkel einmal so von den Vorstellungen ihrer Großeltern bewegt sein werden wie Arun Gandhi. Denn was werden diese Großeltern bewegt haben? Hauptsächlich ihre Kinnmuskulatur.

Welchen Sinn hat ein »konfliktlösungsinteressiertes« Zusammentreffen von Menschen, wenn diese nicht miteinander, sondern nur übereinander reden, und wenn Dinge, die sich 4500 Kilometer entfernt abspielen, anscheinend wichtiger sind als die eigenen Konflikte, Hoffnungen, Ängste, Zweifel und Chancen? Was bringt es, ein paar Fakten aus dem *Spiegel* auswendig zu lernen und hier und da ein paar politische Details zu zitieren? Es macht einen zum Einäugigen unter den Blinden und gibt einem die Gelegenheit, mit ein wenig

Wissen zu glänzen. Mit anderen Worten: Es bringt gar nichts. Dem Menschenentwickler hat Gandhi übrigens einen einfachen Wegweiser mit auf den Weg gegeben: »Sei du selbst die Veränderung, die du dir wünschst für diese Welt.«

Die Gutmenschen glauben mit grenzenloser Selbstüberschätzung, die Welt würde allein dadurch ein besserer Ort, dass man über sie diskutiert. Doch wirklich etwas verändern kann nur, wer sich auf das konzentriert, was ihm gegeben ist und worauf er Einfluss hat. Diese Konzentration lässt aus dem, was da ist, mehr werden. Der eigene Einflussbereich nimmt zu. Erneut: Die eigene Wirkung muss zum Kompass werden.

Fernversprecher

Wer sich allein im Amazonasgebiet ohne Ausrüstung aussetzen lässt und dann irgendwann gutgelaunt in die Zivilisation zurückkehrt, muss eine enorme Ich-Stärke besitzen und jemand sein, der sich fortwährend entwickelt. Und wer allein und unbewaffnet im Dschungel plötzlich einem Indianerstamm gegenübersteht, muss schon etwas mehr »soziale Kompetenz« besitzen, als sie in den Stellenausschreibungen unserer Unternehmen verlangt wird, wenn er als Freund und nicht als Feind gelten will.

Ein beeindruckendes Beispiel hierfür ist der Bestsellerautor und Survival-Pionier Rüdiger Nehberg, respektvoll auch »Sir Vival« genannt. Als jungen Mann trieb Nehberg zunächst die reine Abenteuerlust, also sein Ego, sich immer extremeren Situationen auszusetzen und dadurch seine Überlebensfähigkeit unter Beweis zu stellen.

Als für Rüdiger Nehberg in späteren Jahren das soziale Engagement wichtiger wurde als das reine Abenteuer, als die anderen Menschen ihn plötzlich mehr interessierten als sein Ego, konnte er sicher sein, dass er die innere Stärke und die kommunikativen Fähigkeiten besaß, um wirklich etwas zu bewirken. Die zweite Halbzeit war angebrochen. Rüdiger Nehberg setzte sich für Menschen in Ländern ein, deren Namen er nicht bloß aus der Zeitung kannte, sondern die er bereist hatte und in denen er sich auskannte.

Eines der zahlreichen sozialen Projekte Nehbergs ist die Menschenrechtsorganisation TARGET, die er im Jahr 2000 gründete. Sie setzt sich gegen die genitale Verstümmelung von Mädchen in den islamischen Ländern Afrikas ein. Statt von Deutschland aus zum moralischen Rundumschlag gegen den »rückständigen« Islam auszuholen, reiste Nehberg immer wieder zu den geistlichen und weltlichen Autoritäten vor Ort und bat sie voller Respekt vor ihrer Kultur, in diesem Punkt ihre Einstellung zu ändern und die Qualen für die Frauen zu beenden. Weil er nicht über die Verantwortlichen redete, sondern mit ihnen, und dabei seine Persönlichkeit in die Waagschale warf, konnte seine Organisation bereits beachtliche Erfolge erzielen.

> Er redete nicht über die Verantwortlichen, sondern mit ihnen.

Doch wenn in Afghanistan, im Irak oder in Palästina jemals dauerhafter Frieden einkehren sollte, werden sich die Menschen dort dann bei jenen Deutschen bedanken, die von den Kanzeln ihrer Kirchen »mehr Phantasie für den Frieden« und »ganz andere Formen, Konflikte zu bewältigen«, angemahnt haben, wie die kurz darauf zurückgetretene Ratsvorsitzende der evangelischen Kirche Margot Käßmann? Werden sie den intellektuellen Zirkeln und wohlmeinenden Verbänden in Deutschland für ihre Resolutionen gegen deutsche Militäreinsätze danken? Oder werden sie, wenn überhaupt, nicht eher denen danken, die sich vor Ort in unermüdlichen kleinen Schritten tatsächlich für ein Ende der Gewalt und der gegenseitigen Verachtung eingesetzt haben?

Generalkritikverdacht

Oft zeigt sich erst im Laufe der Zeit, wer mit seinem Lebenswerk ein wirkungsvolles Erbe hinterlassen hat. Kennt zum Beispiel heute noch jemand Garlieb Herwig Merkel? Der seinerzeit einflussreiche Literaturkritiker bekämpfte mit allen publizistischen Mitteln das Werk von Johann Wolfgang Goethe. Merkel fand Goethe einfach langweilig, nichtssagend und bedeutungslos und wirbelte viel Staub damit auf, das seinen Zeitgenossen mitzuteilen. Goethe revanchierte sich auf seine Weise und nannte den unerbittlichen Kritiker nicht Merkel, sondern Ferkel.

Kennt heute noch jemand Garlieb Herwig Merkel oder Eduard Hanslick?

Während Goethes Lebenswerk die Zeiten überdauert, ist Merkel heute ebenso vergessen wie Eduard Hanslick. Umso bekannter sind dafür Namen wie Robert Schumann, Johannes Brahms, Frédéric Chopin oder Peter Tschaikowski, deren Werke der einflussreichste Musikkritiker des 19. Jahrhunderts regelmäßig auseinandernahm. Über Tschaikowskis Violinkonzert, für Klassikfreunde eines der schönsten überhaupt und ein Highlight in jedem Konzertprogramm, schrieb Hanslick nach dessen Uraufführung, das Werk bringe den Zuhörer »auf die schauerliche Idee, ob es nicht auch Musikstücke geben könnte, die man stinken hört«.

Hat Hanslick versucht, ein besseres Violinkonzert zu schreiben? Hat er sich dieser Mühe, der Qual, dem inneren Ringen ausgesetzt? Wie alle, die nur die Leistungen anderer kritisieren und immer wissen, was die anderen hätten besser machen müssen, haben seine Handlungen keine nennenswerten Auswirkungen auf die nachfolgenden Generationen gehabt.

Kritik kann den anderen weiterbringen oder aufhalten, sie kann ihn fördern oder verletzen. Die Wirkung, die der Kritiker auf den Kritisierten hat, sollte ihm als Kompass dienen. Wer kritisiert, sollte sich bewusst machen, warum er kritisiert. Geht es ihm um konstruktive Kritik? Dann muss diese so angebracht werden, dass der andere sie annehmen, umsetzen und sich oder sein Werk weiterentwickeln kann. Es gibt jedoch Formen der Kritik, die nichts, aber auch gar nichts mit Weiterentwicklung zu tun haben. Hier tummeln sich alle Auswüchse menschlicher Eitelkeiten. Da geht es den Kritikern um Machtdemonstration oder um Selbstdarstellung. Da will man nur von seinen eigenen Versäumnissen ablenken und seinen Frust über das eigene Leben abladen. So manche »gutgemeinte« Kritik sagt darum mehr über den Kritiker aus als über das, was kritisiert wurde. In unserer Gesellschaft ist Kritik vom Mittel zum Selbstzweck verkommen. Deswegen: Wer Kritik übt, sollte sich öfter mal selbst den Kritikern stellen, um danach konzentriert an sich und seinen Fähigkeiten zu arbeiten.

Der Menschenentwickler scheut die bloße Kritik, ist aber deshalb nicht unkritisch. Wenn er Kritik äußert, dann sorgt er dafür, dass sie anderen Menschen hilft und sie stärker werden lässt. Er zieht nicht über andere her, weil ihm der Spott Vergnügen bereitet, sondern er legt den Finger in die Wunde, weil ihm die Verletzung des anderen keine Ruhe lässt. Er will nicht die Welt verbessern, er will Menschen helfen, innerlich zu wachsen. Der Gutmensch dagegen kritisiert mit einer so aufdringlichen Leidenschaft, wie er selbst Kritik fürchtet.

Gutmenschen hinterlassen durch ihr Wirken kein nachahmenswertes Erbe. Kritiker schaffen selten ein nennenswertes Lebenswerk. Eine Ausnahme sind die, die sich mit ihren eigenen Werken anderen Kritikern stellen und sich weiterentwickeln. Marcel Reich-Ranicki ist so jemand. Aber die Mehrzahl der Menschen befriedigt ihre Bedürfnisse nach Aufmerksamkeit, indem sie über Dinge redet, die ganz weit weg von ihnen sind. Denn die größte Angst des Menschen ist es, dass er mächtig sein könnte. Wer einmal begreift, was er wirklich erreichen kann, wenn er bei sich und in seinem Umfeld anfängt, der spürt auch die Verantwortung, es tatsächlich zu tun. Wer nicht auf unmittelbare Aufmerksamkeit aus ist, der hält auch aus, dass seine Handlungen erst später gewürdigt werden.

KAPITEL 18

Geistige Flexibilität

Es war einmal ein weiser König in einem großen und mächtigen Reich. Einmal im Monat versammelten sich alle an seinem Hof, damit der König Recht sprechen konnte. An einem dieser Gerichtstage sollte der König den heftigen Streit zwischen zwei Grafen entscheiden. Der Grüne Graf war außer sich vor Wut und erhob heftige Vorwürfe gegen den Roten Grafen: Ein Schurke sei das, sein Land habe er geraubt, seine Leute bestochen und seine Tiere vergiftet. Der Rote Graf gehöre entmachtet und in den Kerker geworfen! Da sagte der König zu dem Grünen Grafen: »Du hast recht.«

Daraufhin platzte dem Roten Grafen der Kragen. Ein gewaltiger Irrtum sei das! Die Schilderung des Grünen Grafen sei erstunken und erlogen. Der Grüne Graf habe angefangen! Er sei plündernd und raubend in das Land des Roten Grafen eingedrungen und dieser habe sich lediglich verteidigt. Es sei ein Unding, ihn jetzt dafür bestrafen zu wollen. Bestraft werden müsse immer derjenige, der an- »Du hast recht.« gefangen habe. Und das sei eindeutig der Grüne Graf. Der Grüne Graf gehöre deshalb entmachtet und in den Kerker geworfen! Da sagte der König zu dem Roten Grafen: »Du hast recht.«

Da stand der Lordkanzler von seinem Stuhl auf. »Majestät«, rief er empört, »so geht das nicht! Ihr seid der König. Und Ihr sitzt hier, um Recht zu sprechen. Ihr könnt nicht dem Grünen Grafen recht geben und dem Roten Grafen ebenfalls. Das geht nicht. Ihr müsst euch entscheiden. Ihr müsst die Argumente beider Seiten anhören und dann Position beziehen. Das Volk erwartet von Euch ein Urteil. Also müsst Ihr Eurer Verantwortung gerecht werden und eine Entscheidung treffen.« Als der Lordkanzler das gesagt hatte, setzte er sich wieder auf seinen Stuhl. Ein Raunen ging durch die Reihen. Dann herrschte Schweigen. Da sagte der König zu seinem Lordkanzler: »Du hast recht.«

Unwirklichkeitskonstruktion

Die Amerikanerin Marian Keech gründete kurz nach dem Zweiten Weltkrieg eine Sekte. Sie erklärte ihren Anhängern, sie habe den Auftrag dazu von einem Außerirdischen empfangen. Sananda vom Planeten Clarion hätte ihr offenbart, dass der Weltuntergang unmittelbar bevorstehe. Eine gewaltige Flut werde die Erde überströmen und alle Menschen töten. Lediglich die Anhänger der Sekte von Marian Keech würden in letzter Minute von Raumschiffen abgeholt und im Weltall in Sicherheit gebracht, wo sie ein neues Leben in Licht und Liebe beginnen könnten. Die Sektenanhänger bereiteten sich auf dieses Geschehen intensiv vor und lösten sich dafür von allem irdischen Besitz.

Wie jeder Leser weiß, ist es zu der Flut nicht gekommen, weder zum von Sananda prophezeiten Zeitpunkt noch später. Die Sektenanhänger standen also ziemlich blamiert da. Sie hatten fest an etwas geglaubt, das nicht eingetreten war. Das wäre Anlass gewesen, ihren Standpunkt zu überprüfen. Doch es geschah das genaue Gegenteil. Die Anhänger der Sekte sahen sich in ihrem Glauben umso mehr bestärkt. Sie behaupteten, durch ihre Vorbereitungen und ihre Gebete hätten sie Gott dazu gebracht, die Flut noch einmal zu verschieben. Sie glaubten jetzt erst recht an die Botschaften von Sananda und entwickelten eine rege Missionstätigkeit, um die Welt moralisch zu bekehren.

Der amerikanische Sozialpsychologe Leon Festinger entwickelte auf der Basis dieser Beobachtung seine einflussreiche Theorie von der kognitiven Dissonanz. Mit einem solchen »Missklang des Denkens« meint Festinger einen unangenehmen Gefühlszustand, der dadurch entsteht, dass der Standpunkt, den ein Mensch eingenommen hat, mit seinen realen Erfahrungen in Widerspruch tritt. Festinger fand heraus, dass solch ein Auseinanderklaffen des eigenen Denkens und der wirklichen Erfahrung für Menschen innerlich wirklich qualvoll ist. Wir tun deshalb alles, um diese negativen Emotionen zu vermeiden. Hauptsache »recht haben« oder »andere ins Unrecht setzen«, auch wenn die Welt dabei zugrunde geht.

>Wir tun alles, um diese negativen Emotionen zu vermeiden.

Nun sollte man meinen, der einfachste Weg, kognitive Dissonanz zu vermeiden, bestünde in geistiger Flexibilität. Wenn wir unseren Standpunkt immer wieder kritisch überprüfen, ihn an unseren tatsächlichen Erfahrungen messen und mit dem Standpunkt anderer vergleichen, vermeiden wir allzu große Widersprüche zwischen Denken und Erleben. Doch Festinger fand zu seinem Erstaunen heraus, dass es eine ganze Reihe von Menschen genauso machen wie die Anhänger der UFO-Sekte: Sie sind nicht bereit, ihr eigenes Denken zu ändern und der Wirklichkeit anzupassen, sondern verlangen von allen anderen, dass diese ihr Denken ändern und sich dem vermeintlich »richtigen« Denken anpassen. Wenn die Welt nicht so ist, wie ich denke, überrede ich einfach alle anderen, so zu denken wie ich, und die Welt kann mir egal sein. Wer kognitive Dissonanz vermeiden, sich aber selbst nicht ändern will, wird zum missionarischen Moralisten.

Die Folgen dieses Mechanismus sind festgefahrene Positionen allerorten. Eigensinn und Eigenwille mögen tolerierbar sein; wenn Starrsinn dazukommt, wird es eng. Wer geistig unbeweglich ist, kann nicht mehr aus unterschiedlichen Positionen auf die Dinge blicken und damit der Wirklichkeit gerecht werden. Der Gutmensch und Moralist ist innerlich starr. Die Opposition »muss« also anders denken als die Regierung, die Umweltschützer »müssen« empört sein, und der Bund der Steuerzahler »muss« Steuererhöhungen ablehnen, selbst wenn die Straßen verrotten und die öffentlichen Gebäude verfallen, weil der Staat fast pleite ist.

Sobald jemand diktatorisch vorgibt, was richtig und was falsch ist, was gut ist und was böse, brauchen andere nicht mehr nachzudenken. Diktaturen haben ein schlechtes Image, dennoch ist die Diktatur der Gutmenschen und Moralisten für die meisten Beteiligten angenehm. Denn selbst zu denken, zu analysieren, abzuwägen und sich eine eigene Meinung zu bilden, ist anstrengend. Die Moralisten strengen sich nicht mehr an, denn sie haben ihre Schablone gefunden, die sie auf alles in der Welt anwenden, und konzentrieren nun alle Energie darauf, ihre Maßstäbe gegenüber anderen zur Geltung zu bringen und durchzusetzen. Diese anderen wiederum sind froh, einen fertigen Maßstab vorzufinden und sich auch nicht mehr anstrengen zu müssen. Ob Herrenmenschen versus Untermenschen, Gläubige versus Ungläubige, Sozialisten versus Kapitalisten, Öko-Bewegte versus Umweltsäue oder Männer versus Frauen. Mentale Verzerrung ist die Krankheit der Gutmenschen. Die goldene Mitte bleibt ihnen verborgen. Wenn andere einem das Denken abnehmen, Menschen in Kategorien einteilen und das unumstößliche Urteil mit möglichst viel Krawall vertreten, ohne wirkliche Veränderungen anzustreben, kann man sich bequem zurücklehnen.

Ganz ohne Schubladen geht es nicht, keine Frage, denn Schubladen dienen der Orientierung. Aber diese Orientierung bedeutet immer nur eine erste Orientierung. Wer die Menschheit gedankenlos in Schubladen sortiert und darin belässt, erstarrt innerlich und trägt auch dazu bei, dass die äußerliche Welt stagniert. Es ist eine Kunst, Schubladen zu benutzen und diese offen zu lassen.

Der Menschenentwickler besitzt geistige Flexibilität. Das

bedeutet, er kann nachvollziehen, aufgrund welcher Überlegungen und Einstellungen jemand seine Schlüsse zieht oder zu seinen Urteilen kommt. Der Menschenentwickler entscheidet sich nicht blind für einen vorgegebenen Standpunkt, sondern macht sich den sinnvollsten Standpunkt zu eigen. Und zwar genau so lange, bis ihm ein noch sinnvollerer begegnet. Den reflektierenden und offenen Menschen erkennt man daran, dass er seinen Standpunkt überdenkt und mit zunehmender Erkenntnis anpasst. Mahatma Gandhi formulierte es so: »Wenn ich heute eine andere Einsicht habe als gestern, ist es dann für mich nicht konsequent, meine Richtung zu ändern? Ich bin dann inkonsequent meiner Vergangenheit gegenüber, aber konsequent gegenüber der Wahrheit.«

Egozentrifugalkraft

Als Daimler vor einiger Zeit ankündigte, die Produktion der Mercedes-C-Klasse von Sindelfingen nach Bremen und in die USA zu verlagern, hätten die Argumente, die öffentlich sofort kursierten, berechenbarer kaum sein können. Es soll hier gar nicht darum gehen, zu bewerten, ob diese unternehmerische Entscheidung von Daimler richtig oder falsch war. Sondern darum, wie Moralismus und mangelnde geistige Flexibilität dazu führen, dass solche Fragen gar nicht mehr offen diskutiert werden.

Als »grundlegend falsch und in ihrer Wirkung fatal« bezeichnete die IG Metall die Entscheidung. Doch wirkliche Argumente für den Standort Sindelfingen fanden sich in den Verlautbarungen der Gewerkschaft nicht – ganz so, als ob der Status quo Argument genug wäre. Gleichzeitig kommentierten Unternehmer und Manager schadenfroh, das hätten die Gewerkschaften nun davon, wenn sie jahrelang das Lohnniveau in die Höhe trieben. Selber schuld. Doch sanken nicht die Reallöhne in Deutschland seit Jahren? Der weise König hätte vielleicht zu beiden Seiten gesagt: »Ihr habt recht.«

Und nun? Wie soll man auf dieses Unentschieden reagieren? Indem man herausfindet, welche Entscheidungen jetzt wirklich notwendig sind und möglichst alle weiterbringen – und zwar anhand der aktuellen Sachlage und nicht aufgrund von Einzelinteressen. Wer weiter will, der sucht nicht ständig nach dem, was gut oder böse, was richtig oder falsch ist. Er fragt: Was hilft in diesem Moment am meisten weiter? Die Moralisten dagegen suchen nicht nach praktikablen Lösungen. Sie treten auf der Stelle und sinnieren über das Gute an sich. Der Menschenentwickler kann den Standpunkt eines anderen einnehmen. Er nimmt ihn dabei aber nicht unbedingt an, denn etwas zu verstehen heißt noch lange nicht, damit einverstanden zu sein. Aber er ermöglicht einen Dialog, an dessen Ende eine Lösung stehen kann, die über das bisher Gedachte hinausgeht.

Nach der von Eric Berne begründeten Transaktionsanalyse, einem heute weitverbreiteten psychologischen Modell, wechselt der Mensch ständig zwischen unterschiedlichen Ich-Zuständen. Es ist das Merkmal des »Erwachsenen-Ichs«, vorbehaltlos die Wirklichkeit zu erfassen, die Folgen einer Handlung zu bedenken und verantwortungsvolle Entscheidungen zu treffen.

Aus dem »Eltern-Ich« heraus bedienen wir uns hingegen tradierter Werte und Normen oder verlassen uns auf unsere Vorurteile und Ressentiments. Ständiges Werten, Belehren und Abwerten sind Merkmale des »Eltern-Ichs«. So wie genervte Eltern sich in Dauerschimpfkanonaden gegenüber ihren Kindern ergehen, so senken wir in diesem Aggregatzustand auch permanent den Daumen über unseren Mitmenschen: »Der ist auch nicht besser, da sieht man's wieder, typisch xyz, ich hab's ja immer gewusst!« Das führt ebenso wenig zu Fortschritten wie das Verharren im »Kind-Ich«, dem dritten Aggregatzustand, in dem wir uns alle – auch im hohen Alter noch – bewegen. Denn für das »Kind-Ich« stehen nur die unmittelbaren Bedürfnisse im Vordergrund. Das ist bei wirklichen Kindern okay, bei Gewerkschaftern, Managern, Erziehungsberechtigten oder Investmentbankern aber äußerst bedenklich.

Die Transaktionsanalyse sagt nun: An unserem »Erwachsenen-Ich« müssen wir aktiv arbeiten. Wir müssen es ein Leben lang entwickeln. In unserem »Eltern-Ich« und »Kind-Ich« bewegen wir uns dagegen ohnehin oft genug. Es gibt sogar Menschen, die fast ausschließlich aus der hyperkritischen, belehrenden und abwertenden Elternperspektive oder der stets quengelnden und bedürfnisbezogenen Kind-Perspektive leben. Auf den Punkt gebracht: Erwachsen ist man nicht aus biologischen Gründen, man muss es mental werden. Es hat nichts mit dem Alter zu tun, sondern mit dem geistigen Entwicklungsstand. Die Fähigkeit zu erkennen, dass der andere auf seine Weise immer genauso recht hat wie man selbst, gehört wesentlich dazu.

Rosinenauswahlverfahren

Was ist besser, Weißwein oder Rotwein? Mann oder Frau? Westdeutschland oder Ostdeutschland? Bei wenigen Ereignissen unserer Zeitgeschichte hat das Schablonendenken der Moralisten absurdere Blüten getrieben als bei der deutschen Wiedervereinigung. »Wir sind okay, ihr seid nicht okay« – das war eine verbreitete Haltung hier bei uns im Westen, wenn der Blick auf die untergehende DDR fiel. Waren wir wirklich besser? Wir im Westen waren die wirtschaftlich Stärkeren, das ja. Es gab mehr Freiheit, sicher. Aber das ist kein Grund gewesen, allem, was in der DDR gewachsen war, die Daseinsberechtigung abzusprechen. Und es ist erst recht kein Grund gewesen, den anderen unser System komplett überzustülpen.

Wir im Westen glaubten 1990, den neuen Deutschen in allem überlegen zu sein und in allem recht zu haben. Was für ein Irrsinn! Heute sollte jedem klar sein, dass die DDR mehr war als ein Stasi- und Spitzelstaat. Auch dort haben sich Menschen geliebt, wurden Familien gegründet. Menschen, die in beiden Systemen gelebt haben, berichten, dass man sich in der DDR menschlich näher gewesen sei und dass man sich gegenseitig mehr unterstützt habe. Das Interesse an anderen sei größer und weniger »soziale Kälte« spürbar gewesen. Sicherlich, das ist alles subjektiv und kaum statistisch nachweisbar. Dennoch, wenn zwei Parteien zusammenkommen, können beide voneinander lernen. Alles andere ist Selbstüberschätzung. Das gilt für Staaten, Unternehmen, Interessenverbände genauso wie für Familien oder Beziehungen.

Was hätte man im Westen alles von der DDR lernen können. Auch wenn diese politisch und wirtschaftlich versagt hatte. Und was hätte die DDR von der BRD lernen können. Ohne Zwang. Man hätte das Beste beider Traditionen fördern, Freiheit und Solidarität gleichermaßen schätzen und erhalten können. Ich nenne das Rosinenpicken. Das Beste vom anderen zu kopieren, ohne alles zu übernehmen. Nichts ist so schlecht, dass ich nicht noch etwas daraus lernen könnte. Aber die Moralisten im Westen legten ihre Schablone an und sagten: In der DDR haben sie alles falsch gemacht.

In Wirklichkeit haben wir Westdeutschen mit der totalen Vereinnahmung der DDR nur unser eigenes niedriges Selbstvertrauen unter Beweis gestellt. Nicht umsonst war kurz nach der Wende in der Noch-DDR bald überall vom »arroganten Westler« die Rede. Denn Arroganz bedeutet psychologisch gesehen, ein schwaches Selbstvertrauen mit einer Fassade aus Dominanz und herrischem Auftreten zu kaschieren. Die »Westler« mit ihrem »Bundesdorf« Bonn als Hauptstadt und ihrer außenpolitischen Bedeutungslosigkeit konnten ihre Minderwertigkeitskomplexe wunderbar kompensieren, indem sie im Benz nach Dresden fuhren und dort im Interhotel den dicken Max markierten.

Übrigens: »Wessi« ist ein alter West-Berliner Begriff aus der Zeit vor 1989 und wurde den Ostdeutschen nach dem Mauerfall von den West-Medien als angeblich für sie typischer Ausdruck angedichtet. In den 90er Jahren, als der ehemaligen DDR die marktliberale Rosskur nach dem Geschmack der Bundesbank verordnet wurde, kursierte östlich der Elbe der bittere Witz: Was kommt heraus, wenn man einen Westler und einen Ostler miteinander kreuzt? Antwort: Ein arroganter Arbeitsloser. Nun, bei dieser Kreuzung hätte es sicher auch die Chance zu mehr gegeben.

Inzwischen gibt es Hoffnung, denn die fest verschlossenen geistigen Schubladen öffnen sich langsam. Nicht nur im Osten Deutschlands, der ein neues Selbstbewusstsein entwickelt, weil viele Menschen merken, dass sie flexibler und offener sind als so mancher im Westen und dass sie damit besser gerüstet sind für schwierige Zeiten. In den Medien gibt es den Trend, nicht mehr nur den Sprüchen der Moralisten eine Bühne zu bieten, sondern auch Menschen in den Blick zu nehmen, die wirklich etwas tun und verändern. Ich meine die sogenannten stillen Helden des Alltags, die auch öffentlich immer mehr Anerkennung erfahren, selbst wenn sie gar nicht darauf aus sind. Langsam dämmert uns, wovon unser Gemeinwesen wirklich lebt. Nicht von Worten, sondern von Taten.

Diese Helden des Alltags bauen mit eigenen Händen und auf eigene Kosten verfallene Scheunen zu Jugendzentren um, damit Jugendliche in ländlichen Gegenden nicht nur an Bushaltestellen herumhängen und Bier trinken. Sie helfen Kindern aus Migranten-Familien kostenlos bei den Hausaufgaben, damit in Schulklassen wieder gemeinsam gelernt werden kann. Sie schließen sich zusammen, um alte Menschen in Seniorenheimen und Krankenhäusern zu besuchen, die keine Freunde und Familie mehr haben. Sie organisieren eine Gemeinschaftskantine mit gesundem Essen in einer Sozialsiedlung, in der viele lieber Alkohol und Zigaretten statt Gemüse und Obst einkaufen und ihre Kinder andauernd mit Fast Food versorgen.

Man erkennt diese stillen Helden daran, dass sie nie den moralischen Zeigefinger erheben. Sie sehen einen Missstand und tun etwas dagegen. Sie kommen auf einfache, wirkungsvolle Ideen und schließen sich mit anderen zusammen, um sie umzusetzen. An ihnen zeigt sich: Wer geistig flexibel ist, der findet Lösungen, wo andere nur die ewig gleichen Probleme sehen und deswegen resignieren. Die stillen Helden des Alltags werden mehr werden, wenn sie Wertschätzung und Anerkennung erfahren. Was sie am Ende mit vielen kleinen Schritten bewirken, ist vielleicht eine bessere Gesellschaft.

Zu den stillen Helden des Alltags gehören auch die vielen ehrenamtlichen Mitarbeiter in Vereinen und Organisationen. Das Ehrenamt ist eine tragende Säule unserer Gesellschaft. Manche in Deutschland schimpfen über unser Vereinswesen und dessen Vereinsmeierei. Und doch beneiden uns viele Staaten um unser Vereinssystem. Das Ehrenamt funktioniert in Deutschland vorbildlich, auch wenn sich in den Vereinen so manche Gutmenschen tummeln. Das habe ich als Nationalspieler, Vorsitzender und heutiger Ehrenvorsitzender des Deutschen Rollstuhl-Rugby-Verbandes während meines zehnjährigen Engagements erfahren. Ich würde mir wünschen, dass ehrenamtliches Engagement deutlich mehr öffentliche Anerkennung erhält. Denn im Vereinsleben wird vor allem das hochgekocht, was nicht funktioniert. Wenn es läuft, wird das bloß als selbstverständlich zur Kenntnis genommen. Dieses »Anspruchsdenken« ist Ausdruck eines typisch deutschen Schablonendenkens. Wenn wir etwas mehr geistige Flexibilität beweisen würden, könnten diejenigen in den Vordergrund treten, die dafür sorgen, dass so vieles so reibungslos funktioniert. Denn das ist alles andere als selbstverständlich. Es ist dankenswert.

KAPITEL 19

Die Macht des Dienens

Reden wir über Macht! – Na, wie fühlt sich diese Ankündigung an? Viele Deutsche, auch und gerade Führungskräfte, haben nach meiner Erfahrung einen regelrechten Horror davor, offen über Macht zu sprechen. Während New Yorker Geschäftsleute ihre Frühstücks-Treffen in Nobelhotels ganz ohne Ironie *Power Breakfast* nennen, zucken Deutsche meist zusammen, wenn plötzlich das Wort »Macht« im Raum steht. Manager oder Politiker, die von Journalisten auf ihre Macht angesprochen werden, korrigieren den Fragesteller gerne mit dem Satz: »Ich spreche lieber von Verantwortung.«

Und lassen Sie uns übers Dienen reden. Was das Dienen mit Macht zu tun hat? Vieles! In Deutschland ist das so eine Sache mit der Dienstleistung. Wir wissen, dass darin eine große Zukunft liegt. Im »Leisten« sind wir auch stark, im »Dienen« aber noch deutlich steigerungsfähig. Die Lust, »anderen zu dienen«, wird einer der Erfolgsfaktoren der Zukunft sein. Vielleicht ist »andere mit unserer Dienstleistung nach vorne zu bringen« eine bessere Beschreibung. Anderen von Nutzen zu sein, das hat in jedem Fall viel mit einer modernen, positiven Macht zu tun.

Hierzulande ist Macht beinahe ein Unwort. Viele, die es hören, denken sofort: Machtmissbrauch. Machtergreifung. Ermächtigungsgesetze. Höchstens das Wort »Führer« löst noch größeres Unbehagen aus. Wobei das englische Wort »Leader« interessanterweise unter deutschen Führungskräften gerne verwendet wird, obwohl es exakt dasselbe bedeutet.

Ich kenne die deutsche Geschichte. Deshalb habe ich

für die Schwierigkeiten mit dunkel verschatteten Wörtern wie »Macht« oder »Führer« volles Verständnis. Im 20. Jahrhundert haben Deutsche ihre Macht als größtes und wirtschaftlich stärkstes Volk Europas schwer missbraucht. Daran gibt es überhaupt nichts zu beschönigen. Nach dem Zweiten Weltkrieg sollte das neue Deutschland im Westen ein »Anti-Führer-Staat« und im Osten ein sozialistischer Staat werden. Beide gesellschaftlichen Ansätze waren logische Folgen der Hitler-Diktatur. Beide waren Anti-Entwürfe, die sich mehr von der schrecklichen Vergangenheit weg- als zu einer gewollten Zukunft hinbewegt haben. Im Westen wie im Osten war man sich einig, dass vor allem anderen von Deutschland nie wieder Krieg ausgehen darf. Und neben der Fremdbestimmung durch die Großmächte war eine der Maßnahmen, um eine neue Kriegsgefahr klein zu halten, eine möglichst feingliedrige Aufteilung von Macht. Kein Einzelner soll sich noch einmal zum Alleinherrscher aufschwingen und alle in den Abgrund reißen dürfen. Mit dieser Maxime und diesem Machttabu ist die große Mehrheit der heutigen Deutschen groß geworden.

Machtspielzeugland

Jedes noch so gute Prinzip produziert allerdings unangenehme Nebenfolgen, wenn man es ins Extrem treibt. Tabuisiert man offensichtliches Machtstreben, dann löscht man es damit nicht aus, sondern treibt es lediglich unter die Oberfläche. Es ist ja nicht so, dass in unserer Gesellschaft niemand Macht ausüben würde, dass Macht sich in unserer Gesellschaft verflüchtigt hätte – es ist nur so, dass nicht offen über diese Macht geredet wird. Dass sie gar geleugnet wird, auch dort, wo sie offensichtlich Wirkung entfaltet. Und dass selbst diejenigen energisch bestreiten, mehr Macht zu wollen, die in Wahrheit ganz heftig darauf aus sind.

Etwas weniger schambesetzt wird die Sache, wenn wir das Wort »Macht« durch das sehr ähnliche Wort »Einfluss« ersetzen. Auf die Frage: »Haben Sie Einfluss?«, bekommt man höchstwahrscheinlich eher ein »Ja« oder zumindest ein verlegenes »Durchaus in einem gewissen Sinn« als Antwort als auf die Frage: »Haben Sie Macht?« Wenn ich allerdings frage: »Streben Sie nach Einfluss auf andere Menschen?«, oder: »Wünschen Sie sich mehr Einfluss, als Sie im Moment haben?«, dann blocken nach meiner Erfahrung die meisten schon wieder ab. »Nein, ich doch nicht!«, heißt es dann. Man wolle doch bloß einen »Nein, ich doch nicht!« guten Job machen, seinen Beitrag für den Zusammenhalt der Gesellschaft leisten, ein guter Vater oder eine gute Mutter oder ein guter Freund sein. Das kommt immer gut an.

Vor dem Kleiderschrank fragt sich kein Mensch nur, was ihm allein gefällt. Er überlegt immer auch: Welchen Eindruck will ich heute machen? Will ich als seriöser Geschäftsmann wahrgenommen werden, um erfolgreich zu verkaufen? Oder will ich sexy wirken, weil ich auf ein Date aus bin? Oder will ich mit meinem Dresscode dazugehören? Streben nach Einfluss. Wenn jemand Audi-Fan ist und der Fußball-Kumpel erzählt, dass er sich einen 3er-BMW bestellen will – fällt da etwa nicht sofort ein Satz über den neuen A4 und wie toll der ist? Streben nach Einfluss. Und für welche Wortwahl entscheidet sich jemand? Spiegelt er die Ausdrucksweise seines Gegenübers, passt er sich an, um sympathisch zu wirken und Nähe herzustellen? Oder formuliert er übermäßig geschliffen, um Autorität auszustrahlen und sich Respekt zu verschaffen? Streben nach Einfluss.

Schon Kinder streben nach Einfluss auf ihre Eltern. Studien haben gezeigt, dass Kinder heute bei Themen wie Autokauf oder Urlaubsziel der Familie maßgeblich mitreden. Und manche jungen Männer glauben anscheinend, dass das Deo einer bestimmten Marke ihre Anziehungskraft auf das andere Geschlecht positiv beeinflusst, sonst würden die Hersteller sicher nicht so viel Geld für entsprechende Werbung ausgeben.

Seien wir doch endlich ehrlich: Wir beeinflussen den ganzen Tag lang andere Menschen, und wir werden beeinflusst! Und wir wollen selbstverständlich unseren Einfluss steigern. Wer spürt, dass einem die Geschichte darüber, wie sehr man seinem Chef mal richtig die Meinung gesagt hat, bei einem Kollegen Respekt verschafft, der erzählt sie auch noch drei anderen Kollegen. Vier Leute, die zu einem aufschauen, sind besser als einer. Wir alle streben permanent nach Einfluss – und das ist vollkommen okay.

Einfluss bedeutet nun aber nichts anderes als Macht. Einfluss ist okay. Macht ist okay. Macht ist nichts Schlimmes, wie es uns die Gutmenschen einreden wollen, sondern zunächst einmal neutral. Es kommt darauf an, was man mit Macht *macht*. Das ist ähnlich wie mit Geld. Auch Geld finden die Gutmenschen irgendwie eklig – dabei ist auch Geld zunächst neutral. Man kann damit Korruption betreiben oder Krankenhäuser bauen.

Reden wir also offen über Macht. Nicht nur in diesem Buch, sondern generell. Stehen wir dazu, dass wir alle danach streben, andere zu beeinflussen und unseren Einfluss zu steigern. Das Offensichtliche endlich auszusprechen ist ein geradezu magischer Moment, ein Augenblick großer Klarheit. Und in diesem Augenblick wird deutlich: Macht sollte sich immer mit Verantwortung paaren. Mit der Verantwortung für das, was ich mit dem Einfluss, den ich habe, bewirke. Für mehr Verantwortung und Einfluss gilt die Reihenfolge: Erst sich selber führen zu können – also Selbstverantwortung übernehmen und Einfluss auf sich selbst besitzen –, dann andere führen – also Verantwortung übernehmen und Einfluss auf andere entwickeln.

Also, welche Ergebnisse strebe ich wirklich an? Für viele Menschen stehen dabei die eigenen emotionalen Bedürfnisse im Vordergrund: Sich intensiv zu spüren, seine eigene Stärke durch Sieg oder Dominanz zu erleben, genüsslich zu beobachten, wie eigene Aktionen die Reaktionen anderer auslösen, oder das Gefühl, alles unter Kontrolle zu haben. Dazu gehört auch das archaische Streben nach mehr Sex oder zumindest nach der Möglichkeit, mehr haben zu können, wenn man nur wollte – Geld ist nicht das Ziel des Machtstrebens, sondern eine Form der Machtausübung, um sich die angestrebten Emotionen zu verschaffen. Wer das erkennt, versteht noch besser, warum über Macht verlegen geschwiegen wird. Machtstreben ist ein Trieb. Aber der Trieb als solcher ist weder gut noch schlecht. Er ist einfach nur da, weil wir Menschen sind.

Das Streben nach Macht ist also definitiv okay. Aber das Streben nach der Übernahme von Verantwortung muss stets mindestens genauso groß sein und dem Einflussstreben vorausgehen. Nur dann reduziert sich Macht nicht auf einen emotionalen Trip, der lediglich das Ego befriedigt. In dem Moment dieser Balance werden Macht und Einfluss in den Dienst anderer gestellt. Und nur wer anderen dient, wird wirklich mächtig. Das führt zu einem Grundprinzip, das uns zur Grundeinstellung werden muss: Wir dürfen nicht mehr nehmen wollen, als wir zu geben bereit sind. Wer Einfluss nehmen will, muss Resultate zum Nutzen anderer geben. Wer dieses Prinzip beherzigt, braucht auch als Deutscher vor Macht überhaupt keine Angst zu haben.

Macht wird ausschließlich dort zum Problem, wo Machtgier und Verantwortungsscheu herrschen, wo es um den bloßen Kick der Macht geht, ohne Rücksicht auf die Folgen. Immer dort kommt es zu Problemen. Dort bilden sich Seilschaften und andere »informelle Gruppen« in Unternehmen und Organisationen, die sich zusammenfinden, um etwas für die eigenen Interessen zu tun.

Und Vorsicht: Wo immer jemand Machtstreben leugnet, wird Verantwortungsscheu kaschiert! Wer nach außen hin keine Macht will, der will nur nicht, dass die anderen seine Motive durchschauen. Niemand spielt mit verdeckten Karten, um zu verlieren. Wer mit verdeckten Karten spielt, erhofft sich davon einen Vorteil, um das Spiel zu gewinnen. Doch am Ende gewinnt hier nur das Ego, während alle anderen leer ausgehen.

Macht und Einfluss sind nicht nur in Ordnung, sondern auch passend, wenn sie sich mit Verantwortung paaren und im Dienst eines Ergebnisses für andere und einen selbst stehen. Wenn verantwortliche Macht aber etwas Wünschenswertes ist, dann müssen wir uns auch trauen, sie auszuüben. Im demokratischen Deutschland dürfen wir uns die Berechtigung geben, mächtig zu sein und unsere Macht zu nutzen. Und zwar in der Breite der Gesellschaft. Das ist ein Privileg. Das ist nicht in vielen Staaten so. Die wenigen Eliteunternehmer, Top-Manager und Spitzenpolitiker sind ohnehin Virtuosen der Macht, denn sonst säßen sie nicht auf ihren Sesseln. Es geht darum, dass wir alle uns das Recht nehmen, mächtig zu sein, stark zu werden und zu wachsen. Sich die Berechtigung zur Macht zu geben hat mit der Achtung vor der Größe des Menschen zu tun. Wenn unser Land in der Weltwirtschaft weiter vorne mitspielen soll, sind wir geradezu verpflichtet, mächtiger zu werden. Wir brauchen mehr Mitdenker und weniger Mitarbeiter, wir brauchen kreative, innovative und mutige Menschen. Dass andere Nationen besser kopieren können, hat inzwischen jeder kapiert.

Einflusslauf

Bis heute habe ich keine Firma von innen gesehen, in der die Chefs gerne Macht an ihre Mitarbeiter abgeben. Sie weisen den Mitarbeitern Verantwortungsbereiche zu, das ja. Aber die wirklichen Machtmittel, zum Beispiel die Kommunikation mit Banken, wichtige Kundenkontakte, Beziehungen in die hohe Politik, strategisch wichtige Personalentscheidungen oder auch das letzte Wort beim Thema Gehälter, behalten sie selbstverständlich für sich. Verständlich. Dennoch brauchen Mitarbeiter zur Erfüllung ihrer Verantwortung auch die dazugehörige Handlungsmacht. Die größten Heuchler sind nach meiner Erfahrung diejenigen, die sagen: »In meiner Firma arbeitet jeder absolut eigenverantwortlich.« Oder: »Hier bei uns ist jeder Unternehmer im Unternehmen.« Wer so redet, hat die Fäden meistens am strammsten in der Hand. Warum das so ist? Weil er Angst hat. Angst, die Kontrolle zu verlieren. Angst, dass sein Vertrauen gegen ihn verwendet wird. Beispiele hierfür gibt es genug. Jeder hat da seine Erfahrung. Deswegen also: Vertrauen ist gut, Kontrolle ist besser? Eher: Vertrauen ist gut, Kontrolle auch! Es ist ein Vertrauensproblem. Menschen Verantwortung zu übertragen, ohne ihnen gleichzeitig die Handlungsmacht zu übergeben, ist jedoch moderner Sklavenhandel. Wie ein Eunuch im Harem müssen sich die Mitarbeiter fühlen. Allerdings: Andere einzuladen, Verantwortung zu übernehmen und mächtiger zu werden, ist eine ganz hohe Kunst! Das schaffen Führungskräfte nicht mit gerahmten Leitsätzen oder in routinemäßigen Mitarbeitergesprächen.

> Vertrauen ist gut, Kontrolle auch!

In der Politik sieht es genauso aus. Als es zu einer Volksabstimmung über den Weiterbetrieb des Flughafens Berlin-Tempelhof kam, verkündeten die Regierungen der Länder Berlin und Brandenburg im Vorfeld der Abstimmung, dass der Flughafen so oder so geschlossen werden müsse, egal, wie das Volk entscheidet. Dass es Volksabstimmungen gibt, heißt also noch lange nicht, dass das Volk auch entscheidet. Innerhalb der Parteien, Parlamente und Regierungen sieht es ähnlich aus. Einige wenige haben die Macht und sind nicht bereit, sie zu teilen. Der Rest hofft, irgendwann selbst an die Macht zu kommen. Für die Zukunft unserer Demokratie und für die zukünftige Wettbewerbsfähigkeit unserer Wirtschaft wird es aber unerlässlich sein, dass die Mächtigen lernen, Macht abzugeben. Denn nur wer den einzelnen Menschen ermächtigt, kann ihn zu seiner wahren Größe entwickeln. Darum müssen die Menschen systematisch gefordert, gefördert und zur Verantwortung befähigt werden.

Umgekehrt muss jeder Einzelne sich seiner wahren, potentiellen Größe bewusst werden und die nötige Macht einfordern, um sich zu dieser Größe entwickeln zu können. Dazu brauchen wir erst einmal klare Verhältnisse. Diejenigen, die nur so tun, als hätten sie Macht, weil sie ein paar Statussymbole besitzen und ihnen ein Verantwortungsbereich zugewiesen wurde, müssen sich offen eingestehen, dass sie gar keine Entscheidungsmacht besitzen. Das Vorgeben von Macht spiegelt sich übrigens in den kreativen Titelorgien auf den Visitenkarten wider. Jeder erfolgreiche Verkäufer wird den tatsächlichen »Entscheider« schnell aus den »Möchtegern-Entscheidern« herausfiltern. Eingeständnis wäre also der erste Schritt zur Besserung.

Dieses Eingeständnis fällt umso schwerer, je öfter in den Medien ein irreführendes Machttheater aufgeführt wird. Die Krise bei Opel war das beste Beispiel. Da taten deutsche Manager, Bundesregierung, Landesregierungen und Gewerkschaften so, als könnten sie hierzulande das Geschehen bestimmen, und setzten sich als »Opel-Retter« in Szene. Dabei lag die Macht in Detroit und Washington. Tatsache ist, dass selbst ein Bundesminister, der für jeden Vorstoß beim Bundeskanzler und seinem Parteivorsitzenden um Erlaubnis fragen muss, nur relative Macht hat. Er gibt natürlich etwas anderes vor und gefällt sich in dieser Rolle. Aber: Seien wir ehrlich und gestehen wir uns ein, wie es um unsere Macht bestellt ist. Und arbeiten wir primär an der Macht, die wir über uns selbst haben.

Ist die Einsicht über den eigenen Einflussbereich geklärt, heißt es: Übernimm mehr Verantwortung und fordere mehr Einfluss. Wer das tut, wird im selben Moment auch andere

Menschen entwickeln müssen. Denn er wird zu einer Führungskraft. Egal, ob das auf dem Organigramm steht oder nicht. Die Ausrede, man brauche doch gar keine Macht, um zu wirken, zählt nicht. Sie ist nur die Angst vor der Verantwortung, die Angst zu scheitern. Menschen zu entwickeln ist aber nur möglich, wenn man Menschen beeinflusst. Menschen zu beeinflussen, sie zu führen, bedeutet immer auch zu scheitern. Weil Menschen einzigartig und besonders sind. Führen heißt Scheitern. Und deshalb geht es darum, immer weniger zu scheitern. Nicht darum, perfekt zu sein. Wer perfekt sein will, gibt sich innerlich nicht die Berechtigung, andere zu entwickeln. Und genau diese Einstellung spiegeln ihm dann die Mitarbeiter wider. »Wenn du selbst dir die Berechtigung nicht gibst, warum soll ich dir dann folgen?«, denken sie.

Die meisten scheitern aus zwei Gründen an ihrer Führungsposition: erstens weil sie sich – meist unbewusst – die genannte Berechtigung nicht geben und zweitens weil sie das Führen nicht als erlernbaren Beruf betrachten und deshalb plan- und wirkungslos herumhantieren. Wer Macht einfordert, der bekommt sie auch. Lernen wir darum, mit ihr umzugehen. Lernen wir, für die Ergebnisse unserer ausgeübten Macht die Verantwortung zu übernehmen, statt nur auf Status und Privilegien zu schielen und uns gut fühlen zu wollen.

Es gilt also von oben nach unten: Gib Verantwortung, aber gib auch Macht. Und es gilt von unten nach oben: Fordere Macht, aber nimm zuerst die damit verbundene Verantwortung. Verstecke dich nicht hinter deinem Chef, wenn etwas schiefgeht. Wenn wir dieses Spiel ehrlich und fair spielen und mit dem Thema Macht transparent umgehen, haben wir die Chance, unser Ego zu überwinden und in Macht etwas vollkommen anderes zu sehen als einen emotionalen Trip. Und dann gilt der Satz: Diene anderen, dann hast du Macht. Und mit dieser Macht kann man dann den Stillstand überwinden, der durch die Gutmenschen produziert wird.

KAPITEL 20

Zugewinn durch Triebverzicht

Warum knipsen sich die Shootingstars der Popszene, die alles haben, was sie sich je an Aufmerksamkeit, Bewunderung, Geld, Sex und Einfluss gewünscht haben, fast allesamt mit Drogen das Großhirn aus? Ihr kometenhafter Aufstieg versetzt sie in einen Rausch guter Gefühle, mit der Folge, dass sie von diesem emotionalen Trip gar nicht mehr herunterkommen wollen. In den Phasen eines ganz natürlichen emotionalen Tiefs dröhnen sie sich mit Drogen voll, um die unvermeidliche Rückkehr des Dunklen, des Harten, der Mühsal, des Leidens, des Schmerzes, all dessen, was sie glaubten, hinter sich gelassen zu haben, nicht mehr spüren zu müssen. Wie alle Gutmenschen sind sie gierig nach guten Gefühlen.

Die drogenabhängigen Popstars sind nur die schrille Karikatur eines gesamtgesellschaftlichen Phänomens. Wir haben Impfungen gegen alles, Betäubungen für jeden Pieks, lassen uns Zähne unter Vollnarkose ziehen und uns vor Antritt eines Linienfluges wegen Flugangst psychologisch betreuen. Kinder bekommen für die selbstverständlichsten Dinge, die man von ihnen erwarten kann, eine dicke süße Belohnung oder einen Geldschein zugesteckt. Und wenn sie nur mit dem Finger auf irgendetwas zeigen, was sie haben wollen, ist sofort die gute Mutti oder der Onkel oder die Omi zur Stelle und zückt die Kreditkarte. Entbehrung und Entsagung, und sei es nur bis zum nächsten Weihnachtsfest, verschwinden aus immer mehr Kinderbiographien.

Doch ein Leben unter Vollnarkose endet immer irgendwann im Desaster. Es endet mit der bleischweren Depression in der Entzugsklinik, mit dem plötzlichen Burn-out oder im Extremfall mit dem Selbstmordversuch, wenn die Fähigkeit, mit Lebenskrisen umzugehen, sich kein bisschen entwickeln konnte. Dann zeigt sich: Wir können ohne Schmerz nicht leben. Wir schaffen es einfach nicht, mit einem schmerzfreien Leben umzugehen. Deshalb haben wir zwei Möglichkeiten: Wir können uns noch mehr betäuben. Oder wir können lernen, uns dem Schmerz wieder zu stellen. Und ich sage: Stellen wir uns!

Abhärtefall

Damit wir uns hier nicht missverstehen: Es geht nicht darum, einem Krebspatienten im Endstadium das Morphium wegzunehmen und ihn aufzufordern: »Bitte stellen Sie sich Ihrem Schmerz.« Das wäre blanker Zynismus. Es gibt Formen von Leid und Schmerz auf dieser Welt, die so extrem sind, dass es keinen Sinn hat, sie auszuhalten. Aber darum geht es hier nicht. Solch extremes Leiden macht ja nicht den Alltag der meisten Menschen in Deutschland aus. Vielmehr versuchen wir noch das kleinste Unwohlsein aus dem Alltag zu verbannen. »Ach, momentan läuft es im Geschäft nicht so gut, wir haben so wenig zu tun«, höre ich die Leute jammern, und ein halbes Jahr später, wenn die Lage viel besser geworden ist: »Ach, die Kunden rennen uns die Bude ein und wollen alles immer sofort haben.« Diese unnatürliche Weichspülerei ist es, die aufhören muss, wenn Menschen sich entwickeln und mehr aus sich machen wollen. An dieser Stelle fällt mir ein, was Karl Valentin einst sagte: »Ich freue mich, wenn es regnet. Denn wenn ich mich nicht freue, regnet es trotzdem.«

Schmerzen gehören zu jedem Wachstum dazu. Mehr noch: Ohne Schmerzen gibt es gar kein Wachstum. Zwischen den beiden emotionalen Polen Schmerz und Freude findet Reifung statt. Das ist ein unumstößliches Gesetz der menschlichen Natur, das sich an dem Scheitern aller Versuche zeigt, es außer Kraft zu setzen. Bisher sind alle, die das Paradies auf Erden schaffen wollten, der Hölle auf Erden ziemlich nahe gekommen. Gereifte Charaktere wissen: Jedes künstliche Hoch wird mit einem echten Tief bezahlt.

Wie sehr unsere Einstellung unser tatsächliches Erleben beeinflusst, zeigte sich zum Beispiel Forschern, die in den 1990er Jahren die medizinischen Praktiken afrikanischer Naturvölker untersuchten. Für uns ist es kaum vorstellbar, doch bei einigen Stämmen werden sogar Gehirnoperationen vorgenommen, indem Kranken mit einem Feuerstein ein quadratisches Loch in den Schädel geritzt wird. Ohne Narkose. Wer nun glaubt, die Kranken würden dabei schreien wie am Spieß, sieht sich getäuscht. Die Forscher filmten Kranke, die diese ganze Prozedur gelassen und ohne Jammern ertrugen. In ihrer Kultur gehört Schmerz einfach zum Leben dazu. Die Kinder dort werden nicht sofort in Mitleid gebadet, wenn ihnen etwas weh tut, sondern müssen sich an Schmerzen gewöhnen. Das ist sicher kein direktes Vorbild für uns, macht aber deutlich, wie unsere Erziehung und die Reaktionen der Umwelt das Schmerzempfinden beeinflussen.

Die Kinder dort werden nicht sofort in Mitleid gebadet, wenn ihnen etwas weh tut.

Wir wollen nicht zurück in den Busch. Aber auf unserer kulturellen Entwicklungsstufe können wir neu entdecken, dass das Pendeln zwischen Schmerz und Freude Wachstum bedeutet. Mit beiden Polen müssen wir umgehen können. Dieser Umgang besteht gewissermaßen in der Reaktion unseres Großhirns auf die Signale des Stammhirns. Victor Hugo hat einmal gesagt: »Freiheit ist der Raum zwischen ankommendem Reiz und emotionaler Reaktion.« Das heißt: Was immer uns das Stammhirn an Schmerz, Freude, Trauer, Wut und so weiter schickt, kann als Angebot betrachtet werden. Haben wir in uns genügend Raum, entscheiden wir selbst, wie wir eine Situation interpretieren und emotional abspeichern. Haben wir in uns zu wenig Raum, kommt es oft zu einer unreflektierten Abspeicherung und in der Folge dann manchmal sogar zu Übersprungshandlungen. Jeder hat das schon einmal erlebt. Bei Überlastung oder Erschöpfung. Genügend inneren Raum vorausgesetzt – ein Zeichen für persönliche Größe –, können wir in vielen Erlebnissen ein Angebot für unser persönliches Wachstum erkennen. Schwierig ist nur, dass das Gehirn zwischen realem körperlichen Schmerz und emotionalem Schmerz kaum unterscheiden kann. Das lehrt uns die moderne Gehirnforschung. Damit wird klar, wie schwer es ist, diese innere Freiheit zu erreichen. Aber der Versuch lohnt sich.

Es gibt zum Beispiel eine natürliche Angst vor sozialer Ablehnung. Viele scheuen den Schmerz der Zurückweisung und gehen Menschen deshalb aus dem Weg. Nach dem Motto: Es hat doch sowie keinen Sinn. Keinen Sinn, sich zu bewerben, um Hilfe zu bitten, eine attraktive Frau anzusprechen. Aber dann wird auch nichts passieren. Die Alternative wäre: den Schmerz der Zurückweisung in Kauf zu nehmen. Irgendwann merkt man, dass man von Menschen abgelehnt werden muss, um herauszufinden, wo man willkommen ist. Absagen schaffen Orientierung. Und dann bleibt es auch so gut wie nie bei Absagen. (Zumindest, wenn man aus ihnen lernt und es beim nächsten Mal besser macht. So weiterzumachen wie bisher und dennoch auf ein Angebot zu hoffen, das ist für mich dagegen eine Definition von Dummheit.)

Ich kenne Menschen, denen beim Arbeitsamt gesagt wurde, sie hätten keine Chance, sich in einem bestimmten Bereich zu bewerben. Nur wenige Wochen später hatten sie aufgrund einer Initiativbewerbung exakt in diesem Bereich einen Job. Sie hatten keine Angst vor dem Schmerz der Ablehnung, haben die Ablehnungen vielmehr analysiert, ihre Bewerbung anschließend verändert und es immer weiter probiert – bis es klappte. Jeder nachhaltige Erfolg ist auf einem Berg von Niederlagen entstanden. Für Menschen, die sich entwickeln wollen, gilt: Da, wo die Angst ist, da geht es lang.

Zumutbarkeitsgrenzübergang

In der BBC-Fernsehserie *Little Britain* gibt es die immer ähnlich ablaufenden Sketche mit Lou und seinem besten Freund Andy. Lou trägt eine Glasbaustein-Brille, sitzt im Rollstuhl, verhält sich debil und lebt in einer vermüllten Sozialwohnung in Herby. Gutmensch Andy kümmert sich praktisch Tag und Nacht um Lou, bringt ihn mit dem Auto überallhin, kauft ihm alles Mögliche und liest ihm jeden Wunsch von den Lippen ab. Was Andy nicht weiß, aber die Zuschauer: Lou ist gar nicht auf den Rollstuhl angewiesen, sondern steht immer wieder auf, wenn Andy gerade nicht hinschaut, und ist auch sonst nicht so dumm, wie es scheint. Er genießt es einfach, rundum verwöhnt zu werden. Typische Szene: Lou und Andy sind im Zoogeschäft. Lou zeigt auf eine Schlange: »Ich will das da.« Andy: »Aber das ist eine Schlange.« Lou: »Ja, ich weiß.« Andy: »Du magst doch keine Schlangen. Lass uns ein Kaninchen kaufen.« Lou: »Ich will die da.« Andy: »Ganz sicher?« Lou: »Ja.« Also wird die Schlange gekauft. Kaum haben die beiden das Zoogeschäft verlassen, sagt Lou: »Ich will ein Kaninchen.« Und natürlich macht Andy kehrt, um das Kaninchen zu kaufen.

Die Sketche laufen, wie gesagt, immer nach demselben Schema ab. Lou will sein Zimmer rot gestrichen haben. Wirklich? Ganz sicher. Als Andy es rot gestrichen hat, sagt ihm Lou: »Ich mag kein Rot.« Und Andy macht das alles mit und wird nie böse. Ein echter Gutmensch. Die Drehbuchautoren und Schauspieler Matt Lucas und David Walliams halten der Gesellschaft mit den von ihnen verkörperten Figuren Lou und Andy einen satirischen Spiegel vor. Und nicht nur der britischen Gesellschaft. Auch bei uns gibt es immer mehr Menschen, die eine Maske der Schwäche und Hilfsbedürftigkeit aufsetzen, weil das Leben so schön schmerzfrei ist, wenn andere immer für einen da sind. Und die anderen spielen das Spiel mit, weil sie den klärenden Konflikt scheuen, der ihnen ebenfalls Schmerzen bereiten würde.

Auch Führungskräfte sind dagegen nicht immun. In den Transformations-Seminaren unserer Inhouse-Akademie fragen immer wieder Teilnehmer: »Herr Grundl, ich habe meinen Ordner vergessen, haben Sie noch einen für mich?« Meine Antwort: »Nein, habe ich nicht.« Oder sie fragen: »Ich habe den Fragebogen noch nicht ausgefüllt, den wir vor dem Seminar ausfüllen sollten. Haben Sie noch einen für mich, dann fülle ich ihn jetzt schnell aus.« Meine Antwort: »Nein, habe ich nicht. Die Fragebögen wurden im Vorfeld verschickt.« Betretenes Schweigen. Manche Seminarteilnehmer gehen selbstverständlich davon aus, dass sie alles auch ein zweites Mal haben können und ihnen alles, was sie vergessen haben, hinterhergetragen wird. Woher das kommt? Die Weiterbildungsbranche leidet unter zu vielen Gutmenschen und unter zu wenigen Menschenentwicklern. Da die meisten Trainer »geliebt« und »gebraucht« werden wollen, verraten sie ihre eigentliche Mission. Menschen zu entwickeln kommt nicht an erster Stelle. Das hat die Branche versaut. Ernsthaftes Weiterbildungsstreben hat sich zu Wohlfühlveranstaltungen entwickelt. Das ärgert die Teilnehmer übrigens am meisten. Deswegen nehmen manche Mitarbeiter ihre Personalabteilung nicht ernst. Aus diesem Grund werden Fortbildungen als »nice to have« und nicht als »need to have« gesehen. Weil das so ist, wird bei Einsparungen als Erstes bei den Fortbildungen gespart. Würden Fortbildungen den Menschen dagegen richtig weiterhelfen, würden die Mitarbeiter diese sogar aus eigener Tasche bezahlen. Meine Leadership-Akademie erlebt das immer wieder.

> Die Weiterbildungsbranche leidet unter zu vielen Gutmenschen.

Vielleicht denken Sie jetzt: »So geht man nicht mit erwachsenen Menschen um, Herr Grundl. Auch nicht in Weiterbildungsseminaren.« Das verstehe ich. Doch lassen Sie mich das erklären. Erstens: Wären diese Menschen mental erwachsen, müsste ich sie nicht so behandeln. Zweitens: So *kann* man nicht nur, so muss man mit Menschen umgehen, wenn man sie entwickeln will. Und zwar ganz unabhängig vom Alter. Wer immer seine Brote geschmiert bekommt, der lernt nie, wie man das selber macht. Das gilt auch für die eigenen emotionalen Zustände. Dieses gutgemeinte Verhätscheln geht ja schon im Kindergarten los: Da hat einer seiner Mütze verloren – nicht schlimm, die Kindergärtnerin geht an den Schrank und gibt dem Kleinen eine Ersatz-Mütze. Wie wäre es ab und zu mit »Schocktherapie«? Raus in die Kälte ohne Mütze! Der Schmerz an den Ohren wird dafür sorgen, dass der Kleine demnächst besser auf seine Sachen aufpasst. Je mehr Sie für andere mitdenken und mithandeln, desto unselbständiger werden diese. Mitdenken ja, mithandeln nein. Besser ist: andere zu befähigen und dann die selbständige Handlung einzufordern.

Was ohne die Betäubungsmittel der Gutmenschen ebenfalls aufhören wird, ist, dass schon 13-Jährige anfangen, sich und andere zu belügen, um ein möglichst perfektes Bild von sich abgeben zu können. Wenn wir den Umgang mit Schmerz neu lernen müssen, dann meine ich damit auch, den Schmerz der Wahrheit wieder ertragen zu lernen. Wenn Teenager sich heute von ihrer ersten Freundin oder ihrem ersten Freund getrennt haben, dann erzählt der Junge allen seinen Freunden: »Ich habe mit ihr Schluss gemacht«, und das Mädchen erzählt allen ihren Freundinnen: »Ich habe mit ihm Schluss gemacht.« Wer den Schmerz, verlassen worden zu sein, nicht ertragen kann, dessen Beziehungen werden immer wieder nach ähnlichem Muster vor die Wand fahren.

Gewöhnen wir uns doch bitte wieder daran, dass wir verletzt werden. Wir alle. Weil wir Menschen sind. Wenn wir verlassen worden sind, wenn ein anderer uns hat abblitzen lassen – egal, ob privat oder beruflich –, dann müssen wir das einfach akzeptieren. Warum? Weil wir nur so zu einer realistischen Selbsteinschätzung kommen und Menschenentwicklung ohne realistische Selbstbilder nicht möglich ist. Menschen wollen sich nur Fragen stellen, deren Antworten sie ohne negative Gefühle ertragen. Das öffnet der Selbstverblendung Tür und Tor. Deshalb ist die Macht der Verdrängung so groß. Sie vermeidet Schmerzen. Wenn wir mit der Verdrängung Schluss machen, geht es uns kurzfristig schlechter, aber mittelfristig besser. Wesentlich besser.

Weitsichtverhältnisse

Als der Filmschauspieler Udo Kier in der ARD-Filmreihe *Tatort* einen Obdachlosen gespielt hatte, wurde er von Journalisten gefragt, ob ihm diese Rolle schwergefallen sei. Überhaupt nicht, antwortete der Weltstar. »Ich kenne die Armut«, erklärte er gegenüber *Bild.de*. Als er 1991 nach Hollywood ging, war Kier praktisch pleite. Seine Wohnung in Los Angeles war ein winziges Loch, und sein weniges Geld investierte er in ausreichende Vorräte des in Südkalifornien notorisch knappen Trinkwassers. Die Situation sei für ihn aber kein Grund zur Verzweiflung gewesen: »Ich weiß, wie es sich anfühlt, kein Dach über dem Kopf zu haben. Ich bin in einer Kriegsnacht im Kölner Bombenhagel geboren. Ich erinnere mich bis heute, was es heißt, mit Entbehrungen zu leben. Bei uns gab es die ganze Woche über nur Suppe«, erinnert sich der Schauspieler in dem Interview. Auch in Hollywood dauerte es eine Weile, bis er zum Star wurde. Das Leben dort sei »gnadenlos«. Udo Kiers Fazit heute: »Diese Zeit hat mich geformt.« Es sei für ihn »wichtig« gewesen, »mit wenig Geld zu leben«.

Auch bei weniger prominenten Menschen, die die Entbehrungen der Nachkriegszeit noch erlebt haben, beobachte ich immer wieder, dass sie sich flexibler auf magere Zeiten einstellen können. Und dass sie das Gute, wenn es dann wieder zu ihnen kommt, viel mehr zu schätzen wissen als die Angehörigen der Generationen, die nichts als Überfluss kennengelernt haben. Es sind die Niederlagen, die Siege schöner werden lassen.

Wollen wir kurzfristig Schmerz ertragen und dafür langfristig Freude erleben? Oder schielen wir lieber auf die kurzfristige Freude und blenden den langfristigen Schmerz, der dafür ins Haus steht, einfach aus? Prophylaxe beim Zahnarzt alle sechs Monate ist eine unangenehme Prozedur, aber jeder weiß, dass das besser ist als Karies und Parodontose. Die ersten fünf bis zehn Minuten Jogging sind eine Qual. Aber wer sich dann am Schluss geduscht und umgezogen hat, sagt sich: »Wow! Ich fühle mich jetzt richtig gut.« Sigmund Freud nannte das Prinzip des Zugewinns durch Triebverzicht übrigens »Sublimierung«. Durch Sublimierung im Verzicht wird die Energie, die unsere unmittelbaren egoistischen Bedürfnisse befeuert, transformiert in eine Energie, die uns nach höheren Zielen streben lässt. Für Freud basierten sämtliche Errungenschaften unserer Kultur auf diesem Prinzip.

Ein Sinnbild für die Gegenrichtung des Prinzips ist für mich der Zucker, eine der größten Ernährungs-Geißeln, die wir haben. Wir spüren die kleinste Anspannung, bei der Arbeit, beim Warten auf einen Abflug oder auch nur beim Surfen im Internet, und müssen sie uns »versüßen«. Langfristig leidet unsere Gesundheit. Gesunde Ernährung dagegen bedeutet Verzicht auf diesen ständigen schnellen Kick – dafür können wir uns bis ins hohe Alter an unserer Fitness erfreuen.

Und weil von Hollywood bereits die Rede war: Unter der permanenten Sonne Kaliforniens herrschen nicht nur gigantische Drogenprobleme. Die Menschen in diesem ewigen Sommer ahnen auch nichts von der Freude auf den Frühling. Sie kennen das Glücksgefühl nicht, die ersten Krokusse sprießen zu sehen, weil um sie herum ja ohnehin ständig alles grünt und blüht. Der Entertainer Harald Schmidt verarbeitete das Prinzip des Zugewinns durch Triebverzicht vor einigen Jahren in einem Sketch. Er empfahl: Wer glücklich sein will, soll seinen Arm in sehr, sehr heißes Wasser tauchen und mehrere Sekunden den Schmerz aushalten. Wird der Arm anschließend aus dem Wasser herausgezogen, so wird sich ein ungeheures Glücksgefühl einstellen. Natürlich führte nicht Harald Schmidt das Experiment vor, sondern sein armer Kollege Herbert Feuerstein.

> Die Menschen im ewigen Sommer ahnen nichts von der Freude auf den Frühling.

Wir müssen nicht nur lernen, mit dem Schmerz neu umzugehen – das heißt vor allem, ihn aushalten zu lernen und den Verzicht in Vorfreude zu verwandeln. Wir müssen auch die Freude neu entdecken, und zwar die, die nach dem Leiden kommt. Wir müssen wieder lernen, uns nach dem Prinzip »Zugewinn durch Triebverzicht« zu richten. Dass es gilt, weiß eigentlich jeder. Dennoch besteht ein großer Unterschied zwischen intellektuellem und emotionalem Verstehen. Der Intellekt glänzt mit Wissen, die Emotion mit Wirkung.

KAPITEL 21

Anerkennung statt Neid

Auf dem Sterbebett in seinem Privatschloss flüstert der Medienzar Charles Foster Kane als letztes Wort »Rosebud«. Keiner, der den Filmklassiker *Citizen Kane* von Orson Wells zum ersten Mal sieht, versteht, was damit gemeint ist. Erst nachdem der Film die ganze Lebensgeschichte des Milliardärs nachgezeichnet hat, sieht man in der letzten Szene, wie ein Kinderschlitten aus dem Nachlass des Verstorbenen achtlos ins Feuer geworfen wird. Auf dem Schlitten steht das Wort »Rosebud«. Offensichtlich hat Kane nie die Verletzung überwunden, dass er als Kind seinen geliebten Schlitten zurücklassen musste, als seine Eltern ihn ins Internat steckten. Kane stirbt als schwerreicher Magnat, aber einsam und ohne Freunde. Er hat nie wieder vertraut und nie wieder Nähe zugelassen. Mit Nähe und Distanz scheint es nicht so einfach zu sein.

Ich habe mich einmal mit einem Dirigenten unterhalten, und der hat mir gesagt, er arbeite am liebsten mit Musikern zusammen, die ihr Instrument exzellent beherrschen, mit denen er nach der Probe aber auf keinen Fall noch privat ein Bier trinken möchte. Dieser Satz hat mich sehr beeindruckt. Um der musikalischen Spitzenleistung willen ist dieser Dirigent bereit, emotionale Distanz auszuhalten. Deshalb steht er zu Recht am Pult.

Distanziertes Verhalten wird oft als Selbstüberhöhung gedeutet. Aber dieser Schluss stimmt nicht immer. Nicht selten empfindet man jemand anderen als arrogant, weil man sich mehr Nähe zu ihm wünscht. Niveau sieht deshalb nur von unten aus wie Arroganz, soll Klaus Kinski einmal gesagt haben. Tatsächlich hat es überhaupt nichts mit Arroganz zu tun, sich von der Masse abzusetzen, um in Politik, Wirtschaft oder Kultur etwas Herausragendes zu leisten. Starke und authentische Menschen sind niemals arrogant.

Nach meiner persönlichen Erfahrung sind sogar alle Menschen, die Spitzenleistungen erbringen, hochsensibel. Wenn Oliver Kahn oder Niki Lauda vor der Kamera weinen, dann gilt ihnen Sympathie. Starke Menschen zeigen ihre Verletzlichkeit. Erst das macht sie wirklich stark. Wer Verantwortung übernimmt, muss anderen und sich selbst vertrauen. Er weiß, dass sein Vertrauen ab und zu verletzt werden wird. Aber er nimmt das in Kauf und vertraut trotzdem. Je größer ein Mensch wird und je mehr er erreicht, desto mehr wird er auch von anderen verletzt. Und von sich selbst. So ist das nun mal. Der Schmerz der Verletzung gehört zum Leben dazu.

Arroganz bedeutet hingegen, innerlich schwach zu sein, sich aber eine Fassade der Unverletzlichkeit zuzulegen. Arrogante Menschen gehen nicht aus Verantwortungsbewusstsein auf Distanz, sondern weil sie auf keinen Fall verletzt werden wollen. Manchmal kann eine tiefe Verletzung den gesamten Lebensweg erklären. Diese Menschen sind so sehr gekränkt worden, dass sie ihr restliches Leben damit verbringen, es der Welt zeigen zu wollen. Wie Charles Foster Kane.

> Arroganz bedeutet, innerlich schwach zu sein.

Wer heraustritt aus der Masse, um etwas Besonderes zu leisten, muss aushalten, dass es ihn einsam macht. Derjenige, der sich mehr anstrengt als andere und mehr Verantwortung für andere übernimmt, wird nicht mehr jederzeit von einer Gruppe getragen. Er muss mit Vorwürfen leben, arrogant zu sein und anderen den Spaß zu verderben. Wer mit sich selbst im Reinen ist, hält diese Einsamkeit aus und geht trotzdem seinen Weg. Die Einsamkeit muss auch nicht immer von Dauer sein. Am Ende der Durststrecke warten oft andere

Freunde – solche, die einen verstehen. Doch der Schmerz der Entfremdung bleibt niemandem erspart, der Verantwortung übernimmt.

Wenn zum Beispiel ein Verkäufer aus einem Vertriebsteam plötzlich Gebietsleiter wird und damit Chef seiner ehemaligen Kollegen, stehen ihm immer schwierige Situationen ins Haus. Erst freuen sich einige vielleicht noch für ihn oder schmeicheln sich ein, weil sie glauben, mit einem ehemaligen Kollegen einen besonders verständnisvollen Chef zu haben. »Du weißt doch, wie das ist, du hast diesen Job doch selbst gemacht«, sagen sie dann zu ihrem frisch gekürten Vorgesetzen und hoffen, dass er beide Augen zudrückt. Nimmt dieser dann seine Verantwortung wahr und verlangt tadellose Ergebnisse, sinkt die Raumtemperatur auf den Gefrierpunkt. Doch wenn die Beförderung einen Grund hatte, dann hat der neue Vertriebsleiter seine Verantwortung zu Recht. Jetzt heißt es, bei der Entscheidung für mehr Leistung und mehr Verantwortung, ergo für mehr Distanz und mehr Einsamkeit zu bleiben.

Der Wechsel zwischen Nähe und Distanz ist *das* Instrument der Menschenführung. Jeder, der aus der Masse heraustreten und andere beeinflussen will, muss mit Nähe und Distanz umgehen können. Bei sich selbst und bei anderen. Der Menschenentwickler weiß das, wendet beides an und hält beides aus.

Katzenmenschenrolle

Wenn ich einem Hund einen Fressnapf hinstelle, dann stürzt er sich sofort darauf und saugt das Futter in sich hinein. Anschließend schaut er mich an, wedelt dabei mit dem Schwanz und scheint sagen zu wollen: »Danke, Herrchen, dass du für mich sorgst! Du musst Gott sein!«

Wenn ich einer Katze einen Fressnapf hinstelle, ignoriert

sie den erst mal. Ich soll ja nicht denken, dass sie von mir abhängig wäre. Dann schaut sie sich das Futter genau an, guckt anschließend zu mir herüber und scheint sagen zu wollen: »Also, erstens verdiene ich das beste Futter, das sich überhaupt auftreiben lässt. Wehe, die Qualität entspricht nicht meinen Ansprüchen! Und zweitens bilde dir bloß nicht ein, nur weil ich mich eventuell dazu entscheide, dieses Futter zu fressen, würde ich in dir mein Herrchen sehen.«

»Bilde dir bloß nicht ein, du wärst mein Herrchen!«

Auch in menschlichen Gemeinschaften gibt es »Hunde« und »Katzen«, wobei die Hundemenschen deutlich in der Mehrheit sind. Schaut man ins Innere von Menschen, dann haben sie sowohl Hunde- als auch Katzenanteile. Nur wer beide Anteile in seinem Leben ausleben kann, erfährt tiefe innere Erfüllung. Der Hundeanteil überwiegt meistens. »Hund« steht für mich symbolisch für die Gemeinschaft, für Beziehungen für das Wir. Hunde sind Rudelwesen. Hundemenschen fühlen sich in der Gruppe am wohlsten. Eine Gruppe von Hundemenschen kann schwer an einer Kneipe vorbeigehen, aus der Musik schallt, ohne dass einer sagt: »Kommt, lasst uns da reingehen, da ist super Stimmung.« Ist auch ein Katzenmensch mit dabei, wird er sich denken: »Welche Stimmung? Stimmungen habe ich in mir.« Für mich symbolisieren Katzen das Individuum, das Ich. Menschen, die wie Katzen sind, übernehmen gerne Verantwortung, auch für die Hundemenschen. Aber sie bleiben auf Distanz und wollen nicht zu viel mit ihnen zu tun haben.

Hundemenschen schauen manchmal voller Missgunst und Neid auf die »arroganten« Katzenmenschen. Und Katzenmenschen schauen bisweilen voller Herablassung auf die Hundemenschen. Wo Menschen sich entwickeln sollen, da braucht es aber beide, sowohl Katzen- als auch Hundemenschen. Die Katzenmenschen sind in der Rolle des Menschenentwicklers. Sie übernehmen Verantwortung, gehen im selben Moment aber auch auf Distanz. Für sie zählen Wirkung und Ergebnisse. Weniger Gemeinschaftsgefühl. Dafür sorgen die Hunde. Es sind auch die Katzen, die in Unternehmen hauptsächlich geführt werden müssen. Die Hunde laufen sowieso mit. Fühlen sich die Hunde jedoch nicht gut genug behandelt, entziehen sie der Katze wertvolle Informationen zur Entscheidungsfindung. Das bringt dann die Katze in Not. Beide sind also aufeinander angewiesen.

Die extremste Katze ist übrigens die Siamkatze. Sie ist so gut wie nicht zu beeinflussen und lässt nur wenige an sich ran. Wenn diese Katze einen zeitweise auswählt, ist ihre Nähe umso schöner. Wer allerdings nur »Katze« sein will, brennt emotional aus. Menschen brauchen auch Nähe und Geborgenheit. Wer im Unternehmen immer Katzenmensch sein muss, braucht eine Familie oder einen Freundeskreis, wo er sich fallen lassen kann. Ich kann sogar Manager sehr gut verstehen, die zur Domina gehen, um dort auf allen vieren herumzukriechen. Sie brauchen einfach einen Ausgleich, weil sie nicht nur ein machtzentrierter Katzenmensch sein können. Aber auch, wer nur Hundemensch ist, bekommt Probleme. Wer am Arbeitsplatz ausschließlich fremdbestimmt ist und nichts allein entscheiden darf, entwickelt ein ähnliches emotionales Ausbluten wie die »Dauerkatzen«.

Charismatische Persönlichkeiten zeichnen sich dadurch aus, dass sie jederzeit zwischen »Hund« und »Katze« wechseln können. Michelle Obama zum Bespiel galt nach dem Amtsantritt ihres Mannes als US-Präsident schnell als eine der charismatischsten Amerikanerinnen. Sie gab sich einerseits als ganz normale Mittelschicht-Ehefrau, brachte die Kinder zur Schule, kaufte im Kaufhaus ein und überraschte Besuchergruppen im Weißen Haus mit Schokolade. Aber dann zeigte sie auf Staatsempfängen einen Glamour, wie ihn die Amerikaner seit Jackie Kennedy von einer First Lady nicht mehr erlebt hatten. Und wer das Ehepaar Obama beobachtet, weiß genau, wer in dessen Beziehung die Katze ist.

Trotzdem: Wer Verantwortung übernimmt, der geht immer erst mal in die Rolle des Katzenmenschen. Und muss die Distanz zu den Hundemenschen aushalten. Das heißt ganz konkret: Wer Distanz nicht herstellt, weil er sie nicht aushält, kann nicht wirkungsvoll führen.

Unternehmenslandschaftspflege

Als junger Mann interessierte sich Alfred Ritter wenig für die elterliche Schokoladenfabrik mit der bekannten Marke »Ritter Sport«. Er studierte Psychologie und wollte Therapeut werden. Aber irgendwann packte es ihn dann doch. Und dann stieg er nicht nur in das Geschäft mit Schokolade, sondern als einer der Ersten in Deutschland auch in das mit Solarenergie ein. »Ich habe eine Schokoladenseite und eine Sonnenseite«, sagt der Unternehmer heute stolz. Über seine Firmen kann er ins Schwärmen geraten. Und wenn er dann zum nächsten Termin fährt, nimmt er kein Solarmobil, sondern seinen Porsche. Wie es sich für einen schwäbischen Unternehmer gehört.

Unternehmer wollen ihren Mitmenschen zeigen, wer sie sind und zu was sie es gebracht haben. Sie sind stolz auf ihre Leistungen. Ich habe noch keinen Unternehmer getroffen, bei dem dieses Motiv keine Rolle spielen würde. Wenn nicht offensichtlich, dann versteckt. Nach meiner Erfahrung ist Anerkennung die Hauptantriebskraft von Unternehmern. Bei manchen, wie bei Alfred Ritter, dauert es vielleicht etwas länger, bis sie das entdecken und ihre Unternehmerrolle wirklich annehmen. Manche verzichten lieber auf eine Karriere in der Wirtschaft. Kein Wunder.

Wir haben in Deutschland nämlich ein sehr gespaltenes Verhältnis zu Verantwortungsträgern. Vor einigen Jahren gab es eine internationale Umfrage zum Ansehen von Top-Managern in der Bevölkerung. Dabei kam heraus, dass nur in Albanien und in der Dominikanischen Republik Führungskräfte der Wirtschaft noch weniger angesehen sind als in Deutschland. Das ist die eine Seite. Eine andere Befragung, die in Deutschland kurz nach der Finanzkrise von 2008/2009 durchgeführt wurde, kam zu einem differenzierteren Resultat. 68 Prozent der Deutschen halten demnach heute Familienunternehmen im Vergleich zu börsennotierten Gesellschaften oder gar Staatsfirmen für die bessere Unternehmensform. Und das hat eine klare Konsequenz: Während die Wirtschaftskrise das ohnehin schlechte Ansehen von Top-Managern in Großkonzernen noch mehr beschädigt hat, ist das Image von Unternehmern noch intakt. Das *manager magazin*, das die Umfrage veröffentlicht hat, kam daher zu dem Schluss: »Unternehmer haben ein gutes Image.«

Nun ist mir erst einmal wichtig zu begreifen, dass in der Umfrage das *Image* bewertet wurde und nicht die realen Ergebnisse. Und dazu noch von Menschen, die die Ergebnisse von Managern in der Regel gar nicht richtig beurteilen können, weil ihnen dazu der Überblick und der Einblick fehlen. Die Top-Manager, die ich persönlich kenne, sind in der großen Mehrheit absolut anständige Leute, die einen tadellosen Job machen, ohne dafür extern übermäßig viel Anerkennung zu bekommen oder zu erwarten. Schwarze Schafe gibt es überall. Aber das ist nicht das Thema, es geht vielmehr um die öffentliche Anerkennung. Und dass Unternehmer, insbesondere Familienunternehmer grundsätzlich anerkannt sind und auf Anerkennung zählen dürfen, ist ein gutes Signal.

Leider hat die Sache mit der Anerkennung auch eine hässliche Seite: Menschen, die Verantwortung für andere übernehmen und sich damit von der Masse abheben, beziehen zu oft öffentlich Prügel. Bei dem kleinsten Fehltritt oder der kleinsten Unregelmäßigkeit stürzt sich eine geifernde Meute auf die großen Persönlichkeiten in den Unternehmen. Als abschreckendes Beispiel fällt mir da sofort der Umgang mit Reinhold Würth ein. Was hat dieser Mann nicht alles geleistet!

Vom Aufbau seines »Schraubenimperiums« mit einer erfolgs- und menschenorientierten Unternehmenskultur über sein ehrenamtliches Engagement bis hin zur Rettung der Außenstelle der Hochschule Heilbronn in Künzelsau durch eine Millionenspende. Und dann hackten alle auf Würth ein, weil man ihn der Steuerhinterziehung überführt hatte.

Was hat dieser Mann nicht alles geleistet!

Nun hat Reinhold Würth aber keine Koffer mit Millionen nach Liechtenstein geschafft, sondern nach einem Bericht des Nachrichtenmagazins *Spiegel* soll der Unternehmer »Steuern hinterzogen haben, indem für den Gesamtkonzern angefallene Kosten nicht den jeweils verursachenden Konzerngesellschaften zugeordnet, sondern im Wesentlichen nur bei einer Gesellschaft gewinnbringend verbucht wurden.«

Natürlich darf es für Milliardäre keine Narrenfreiheit geben, das ist klar. Wer was falsch gemacht hat, wird bestraft. Es geht jedoch um die öffentliche Diskussion. Hier könnte sich der gesunde Menschenverstand fragen: Warum die immense Aufregung? Zumal Würth den Schaden nach Bekanntwerden der Vorwürfe sofort ausgeglichen hat. Fehler gemacht. Fehler behoben. Weiter geht es. Das wäre rund. Nun aber hat Reinhold Würth nicht nur eine Geldstrafe in Millionenhöhe zahlen müssen, sondern gilt, wie als Dank der Öffentlichkeit für sein Lebenswerk, als »vorbestraft«. Die Revanche von Würth: Er kündigte seinen privaten Umzug ins österreichische Salzburg an sowie die Absicht, Teile seiner Unternehmensverwaltung in die Schweiz zu verlegen.

So verprellt Deutschland seine fähigsten Köpfe. Schlimmer noch: So werden potentielle Nachwuchsunternehmer abgeschreckt, weil sie fürchten müssen, dass Staatsanwaltschaften oder Nachrichtenmagazine ihnen irgendwann aus einer juristischen Spitzfindigkeit einen Strick drehen. Das muss unbedingt aufhören! Und es kann aufhören, indem wir begreifen, dass ein solcher Umgang mit den Großen nur von mangelndem Selbstbewusstsein zeugt. Um es deutlich zu sagen: Managerhetze ist ein Neidreflex. Das bedeutet umgekehrt: Je selbstbewusster wir alle werden, desto mehr können wir Erfolg anderer neidlos anerkennen. Sobald aus den innerlich schwachen und verängstigten Gutmenschen selbstbewusste und starke Persönlichkeiten geworden sind, werden wir automatisch weniger Neid und Missgunst und dafür mehr unternehmerisch denkende und handelnde Menschen bekommen. Zum einen, weil mehr Menschen sich Selbständigkeit zutrauen. Und zum anderen, weil erfolgreiche Unternehmer nicht mehr fürchten müssen, dass viele aus Neid bei ihnen nur auf einen Fehler warten.

Anerkennung für Leistung ist wichtig. Und sie ist auch gerecht. Ich wünsche mir, dass das öffentliche Ansehen sowohl von Unternehmern als auch von angestellten Führungskräften der Industrie viel, viel besser wird. Ich wünsche mir, dass Deutschland wieder ein Land der Unternehmer wird. Ende des 19. Jahrhunderts, in der sogenannten »Gründerzeit«, waren wir das. Die Basis dafür ist immer noch da. Es gibt nach wie vor viele tatkräftige Menschen mit sehr guten Ideen. Ich möchte diese Menschen, die überlegen, ob sie den Schritt in die Selbständigkeit wagen sollen, ausdrücklich ermutigen. Sie sollten keine Angst haben, sich von der Masse abzuheben und ihren eigenen Weg zu gehen. Sie sollten sich selbst die Berechtigung geben, Erfolg zu haben. Natürlich werden sie auf ihrem Weg Ablehnung erfahren. Aber wenn sie diese aushalten, stehen die Chancen gut, am Ende doch auch Anerkennung zu bekommen. Und wem die Anerkennung versagt bleibt, der kann seinen Wunsch nach Anerkennung auch mal zur stillen Freude an seinen guten Ergebnissen transformieren.

»Sein Lebensweg ist das Ende aller Ausreden«, stand einmal in einem Interview über meine Vorbildrolle zu lesen. Und genau darum geht es mir: Mein Leben und meine Handlungen sollen sich positiv auf andere Menschen und ihren zukünftigen Weg auswirken. Dass meine Leistungen anerkannt werden, ist zweitrangig. »Danke für Ihre Anerkennung«, lautet meine Antwort oft auf die Komplimente meiner Zuhörer. Und: »Darf ich fragen, was für Sie am wichtigsten war?« Die Gutmenschen sind mit dieser Frage überfordert, weil sie dachten, mit ihrem Kompliment sei die Sache erledigt. Gutes Gefühl verpasst. Aufgabe erfüllt. Manche Leute kommen durch mein Nachhaken vielleicht ins Grübeln und fragen sich: »Wenn der es so weit gebracht hat, was ist dann noch für mich möglich?« Das würde mich freuen. Denn die Antwort auf eine solche Frage, kann sie weiterbringen. Andere sagen sich dagegen: »Ach, der Boris Grundl, der hat's halt raus. Das ist so ein Überflieger.« Oder genau andersherum: »Ach, der ist doch nur so erfolgreich, weil er im Rollstuhl sitzt.« In jedem Fall sucht man nach Ausreden, um nichts an sich selbst ändern zu müssen. Die, die sich vor der ehrlichen Beantwortung dieser Fragen drücken, glauben, es seien die anderen oder die Umstände, die sich ändern müssen, nicht sie selbst. Aber es sind nicht die anderen, die sich ändern müssen …

> »Sein Lebensweg ist das Ende aller Ausreden.«

Kapitel 22

Respekt für Verantwortungsträger

In einer Gastwirtschaft sitzen an zwei Tischen Männer beim Bier. An dem einen Tisch sind es vier Studenten, an dem anderen vier Rentner. An beiden Tischen wird über den Krieg in Afghanistan diskutiert. Und es geht hoch her. Die Studenten legen dabei vollkommen andere Maßstäbe an als die Rentner und kommen auch zu völlig anderen Schlussfolgerungen, was die Politiker in Berlin und Washington dringend tun müssten.

Doch entscheidender ist das, was alle acht Männer gemeinsam haben: Sie tragen nicht die Verantwortung! Sie können noch die halbe Nacht diskutieren, aber sie haben nichts zu entscheiden. Und da sie auch nicht auf derselben Stufe stehen wie diejenigen, die entscheiden müssen, haben sie auch den Weitblick nicht.

Ein amerikanischer Präsident trägt eine enorme Verantwortung für die Auslandseinsätze seines Militärs. Für seine Entscheidungen besitzt er aber auch Informationen der Geheimdienste, der Generäle, der Fachexperten und der Diplomaten, die wir nicht haben. Eigentlich müssten die meisten von uns den Mund halten, wenn ein amerikanischer Präsident entscheidet. Wir wissen nicht, welche Sachzwänge oder Entscheidungsgrundlagen ihm vorliegen. Wir betrachten alles aus unserem Blickwinkel und bewerten es von dort. Ich weiß, dass das nicht geht. Wir müssen uns in der Demokratie alle eine politische Meinung bilden, und zwar auf unserem jeweiligen Kenntnisstand. Trotzdem würde ich mir wünschen, folgende Aussage öfter zu hören: »Aus meinem Blickwinkel und bisherigem Verständnis denke ich ...«

Ich will auf etwas anderes hinaus: Wenn wir das Ende der Diktatur der Gutmenschen wollen, müssen wir den Respekt vor den Entscheidungen der Verantwortlichen neu lernen. Wir brauchen generell mehr Respekt vor Menschen, aber vor allem vor Menschen, die weitsichtiger sind als wir selbst. Das bedeutet

> Wenn wir das Ende der Diktatur der Gutmenschen wollen ...

auch, gegenüber Verantwortlichen eine positive Grundhaltung einzunehmen. Bei den Entscheidungen von Managern, Politikern, Vereinsmitgliedern, Nachbarn oder Eltern erst einmal zu sagen: »Die wissen, was sie tun! Ich gehe davon aus, dass sie nach bestem Wissen und Gewissen entscheiden. Ich gebe Vertrauensvorschuss. Ich bin aber nicht blauäugig.« Die vorschnelle Kritik an Verantwortungsträgern ist die Folge einer maßlosen Selbstüberzogenheit derjenigen, die keine Verantwortung tragen. Es muss aufhören, dass diejenigen, die nicht die Verantwortung tragen, alles besser wissen wollen als die Verantwortlichen und dafür auch noch eine Bühne geboten bekommen. Ähnlich wie beim Rücktritt des ehemaligen Bundespräsidenten Horst Köhler am 31. Mai 2010 heißt die Botschaft darum: mehr Respekt bitte!

Weitsichtbarkeit

Als Kriege noch nicht von Computern gesteuert, sondern von Mann zu Mann geführt wurden, gab es den sogenannten Feldherrnhügel. Die Kommandierenden suchten sich eine Erhebung, um das Schlachtfeld überblicken zu können, und gaben von dort aus ihre Befehle. Sinn und Zweck des Feldherrnhügels sind einfach zu verstehen. Ein Soldat auf dem Schlachtfeld sieht nur sein unmittelbares Umfeld, aber nicht, was weiter weg geschieht. Vom Feldherrnhügel aus sieht man hingegen die Zusammenhänge und kann zu einem gewissen Grad vorhersehen, welchen weiteren Verlauf die Schlacht nehmen wird. Im Getümmel auf dem Feld ist das nicht möglich.

Mit Menschen auf unterschiedlichen Entwicklungsstufen ist es ganz ähnlich wie mit dem Feldherrn auf dem Hügel und dem Soldaten auf dem Schlachtfeld. Stellen wir uns eine große Freitreppe vor, so wie die Stufen eines antiken Tempels. Jede Stufe steht für eine menschliche Entwicklungsstufe. Wenn nun jemand auf der zweiten Stufe steht und sich umdreht, dann reicht sein Blick über eine ganz bestimmte Distanz. Und wenn jemand auf der zwölften Stufe steht und sich umdreht, dann sieht er weiter, er sieht mehr als jemand auf Stufe zwei. Schwierig wird es, wenn der, der auf Stufe zwölf steht, dem auf Stufe zwei erklären will, was er alles sieht. Denn auf Stufe zwei sieht man nicht nur viel weniger. Man kann sich auch beim besten Willen nicht vorstellen, was man von Stufe zwölf aus alles erkennen kann. Viele Kinder verstehen die Erziehung ihrer Eltern darum oft erst dann, wenn sie selbst einmal Kinder haben.

Wer eine Sache bewertet, tut das aus seiner momentanen Situation heraus, aus der Weitsicht, die ihm seine aktuelle Entwicklungsstufe ermöglicht. Und das Ausmaß, in dem wir in der Lage sind, Verantwortung zu übernehmen, hängt wiederum von unserer Weitsicht ab. Menschen, die Verantwortung bekommen haben und dieser gerecht wurden, besitzen alleine durch diese Erfahrung ein Mehr an Weitsicht. Für Menschen, die keine Verantwortung tragen, ist es deshalb schwer, die Handlungen der Verantwortlichen zu verstehen. Ein junges, kinderloses Mädchen mag eine erfahrene dreifache Mutter bei ihren Erziehungsaufgaben beobachten und sich eine Meinung bilden. Ihr sollte jedoch auch klar werden, dass ihr Verantwortungsbewusstsein bezüglich der Kindererziehung noch nicht sehr weit entwickelt ist. Daran ändert sich relativ wenig, wenn sie Sozialpädagogik studiert hat. Deswegen gilt: Derjenige, der andere

Wer andere abwertet, sagt mehr über sich als über den anderen.

abwertet, sagt meist mehr über sich aus als über den anderen.

Solange es aber zu wenig Respekt vor der Verantwortung gibt, hat der Verantwortungsträger keine andere Wahl, als sich gegenüber denjenigen, die keine Verantwortung übernehmen, unbeliebt zu machen. Hätten diese den nötigen Respekt, bräuchten die Verantwortlichen nicht unbeliebt zu sein. Wer auf Stufe zwei steht, weiß nun mal nicht, wie es sich auf Stufe zwölf anfühlt und was man von dort aus sieht. Aber Vorsicht! Auch auf Stufe zwölf braucht es Respekt. Nämlich vor der Tatsache, dass es noch die Stufen dreizehn, vierzehn, fünfzehn und so weiter gibt. Jeder steht vor seiner eigenen nächsten Stufe. Und jeder muss anerkennen, dass es Menschen gibt, die auf der Stufe über einem stehen können. Wichtig ist es, diese Entwicklungsstufen überhaupt zu sehen und sich seine eigene Beschränktheit klarzumachen.

Absichtserklärungsnot

Als Bundeskanzler Gerhard Schröder seine Agenda 2010 zur Reform des deutschen Sozialstaats und Arbeitsmarkts weitgehend durchgesetzt hatte, verlor er erst an Unterstützung in den eigenen Reihen und wurde nach vorzeitigen Neuwahlen schließlich abgewählt. Ähnlich war es schon seinem Amtsvorgänger Helmut Schmidt gegangen, der im Kalten Krieg Anfang der 80er Jahre den NATO-Doppelbeschluss durchgesetzt hatte. Das Doppelte am Beschluss war, einerseits den Staaten des Warschauer Pakts ein Verhandlungsangebot zu unterbreiten und andererseits mit der Stationierung weiterer Raketen zu drohen. Schmidt büßte durch seine Unterstützung der Strategie der westlichen Bündnispartner drastisch an Beliebtheit in seiner Partei ein und wurde bald darauf abgewählt.

Selbst in der Weimarer Republik hat es schon einen ähnlichen Fall gegeben. Reichskanzler Gustav Stresemann setzte eine Währungsreform durch, bei der am 15. November 1923 die alte Reichsmark gegen die von Goldreserven gedeckte neue Rentenmark ersetzt wurde. Die Folgen für die deutschen Haushalte waren hart. Sämtliche Sparvermögen wurden vernichtet. Es kam zu einer extremen Kreditklemme, die Reallöhne stagnierten, unzählige kleine und mittlere Unternehmen brachen zusammen und Millionen wurden arbeitslos. Als diese Folgen absehbar wurden, waren sich die meisten einig: Stresemann muss weg! Und er trat als Reichskanzler zurück.

Doch wie viele fragten sich, was die Alternative zu einer Währungsreform gewesen wäre? Die Inflation war vollkommen außer Kontrolle geraten. Kurz vor der Währungsreform hatte man für einen US-Dollar 4,2 Billionen Reichsmark bekommen. Die Menschen heizten ihre Wohnungen mit Papiergeld, weil der Brennwert der paar Kohlen, die sie für das Geld bekommen hätten, noch geringer gewesen wäre. Frankreich hatte das Ruhrgebiet besetzt und drohte dort mit der Einführung einer eigenen Währung. Und das war noch lange nicht alles. Ein Riesenhaufen Probleme! Stresemann übernahm Verantwortung. Er fand eine Lösung und setzte sie durch. Einfach machte er es sich dabei nicht. Während der Verhandlungen erlitt er mehrere Schwächeanfälle.

Stresemann übernahm Verantwortung.

Und als Stresemann Erfolg hatte, wurde er in die Wüste geschickt. Genauso wie Helmut Schmidt und Gerhard Schröder, nachdem sie Verantwortung übernommen hatten. Natürlich können alle drei politischen Entscheidungen von Historikern kritisiert werden. Hinterher ist man immer schlauer. Doch immer musste einer die Verantwortung übernehmen und entscheiden. Und erst danach senkten diejenigen, die keine Verantwortung übernommen hatten, den Daumen. Nur wenige zollten den Verantwortungsträgern Respekt. Der Sozialdemokrat Friedrich Ebert sagte nach dem Rücktritt Gustav Stresemanns zu seinen Parteifreunden: »Was euch veranlasst hat, den Kanzler zu stürzen, ist in sechs Wochen vergessen, aber die Folgen eurer Dummheit werdet ihr zehn Jahre lang spüren.«

Die Nicht-Verantwortlichen sehen nur die Handlung der Verantwortlichen, aber nicht deren Absicht. Die Absicht sehen sie deshalb nicht, weil ihnen der Weitblick und die Einsicht in die Zusammenhänge fehlen. Die vernichteten Sparvermögen, die stationierten Raketen, das gekürzte Arbeitslosengeld bekommt jeder mit. Aber wer weiß schon, warum genau die Verantwortlichen sich jeweils zu den harten Schritten entschieden haben? Die Nicht-Verantwortlichen projizieren ihre eigenen Absichten in die Verantwortlichen hinein. Aber sie sind nicht an deren Stelle. Sie haben die Verantwortung nicht.

Unverstandpunkte

Ein Angestellter ist überzeugt, sein Chef fahre einen großen Mercedes, weil er damit angeben und sich groß fühlen wolle. Warum glaubt er das? Weil der Angestellte, wenn er so viel Geld hätte wie sein Chef, sich einen großen Mercedes kaufen würde, um damit anzugeben und sich groß zu fühlen. Er sieht nur die Handlung, aber nicht die Absicht des anderen. Deshalb unterstellt er dem anderen seine eigene Absicht. Dabei kann es sein, dass der Chef sich gar nichts aus Autos macht. Dass er am Wochenende viel lieber Motorrad fährt als den Mercedes. Doch sein Steuerberater hat ihm aus Gründen der Steuerersparnis zu einem teuren Auto geraten, und sein Unternehmensberater hat behauptet, in dieser Branche müsse man als Chef nun mal repräsentieren und deshalb Mercedes, BMW oder Porsche fahren. Das sind dann die tatsächlichen Motive, die der Angestellte nicht sieht.

Dazu eine kleine Geschichte: Zwei junge gutaussehende Männer fahren in einem Sportwagen-Cabrio eine Serpentinenstraße an der Küste entlang. Sie haben sich ein paar Tage freigenommen und genießen das traumhafte Sommerwetter. Gerade unterhalten sie sich darüber, wo sie die schönsten Frauen aufreißen können. Plötzlich kommt auf der Gegenfahrbahn ein Cabrio mit einer wunderhübschen Blondine um die Kurve geschossen. »Schweine! Schweine!«, brüllt sie die beiden mit weit aufgerissenen Augen an. Die beiden schauen sich kurz an und lachen. Anschließend rasen sie elegant um die Kurve und ungebremst in eine Schweineherde. Merke: Die Handlung eines anderen könnte eine andere Absicht haben als gedacht.

Was den Verantwortungsübernehmer vom Verantwortungsscheuen wesentlich unterscheidet, ist die Fähigkeit, andere Menschen nicht nur in ihren Handlungen, sondern auch in ihren Absichten zu verstehen. Die große Kunst der Verantwortungsträger ist das Verstehen. Sie verstehen Zusammenhänge, Hintergründe, Vorgeschichten, Sachzwänge, Zeitfenster oder eben Absichten von Menschen. Wer vorschnell andere bewertet, der denkt, er sei in einer Position, von der aus er bewerten könne. Er denkt, er sei schon wer und müsste nicht noch besser werden. Das kann einem erarbeiteten Selbstvertrauen oder kompletter Selbstüberschätzung entspringen. Meist ist Letzteres der Fall. Verstehen heißt nicht, einverstanden zu sein. Menschen, die Verantwortung übernehmen, haben gelernt zu verstehen, ohne zu bewerten. Und Ver-Antwortung heißt dann, die Antworten zu finden, die nötig sind, um ein bestimmtes Problem zu lösen. Das wusste auch Winston Churchill. War sein Land in Not, war seine Führungsstärke gefragt. In ruhigeren Zeiten galt er als zu unbequem und wurde abserviert. Trotzdem hat er gerne seine Verantwortung getragen. Der Menschenentwickler muss es aushalten, dass die Entscheidungen, die er aus seiner Verantwortung trifft, von anderen oft nicht verstanden werden.

Wer verstanden werden will, kann nicht führen.

Mehr noch: Wer von der Masse verstanden werden will, kann sie nicht führen. Schon ein Lehrer kann seine Schüler nicht führen, wenn er erwartet, dass die Kinder alle seine Entscheidungen verstehen. Menschenentwickler verstehen, Geführte wollen verstanden werden. Wer als Lehrer oder Trainer oder Coach oder Führungskraft beliebt sein will, der ist wahrscheinlich mehr mit seinem eigenen Lernen beschäftigt als damit, andere zu entwickeln. Eine bekannte Managementtrainerin sagte neulich doch allen Ernstes öffentlich: »Wenn du etwas nicht kannst, biete ein Seminar dazu an, dann kannst du es.« Und ein Schweizer Trainer schrieb in einer Veröffentlichung: »Nächstes Jahr biete ich nur noch Seminare an, die mich selbst interessieren.« Nach dem Motto: Lehre das, was du selbst am nötigsten hast.

So sieht weder Verantwortung noch Respekt aus. Gerade bei den Kollegen in der Weiterbildungsbranche stelle ich immer wieder fehlenden Respekt vor der eigenen Aufgabe fest. Eine Aufgabe, die darin besteht, die Schüler bei der Entwicklung ihrer Fähigkeiten zu unterstützen. Seminare in einem Bereich anzubieten, in dem man sich selber nicht auskennt, kann jedoch nie und nimmer diese Aufgabe erfüllen. Es bedeutet eine enorme Verantwortung, wenn eine Firma die Entwicklung ihrer Mitarbeiter an einen externen Experten überträgt. Und diese Verantwortung nehme ich ernst. Denn: Der Respekt für Verantwortungsträger spiegelt sich in meinem Arbeitsbereich im Respekt vor der eigenen Verantwortung wider.

Kapitel 23

Der Menschenentwickler

Auf die Diktatur der Gutmenschen wird die Demokratie der Menschenentwickler folgen. Der Menschenentwickler dient der potentiellen Größe des Menschen. Er weiß, im Menschen steckt immer mehr, als es im Augenblick erscheint. Woher er das weiß? Aus Erfahrung. Er hat es herausgefunden. Zuerst bei sich selbst. Dann bei anderen. Er hat immer wieder von sich und anderen gefordert, über die eigenen momentanen Fähigkeiten hinauszugehen, sich zu strecken und mehr zu leisten, als man glaubte, leisten zu können. Und dann hat er erlebt, wie diese Menschen gewachsen sind. Oft hat der Menschenentwickler sich unbeliebt gemacht. Manchmal hat er auch Applaus bekommen, so wie ein Regisseur nach der gelungenen Premiere seiner Inszenierung. Doch der Beifall der anderen verpflichtet den Menschenentwickler zu nichts. Einzig dem Wachstum des Menschen fühlt er sich verpflichtet.

Das wichtigste Anliegen des Menschenentwicklers ist es, andere Menschen stark zu machen. Er schafft es dabei immer mehr, sich selbst zurückzunehmen. Denn er weiß: Andere zu entwickeln bedeutet nicht, diese so zu behandeln, wie sie es gerne hätten oder wie es ihm selbst angenehm wäre. Es bedeutet, andere so zu behandeln, dass sie den nächsten großen Schritt machen können. Der Menschenentwickler stellt dafür seine oberflächlichen Motive in den Hintergrund. Er erfreut sich am Wachstum anderer und nimmt sich selbst nicht so ernst. Er weiß um seine Eitelkeiten. Er weiß auch um seine verborgenen Motive, nämlich gebraucht oder geliebt zu werden oder vor anderen gut dazustehen. Er kennt sein eigenes Verlangen nach Harmonie – nur deshalb kann er die Harmoniesucht bei anderen bekämpfen. Der Menschenentwickler ist nicht besser als andere. Er ist auch nicht besser als der Gutmensch. Er ist nur anders. Er weiß um die Berufung in seinem Leben. Diese Berufung gibt ihm Sinn. Er ist selbstbewusster. Das heißt: Er ist sich bewusster, wer er ist und was er warum tut. Und darum nimmt er sich und seine eigenen Bedürfnisse mehr zurück.

Geburtshilfsarbeiter

Nach der antiken Überlieferung war die Mutter des griechischen Philosophen Sokrates von Beruf Hebamme. Sokrates hat deshalb seine Methode, Menschen zur Erkenntnis zu führen, augenzwinkernd als seine »Hebammenkunst« bezeichnet. Die Geburtszange dieser geistigen Hebamme ist die Frage. Die Hebammenkunst des Sokrates ist eine Fragekunst. Im 5. Jahrhundert vor unserer Zeitrechnung stellte sich Sokrates auf den Marktplatz von Athen und begann, den Leuten Fragen zu stellen. Er hinterfragte das Selbstverständliche im Leben seiner Mitmenschen und verwickelte sie immer mehr in Gespräche. Er wollte von den Menschen wissen, wie gut sie wirklich nachgedacht hatten. Sokrates fragte so lange, bis den Leuten ein Licht aufging. Dabei wusste er die Antwort meistens schon, er wollte aber, dass die anderen selbst auf die Lösung kamen. Das ist die berühmte »Sokratische Ironie«. Mit ihr entstand das philosophische Gespräch. Sokrates hat selbst keine Zeile geschrieben, aber sein Schüler Platon fasste alle seine philosophischen Schriften als Dialoge ab, in denen Sokrates das Wort führt.

Die Hebammenkunst des Sokrates ist ein scharfes Schwert. Sokrates selbst hat sie Zwiespältiges eingebracht: Einerseits gilt er heute als der Inbegriff des Philosophen. Andererseits wurde er seinen Mitbürgern im damaligen Athen zunehmend unbequem. Mit seinen ständigen Fragen ging er den Leuten auf die Nerven. Mehr noch, indem er immer wieder nachhakte, konnte manch anerkannter Bürger von Athen, der nicht richtig nachgedacht hatte, nicht mehr glänzen. Schließlich wurde Sokrates wegen angeblicher Lästerung der Götter und verderblichen Einflusses auf die Jugend zum Tode verurteilt. Sokrates ist vor Gericht bei seiner Haltung geblieben. Er nahm das Todesurteil gelassen hin, schlug die Möglichkeit zur Flucht aus und trank in Seelenruhe den Schierlingsbecher, nachdem er bis zum Schluss mit seinen Schülern über philosophische Fragen diskutiert hatte.

Da die Todesstrafe in unserer Weltgegend abgeschafft wurde, empfehle ich in meinen Seminaren Führungskräften ausdrücklich, sich die Hebammenkunst des Sokrates zu eigen zu machen. Sokrates ist nicht nur der Inbegriff des Philosophen, sondern für mich auch der Inbegriff des Menschenentwicklers. Seine Methode, Fragen so zu stellen, dass eine bestimmte Antwort im Kopf des Gefragten entsteht, ist auch die Methode des Menschenentwicklers. Die wenigsten machen sich bewusst, welchen Einfluss es auf den Verlauf eines Gesprächs hat, mit welcher inneren Gestimmtheit sie in die Unterhaltung hineingehen. Die meisten Menschen, die sich zu Beginn keine Gedanken über ihre emotionale Disposition machen, laufen deshalb während des Gesprächs im Modus des Bewertens.

Wenn der Gesprächspartner etwas sagt, fragen wir uns permanent innerlich: Ist das richtig oder falsch? Ist das gut oder schlecht? Stimme ich dem zu oder stimme ich dem nicht zu? Kenne ich das oder kenne ich das noch nicht? Durch diese innere Disposition des Wertens sind wir im Gespräch emotional nicht beim anderen, sondern bei uns selbst. Und vom Werten ist es immer nur ein kleiner Schritt zum Abwerten, wobei man schnell Gefahr läuft, den anderen ins Unrecht zu setzen. Der Menschenentwickler, der beim anderen sein möchte, macht sich zu Beginn eines Gesprächs klar, worum es ihm jetzt geht. Möchte er Informationen aufnehmen und vom anderen etwas lernen? Oder möchte er den anderen beeinflussen, ihn entwickeln?

Wer vom anderen etwas aufnehmen will, kann sich darauf einstellen, indem er sich vornimmt, sich wirklich auf die Aussage des anderen zu konzentrieren, und nicht darauf, was er selbst dazu denkt. Er kann sich innerlich sagen: »Das ist ja interessant!« Auf diese Weise ist er präsent und aufmerksam. Will er den anderen aber beeinflussen, um ihn zu entwickeln, so kann er sich innerlich sagen: »Jetzt bin ich Hebamme!« Und genau wie Sokrates stellt der Menschenentwickler dann so lange Fragen, bis der passende Gedanke beim anderen »geboren« ist.

Durch entwickelnde Fragen führt man den anderen zur Erkenntnis. Wenn beispielsweise der Chef im Mitarbeitergespräch vom Mitarbeiter wissen will: »Was haben Sie denn überhaupt davon, wenn ich Sie befördere? Was bringt es Ihnen persönlich, abgesehen von mehr Geld?«, dann hinterfragt er wie Sokrates auf dem Marktplatz von Athen das scheinbar Selbstverständliche. Alle finden es besser, weiter oben in der Firmenhierarchie zu sein als weiter unten. Aber warum will der Mitarbeiter wirklich aufsteigen? Jetzt muss er Farbe bekennen. Im Idealfall kommt jetzt etwas heraus, was für ihn selbst überraschend ist und zur Selbsterkenntnis führt. Zum Beispiel, dass es ihm vor allem darum geht, mehr Respekt von seinen Kollegen zu erhalten oder mehr Anerkennung in der Familie seiner Frau, da deren Vater Unternehmer ist.

> »Was bringt es Ihnen, wenn ich Sie befördere?«

Wer Menschen zu sich selbst führt, stellt unbequeme Fragen. Auch mein Sohn muss sich solche Fragen von mir gefallen lassen. Einmal kam er nach Hause und regte sich furchtbar über einen Vorfall in der Schule auf. Es hatte einen Streit zwischen ihm und einem seiner Mitschüler gegeben, der in einer kleinen Prügelei endete. Obwohl der andere angefangen hatte, so jedenfalls mein Sohn, brummte der Lehrer nur ihm eine Strafarbeit auf. Er fühlte sich ungerecht behandelt. Da ihn die Situation stark belastete, ließ ich ihn zunächst in Ruhe, um dann nach einiger Zeit das Gespräch mit ihm zu suchen – allerdings ohne Vorwürfe oder moralisch erhobenen Zeigefinger.

Ich gab ihm zunächst zu verstehen, dass ich seine Gefühle nachvollziehen konnte, und das beruhigte ihn. Aber danach stellte ich ihm genaue Fragen: Wie kam es dazu, dass der andere den Streit angefangen hatte? Wie hat sich eure Beziehung in der letzten Zeit entwickelt? Ist es schon mal passiert, dass ein anderer der Buhmann wurde, obwohl du angefangen hattest? Durch diese Fragen brachte ich ihn dazu, zu erkennen, wie er selbst zu der Situation beigetragen hatte und welche Motive wirklich für sein Verhalten verantwortlich waren. Das waren Motive, die er nicht gern gesehen hat. Sich selbst zu hinterfragen ist zwar unangenehm, aber auch sehr hilfreich. Als kürzlich mal wieder der Zeitpunkt für ein solches Gespräch gekommen war, schaute er mich traurig an und bat: »Kannst du mir nicht bitte einfach eine Strafe geben?«

Sokrates ging von der Grundannahme aus, dass alle Wahrheit und alles Wissen niemals neu erfunden werden müssen, sondern im Inneren der Menschen bereits verborgen liegen und nur »entbunden« werden müssen. Sein Vorgehen lässt sich genau genommen in zwei Schritte einteilen. Im ersten Schritt erschüttert Sokrates den Standpunkt des anderen und führt ihn so lange aufs Glatteis, bis er bereit ist, sich selbst zu hinterfragen. Dieser Schritt ist unangenehm, weckt aber im anderen die Bereitschaft zum Lernen. Auch deshalb, weil Sokrates nur Fragen stellt und nicht behauptet, es selbst besser zu wissen. Sein berühmtester Ausspruch lautete nicht umsonst: »Ich weiß, dass ich nichts weiß.« Deshalb ist der zweite Schritt nach der Erschütterung einer der Hinwendung. Durch wohlwollendes Fragen führt Sokrates den anderen nun zur neuen Erkenntnis.

Jetzt lässt sich einwenden: Ist das nicht alles nur etwas für Philosophen? Und ich erwidere darauf: Nein, das ist die Antwort auf das, was Menschen am meisten brauchen. Nicht, was sie sich am meisten wünschen, aber was sie am meisten brauchen. Menschen brauchen vor allem Anerkennung und Hilfe beim Nachdenken. Dass man Anerkennung braucht, leuchtet fast jedem sofort ein. Aber sie allein genügt nicht, um sich zu entwickeln. Siege bringen Anerkennung, aber keine Entwicklung. Für eine oft schmerzvolle Entwicklung braucht man Hilfe, und zwar Hilfe zur Selbsterkenntnis. Am antiken Tempel von Delphi standen Sprüche und Aphorismen, die die Lebensweisheit der Griechen auf den Punkt brachten. Die drei berühmtesten lauten: »Erkenne dich selbst«, »Werde, der du bist« und »Alles in Maßen«. Man kann sie auch zu einer Art Programm zusammenfassen: Konfrontiere dich erst ehrlich mit dir selbst, dann entwickle das in dir, das immer schon in dir angelegt ist, und dann koste das Leben aus, indem du die goldene Mitte zwischen extremen Polen findest. Aus den Polen Nähe und Distanz wird dann zum Beispiel distanzierte Nähe. Aus Entspannung und Hartnäckigkeit wird entspannte Hartnäckigkeit.

Steuerknopfdrücker

Wenn der Menschenentwickler einmal gelernt hat, dass er andere Menschen durch entwickelnde Fragen zu sich selbst führen kann, wird er entdecken, dass es verschiedene Steuerungsknöpfe für die Entwicklung beim anderen gibt. In meiner Arbeit haben sich vier solcher Steuerungsknöpfe als die wichtigsten herauskristallisiert. Es sind »Ziele«, »Selbstvertrauen«, »Wissen« und »Erfahrung«. Mal angenommen, ein junger Sportler kommt zu einem Trainer und sagt, dass er gerne für den Ironman-Triathlon auf Hawaii trainieren möchte. Der Trainer kann jetzt überprüfen, wie die vier Steuerknöpfe bei dem Sportler im Einzelnen ausgeprägt sind, und sich dann entscheiden, welchen davon er wie tief drücken möchte.

Auf der Ebene der Ziele wird sich der Trainer mit Hilfe der sokratischen Fragen ein Bild machen, wie klar der Sportler dieses Ziel überhaupt im Blick hat. Hat er sich beispielsweise mit dem Ironman-Wettbewerb und seinen Anforderungen intensiv beschäftigt oder kennt er diesen Wettkampf nur vom Hörensagen? Und was genau ist überhaupt sein Ziel? Will er fit genug sein, um teilnehmen zu können, nach dem Motto »Dabei sein ist alles«? Oder ist sein Ziel, den Wettbewerb auf Platzierung zu bestreiten? Hier schließt sich dann gleich die Frage nach dem Selbstvertrauen an. Traut sich der Sportler den Ironman emotional wirklich zu oder redet er nur groß daher, so dass er sofort einknicken wird, wenn es ernst wird? Schließlich beeinflussen Wissen und Erfahrung jede anstehende Entwicklung. Was weiß also der Sportler beispielsweise über die nötigen Techniken, um die körperliche Belastung auszuhalten? Oder kennt er nicht einmal die Anmeldeformalitäten, so dass ihm alles andere Wissen nichts nützt? Und wie viel Rad gefahren, geschwommen und gelaufen ist er in seinem Leben schon, wie viel Erfahrung hat er also mit diesen drei Sportarten?

Ob es sich um die Entwicklung beruflicher Fähigkeiten handelt, ob jemand sich selbständig machen möchte oder ob eine Ehe halten soll: Der Menschenentwickler weiß, wo er beim anderen ansetzen kann. Immer geht es darum, dass der andere sich Ziele zu eigen macht, sie wirklich verinnerlicht. Immer geht es auch um Selbstvertrauen, denn unter der Diktatur der Gutmenschen haben viel zu viele ihr Selbstvertrauen verloren. Sie vertrauen auf ihren Chef, auf den Firmennamen, auf ihren Partner oder auf den Staat, aber zu wenig auf sich selbst. Doch nur Selbstvertrauen gepaart mit der nötigen Kom-

Unter der Diktatur der Gutmenschen haben viel zu viele ihr Selbstvertrauen verloren.

petenz, das heißt Wissen plus Erfahrung, setzt die Energie frei, um im Leben Hürden zu überwinden und den nächsten Entwicklungsschritt zu gehen.

Das klingt vielleicht ganz einfach. Doch das Problem ist der Berg aus Illusionen und Selbsttäuschungen, die dem Menschenentwickler bei seiner Arbeit begegnen. Kaum jemand gibt zu, wenig Selbstvertrauen zu haben. Das wird als Schwäche ausgelegt. Und doch ist es die emotionale Realität vieler Menschen. Erst recht, wenn sie mit Arroganz überspielt wird. Umgekehrt wird fast jeder den Satz unterschreiben, dass er am liebsten mit selbstbewussten Menschen auf Augenhöhe umgeht. Die emotionale Realität dagegen ist jedoch oft, dass jemand es genießt, sich anderen überlegen zu fühlen und diese von sich abhängig zu wissen.

Wer den anderen wirklich stark sehen will, muss sich auf einen Nachteil gefasst machen: Das stärker gewordene Gegenüber ist nämlich auch wesentlich unbequemer. Die emanzipierte Ehefrau stellt andere Ansprüche als das Heimchen am Herd, und der selbstbewusste Mitarbeiter fordert zu Recht auch Mitsprache und Anteil am Erfolg des Unternehmens. Der Menschenentwickler hat die innere Größe, das Unbequeme beim anderen zuzulassen. Viele scheitern hier. Deshalb ist auch der oft gehörte Wunsch vom »Unternehmer im Unternehmen« in den meisten Firmen die größte Witzplatte – weil in Wirklichkeit, auf der emotionalen Ebene, gehorsame Soldaten gewünscht sind. Also ist alles wohl doch nicht so einfach.

> In den meisten Unternehmen ist das die größte Witzplatte.

Die Realität ungeschminkt zu betrachten ist nötig, um sich und die anderen entwickeln zu können. Menschenentwicklung ist ein Selbsterkenntnisprozess. Getreu dem Tempel von Delphi folgt aus der Selbsterkenntnis alles Weitere. Weil der Menschenentwickler sich schonungslos selbst betrachtet und diesen Anblick aushält, kann er auch bei anderen Menschen Erkenntnisse ermöglichen und sie zu innerer Klarheit führen. Diese müssen dann die nötige Disziplin aufbringen, um ihren Erkenntnissen zu folgen. Es geht also bei der Führung und Entwicklung von Menschen nicht um Gehorsam, es geht um Disziplin. Um Selbstdisziplin. Der Menschenentwickler ist dabei Augenöffner und nicht Antreiber.

Und: Der Menschenentwickler ist »Hebamme«, nicht Manipulator. Er holt aus dem anderen heraus, was da ist, und pflanzt nichts Eigenes hinein. Während der Menschenentwickler die Menschen zu sich selbst führt, führt der Manipulator sie zu *sich*, das heißt zu *seinen* Werten und zu *seinem* Lebensentwurf. Ihm sind die Freiheit und das Selbstbewusstsein des anderen sehr wichtig. Weil er dem anderen mehr zutraut als dieser sich selbst, mutet er ihm im entscheidenden Moment auch Schmerzen zu. Dennoch ist der Menschenentwickler nie ein Träumer. Es gelingt ihm, wirtschaftliches Profitstreben und menschliche Entwicklung in Einklang zu bringen. Hier haben wir sie wieder: die goldene Mitte zwischen den Polen. Der Menschenentwickler weiß: Durch die Entfaltung menschlicher Potentiale werden wirtschaftliche Gewinne erzielt.

KAPITEL 24

Raum für Wachstum

Hat ein Kind gelernt, Noten zu lesen, möchte es als Nächstes nach den Noten ein Instrument spielen. Kann es beispielsweise ein paar leichte Stücke am Klavier spielen, möchte es richtig gut an diesem Instrument werden. Hier verlässt schon viele die Geduld. Wer aber weitermacht, der nimmt sich als nächsten Schritt vielleicht vor, Stücke auswendig zu spielen, statt nur vom Blatt, um danach dann richtig lange und schwierige Stücke aus dem Gedächtnis spielen zu können. Irgendwann ist der junge Pianist dann so gut, dass er vor Publikum auftritt und an Wettbewerben teilnimmt. Anschließend besucht er eine Musikhochschule, etwa die in meiner Heimatstadt Trossingen. Später kommt er vielleicht in die Meisterklasse eines großen musikalischen Vorbilds. Er tritt dann vor immer größerem Publikum und im Fernsehen auf. Es folgen CDs und irgendwann vielleicht die von den Kritikern gefeierte sogenannte Referenzaufnahme, von der alle Solisten träumen. Und dann? Manche Solisten, die mit ihrem Instrument alles erreicht haben, fangen später an zu dirigieren. Oder zu komponieren. Und haben dann dort wieder alle Entwicklungsstufen vor sich. Der Mensch ist niemals am Ende aller seiner Entwicklungsmöglichkeiten. Immer steht er vor seiner persönlichen nächsten Entwicklungshürde. Das ist etwas, was uns alle vereint.

Das Ziel des Menschenentwicklers ist es, sich selbst überflüssig zu machen. Damit ist der Menschenentwickler das genaue Gegenteil des Gutmenschen, dessen verborgenes Motiv es ist, gebraucht zu werden. Sich überflüssig zu machen bedeutet freilich nicht, auf Dauer überflüssig zu sein.

Sobald sich der Menschenentwickler auf einer bestimmten Entwicklungsstufe überflüssig gemacht hat, wird er auf der nächsten Stufe wieder für andere Lösungswege gebraucht. Er kann dort neue Verantwortung übernehmen und muss jetzt Antworten entwickeln, die für diese Stufe nötig sind. So betrachtet der Menschenentwickler sein Leben und das Leben der anderen als einen Prozess permanenter Entfaltung von Stufe zu Stufe.

Die potentielle Größe des Menschen kann niemand in seinem Leben voll ausschöpfen. Immer wenn wir auf einer Entwicklungsstufe alles erreicht haben, wartet schon die nächste mit neuen Herausforderungen. Man kann sich leicht vorstellen, was passiert, wenn auf irgendeiner Entwicklungsstufe das Motiv des Gebraucht-Werdens ins Spiel kommt. Wer es als Musikpädagoge verpasst, ein junges Talent an die nächsthöhere Instanz weiterzuverweisen, sobald er ihm nichts mehr beibringen kann, verhindert große Karrieren. Und wer umgekehrt an einer Musikhochschule immer Assistent bleiben und nie Professor werden will, der ist auch als Assistent irgendwann nicht mehr gut genug, weil er sich längst hätte weiterentwickeln müssen. Gebraucht werden wir Menschen also immer, aber immer wieder auf andere Art und Weise. Das gilt nicht nur im Rahmen einer Musikhochschule, sondern im Rahmen aller Organisationsformen, also auch in Unternehmen.

Wer immer nur Assistent bleiben will, ist irgendwann auch als Assistent nicht mehr gut genug.

Die Kunst des Menschenentwicklers besteht darin, nicht gebraucht werden zu wollen, um jeweils auf der höchstmöglichen Entwicklungsstufe zu gebrauchen zu sein. Bei meiner aktiven Zeit beim Rollstuhl-Rugby-Verband habe ich eine ganze Reihe solcher Stufen durchleben dürfen. Dabei erfüllte ich meine Aufgaben auf den jeweiligen Stufen immer nach demselben Muster: »Mach aus einer Idee einen Umsetzungsplan. Setze den Plan um und sorge für die Ergebnisse.

Sorge danach dafür, dass andere die Ergebnisse erreichen. Und dann sorge dafür, dass die Ergebnisse besser werden, während du überflüssig wirst.«

Zuerst ging es um den Aufbau des Kölner Vereins und seines Trainingsbetriebes. Dann um den Ausbau des Landestrainings in Nordrhein-Westfalen samt der Anwerbung von Sponsoren. Dann um das Ziel, Rollstuhl-Rugby als Sport in den neurologischen Kliniken zu etablieren. Schließlich um Auf- und Ausbau der Nationalmannschaft mit dem Ziel, an den Paralympics in Sydney teilzunehmen. Als ich erster Vorsitzender war, ging es um einen stabilen Ligabetrieb, genügend Spielernachwuchs, ausreichend Sponsorengelder und das Finden und Ausbilden von zehn Führungskräften, die alle ihren Verantwortungsbereich selbständig managen sollten. Heute als Ehrenpräsident erfülle ich die Rolle des Sponsors und gelegentlichen Repräsentanten. Manchmal war ich Teil eines Teams und manchmal alleiniger Motor. Das wechselte, je nach Verantwortungsbereich und Zuständigkeit. Aber mein systematisches Vorgehen entsprach immer dem oben beschriebenen Muster.

Ratschlagfalle

Immer wieder erlebe ich folgendes Szenario: Da kommt der Mitarbeiter ins Büro des Chefs oder das Kind zur Mutter oder der Schüler zum Lehrer und sagt: »Darf ich mal was fragen? Ich brauche einen Rat.« Und egal, wie beschäftigt der Ansprechpartner ist, er nimmt sich sofort Zeit. Der Chef hört auf, an seiner wichtigen Budget-Planung zu feilen, setzt ein freundliches Lächeln auf und sagt: »Aber natürlich gern. Kommen Sie doch rein und setzen Sie sich. Was kann ich denn für Sie tun?« Die Mutter kann gerade vier Töpfe auf einmal auf dem Herd haben und wendet sich dem Kind trotzdem mit den Worten zu: »Was hast du denn auf dem Herzen, mein Schätzchen?« Und selbst der griesgrämigste Lehrer nimmt sich gerne Zeit, wenn ein Schüler ihm mal nicht auf die Nerven gehen, sondern einen Rat bekommen will.

Ich wundere mich immer wieder, wie sehr Leute sich freuen, wenn sie um Rat gefragt werden. Eigentlich sollten sie sich doch ärgern! Denn der andere signalisiert ihnen damit, dass er sie immer noch braucht und noch nicht selbständig genug ist, um selbst zu wissen, was er tun soll. Die Ratgeberrolle ist einfach zu attraktiv, als dass wir ohne weiteres von ihr lassen können. Als Ratgeber sind wir in der Rolle des Wissenden und Erfahrenen, wir können glänzen und uns überlegen fühlen. Der Menschenentwickler ist dagegen auch nicht immun. Aber er kennt diesen Schwachpunkt. Deshalb lässt er nicht alles stehen und liegen, wenn ihn jemand um Rat fragt. Er guckt auch lieber streng, als gleich über das ganze Gesicht zu strahlen. Er fragt sich: Was braucht der andere jetzt für eine Lektion, um sich anschließend selbst helfen zu können? Und ja, der Menschenentwickler ist manchmal auch ärgerlich und ungeduldig, wenn er immer wieder bei Dingen um Rat gebeten wird, die der andere längst selber lösen könnte, wenn er sich mehr anstrengen würde.

In den vergangenen Jahren bin ich ungeduldiger mit Menschen geworden, die zu mir kommen und von mir Rat und Hilfe möchten. Je besser ich in meinem Beruf als Führungsexperte die Themen durchdrungen habe und mich auch in anderen Lebensbereichen weiterentwickelt habe, desto leichter fiel es mir, zum Ursprung neu entstehender Probleme vorzudringen und diese dann zu lösen. Einige aus meinem Umfeld haben mich darum als eine attraktive Dienstleistung entdeckt. Sie wollen sich nicht selbst durch einen Erkenntnisprozess quälen und kommen zu mir, damit ich ihr Problem für sie analysiere und löse. Ich könnte viel Geld damit verdienen, anderen das Denken abzunehmen – aber darauf verzichte ich gern. Denn ich möchte, dass Menschen

> Eigentlich sollten sie sich doch ärgern!

selber denken lernen, damit sie sich selbst helfen können. Das treibt mich an.

Wenn es nicht unhöflich wäre, würde ich Menschen manchmal am liebsten folgendermaßen nötigen: »Bist du dir sicher, dass du alles in deiner Macht Stehende getan hast, um der Sache Herr zu werden? Wenn nicht, dann nimm dir die nötige Zeit. Denke jetzt selbst nach. Und wenn du sagst, dass dir das Wasser schon bis zum Hals steht und dir die Zeit davonläuft, dann denk trotzdem nach. Durchdringe dein Problem, stoße zum Kern vor, bringe es auf den Punkt! Und wenn du das geschafft hast und beim besten Willen nicht mehr weiterkommst, dann komm gerne wieder zu mir, und ich sehe von außen vielleicht noch etwas, was du selbst nicht erkennen kannst. Dann, aber erst dann helfe ich dir gerne weiter!«

»Dann, aber erst dann helfe ich dir gerne weiter!«

Ich finde es eine Frechheit, nach Hilfe zu fragen, ohne vorher selbst intensiv nachgedacht zu haben. Das zeigt nicht nur, wie wenig Respekt man dem anderen gegenüber hat und wie gern man die Fähigkeiten des anderen ausnutzt, nein, damit missachtet man auch und vor allem die Größe der eigenen Fähigkeiten. Wer andere für sich denken lassen will, weil er selbst zu faul ist, geht in erster Linie respektlos mit sich selbst um. Wenn jemand das Expertenwissen für ein Thema gezielt einkauft, dann hat er vorher nachgedacht. Das ist klug und sinnvoll gehandelt.

Eric Berne, der Begründer der Transaktionsanalyse, hat Ende der 60er Jahre angefangen, die »Psychospiele« von Erwachsenen systematisch zu analysieren. Ein Psychospiel ist nach Berne eine Folge von unbewussten Transaktionen zwischen Menschen, denen ein verdecktes emotionales Motiv zugrunde liegt, das weder ausgesprochen noch erkannt wird. Das Spiel dient dazu, eine Art »Spielgewinn« einzustreichen, der in lustvollen Emotionen entweder der Stärke oder der Unterlegenheit besteht. Menschen, die auf Psychospiele aus sind, suchen passende andere Menschen, bei denen sie erfolgreich »Knöpfe drücken« können. Es gibt Psychospiele aus der Position des »Verfolgers«, bei denen es demjenigen, der das Spiel eröffnet, darum geht, dem anderen zuzusetzen oder ihm eins auszuwischen. Es gibt Spiele aus der Position des »Opfers«, die dazu dienen, sich als zu kurz gekommen oder ohnmächtig zu erleben und jeder Verantwortung auszuweichen. Und es gibt Spiele aus der Position des »Retters«, bei denen es der Spieler auskostet, andere zu bevormunden, zu betreuen und ihnen permanent Ratschläge zu erteilen.

Für den Menschenentwickler ist kaum etwas so gefährlich wie die Verstrickung in Psychospiele. Er orientiert sich am gesunden Menschenverstand. Wer sich jedoch in der Rolle des Retters gefällt und es darauf anlegt, die damit verbundenen Gefühle auszukosten, ist als Coach, Mentor oder Lehrer selbst rettungslos verloren. Es ist erschreckend, wie viele es davon in diesen Branchen gibt. Eines der Psychospiele aus der Retter-Position nannte Eric Berne: »Versuch's doch mal so.« Wer kennt sie nicht, die scheinbar selbstlosen, immer hilfsbereiten Kollegen oder Freunde, die man oft gar nicht erst um Rat zu fragen braucht, weil sie immer schon mit Rat und Tat zur Stelle sind. Da legt eine Mitarbeiterin Blatt für Blatt auf den Kopierer, ein »netter« Kollege kommt vorbei und bemerkt ungefragt: »Schau mal, der Kopierer hat hier oben einen automatischen Einzug, da kannst du einfach den ganzen Stapel einlegen.« Der Kollege fühlt sich jetzt ganz toll, die Kollegin nicht, denn erstens steht sie dumm da, und zweitens hatte sie keine Chance, selbst herauszufinden, wie man schneller kopiert. Er hätte auch fragen können: »Darf ich dir einen Tipp geben?«

Ähnlich gutgemeinte Ratschläge sind etwa: »Nimm doch den Aufzug.« »Die linke Spur ist ganz frei.« »Nimm doch den Parkplatz hier.« Oder: »Mach doch mal eine Pause, du siehst so müde aus.« Wer so redet, führt sich auf wie Mutti oder Vati. Einzig bei unseren richtigen Eltern müssen wir so etwas manchmal zähneknirschend hinnehmen. Mir geht das mit meinem Vater genauso. Wenn ich mit dem Handbike (einer Art Handfahrrad) unterwegs bin und mein Vater mich auf seinem Fahrrad begleitet, höre ich immer wieder Sätze wie: »Pass auf, da kommt eine gefährliche Kurve!« Oder: »Die nächste Kreuzung ist unübersichtlich!« Und das auf Strecken, die ich seit Jahrzehnten regelmäßig fahre. Mein Vater darf das; er ist eben mein Vater. Ich übe bei diesen Anlässen meine innere Leidensfähigkeit und antworte einfach innerlich mit: »Ommmmm.«

Aber sobald wir es nicht mit unseren eigenen Kindern zu tun haben, sondern zum Beispiel mit Mitarbeitern, Kollegen oder Coaching-Kunden, ist es eine Anmaßung, dem anderen ständig helfen zu wollen. Das Psychospiel aus der Position des Retters lässt sich zum Glück schnell beenden. Es endet abrupt, sobald ich mir vor Augen halte, dass sich im Prinzip jeder selbst helfen kann. Meine Aufgabe ist es, Menschen zu befähigen, sich selbst zu helfen. Die geniale Pädagogin Maria Montessori brachte es auf den Punkt: »Hilf mir, es selbst zu tun.« Seitdem ich diesen Satz verinnerlicht habe, sehe ich ihn gedanklich auf der Stirn von Menschen stehen.

Ich gebe aber den anderen nur dann Impulse für ihr Wachstum, wenn sie das erstens ausdrücklich wünschen und zweitens allein nicht mehr weiterkommen. Denn der Glaube zu wissen, was für den anderen gut ist, ist der Gipfel der Arroganz. Und noch etwas ist wichtig: Der Menschenentwickler akzeptiert, wenn der andere selbst nachgedacht hat und zu einem Ergebnis gekommen ist. Er sagt nie »Wärst du doch zu mir gekommen«, sondern unterstützt den anderen auch dann, wenn er aus seiner Sicht nur die zweit- oder drittbeste Lösung gefunden hat. Hauptsache, der andere hat selbst nachgedacht.

Selbstverantwortungsbewusstsein

Einer der obersten Grundsätze des Menschenentwicklers lautet: Ich tue niemals etwas für einen anderen, was dieser auch selbst für sich tun könnte. Dieses Prinzip ist in der Politik als »Subsidiaritätsprinzip« allgemein anerkannt und gilt nach dem Vertrag von Maastricht aus dem Jahr 1992 verpflichtend für die Staaten der Europäischen Union. Bei allen staatlichen Aufgaben sollen immer erst die kleinsten Einheiten, wie Stadt oder Landkreis, für die Lösung und Umsetzung zuständig sein, während die größeren Einheiten erst dann eingreifen, wenn die kleineren es nicht mehr schaffen. »Brüssel« darf also erst dort etwas regeln, wo Städte und Gemeinden, Landesregierungen und Bundesregierung eine Sache nicht befriedigend regeln können. Dieses Prinzip ist in der europäischen Politik von links bis rechts allgemein anerkannt. Umso erstaunlicher ist für mich, dass es in Unternehmen und Familien, an Schulen und in Vereinen nicht genauso selbstverständlich ist.

Natürlich spreche ich hier von einer Faustregel und nicht von einem Dogma. Es ist doch völlig klar, dass ein Gentleman seiner Kollegin mal die Tasche trägt oder ein junger Mann einem älteren Herrn im Flugzeug beim Verstauen des Handgepäcks hilft. Aber wenn sich Menschen daran gewöhnen, dass ihnen immer irgendeiner hilft und jeder für alles Verständnis hat, werden sie sich nicht nur weniger gut entwickeln, sondern die Situation auch ausnutzen. Zum Beispiel, indem sie sich zum eigenen Vorteil als schwach und hilfsbedürftig inszenieren. So ließ sich Karl-Heinz Kurras, der als Polizist 1967 den Studenten Benno Ohnesorg erschoss und damit die Studentenrevolte in Deutschland auslöste, zum Auftakt seines Strafprozesses wegen illegalen Waffenbesitzes im Rollstuhl in den Gerichtssaal schieben. Ein armer, kranker Mann. Am Abend fotografierten ihn dann Journalisten, wie er mit dem Fahrrad zu seiner Stammkneipe fuhr.

So krass muss es nicht immer sein. Doch wer nicht will, dass andere seine Hilfsbereitschaft und sein Verständnis ausnutzen, der mache nicht ständig überflüssige Angebote. Ein weiterer wichtiger Schritt zu mehr Wachstum wäre, sich mehr nach oben als nach unten zu orientieren. Viele Menschen schauen lieber nach unten als nach oben. Aber weiter oben wäre noch genügend Platz. Nur die wenigsten wollen jedoch den Preis dafür zahlen, ganz weit nach oben zu kommen. Sie umgeben sich am liebsten mit Menschen, denen sie überlegen sind, um die Überlegenheitsgefühle auszukosten. Sie fühlen sich am wohlsten, wenn sie das größte Haus in der Siedlung haben. Hätten sie dagegen das kleinste Haus in ihrer Nachbarschaft, könnten sie von den Nachbarn lernen, wie man so wohlhabend wird, dass man sich ein größeres Haus leisten kann.

Eine amerikanische Managementweisheit geht so: Schlechte Chefs stellen noch schlechtere Mitarbeiter ein, um sich überlegen zu fühlen. Mittelmäßige Chefs stellen Mitarbeiter ein, die genauso gut sind wie sie, um mit ihnen gemeinsam ein schlagkräftiges Team zu bilden. Und die wirklich guten Chefs stellen Mitarbeiter ein, die noch besser sind als sie, damit sie von ihnen lernen und weiterwachsen können. Wer sich die ganze Zeit mit Menschen umgibt, die ihm unterlegen oder maximal gleichwertig sind, fühlt sich zwar gut, lernt aber nichts. Wer sich mit überlegenen, reiferen, erfolgreicheren Menschen umgibt, orientiert sich nach oben und möchte weiterwachsen.

Der Coach und Autor Bodo Schäfer empfahl einmal: »Akzeptieren Sie niemals einen Rat von einem Menschen, der weniger Erfolg hat als Sie.« Denn was sollte jemand von solch einem Menschen auch lernen? Mit Erfolg ist übrigens der Erfolg in dem jeweiligen Bereich gemeint, in dem der Ratsuchende weiterkommen möchte. Egal, ob Gesundheit, Beziehung, Beruf, Finanzen oder Schweinepolo. Es ist also wichtig zu wissen, was man will. Ich bin immer wieder über-

Leute ohne Geld reden von Erfolg und Überfluss.

rascht, wie ungeeignet manche Leute sind, die ihre Fähigkeiten im Bereich der professionellen Beratung anbieten. Menschen, die nie echte Führungsverantwortung hatten, beraten Führungskräfte. Trainer, die nicht verkaufen können, geben Verkaufsschulungen. Leute ohne Geld reden von Erfolg und Überfluss.

Wer sich eine Stufe nach oben orientiert, sollte sich bewusst sein, in Bezug auf was jemand über ihm steht. Genau genommen stehen wir alle nicht nur auf *einer* Treppe der Entwicklung, sondern auf mehreren gleichzeitig. Wir sind in unterschiedlichen Bereichen unterschiedlich weit entwickelt, können also zum Beispiel im Bereich von Beruf, Karriere und Geld schon mehr erreicht haben als auf dem Gebiet von Familie, Beziehung und Freundschaft. Wer sich im Hinblick auf seine Beziehungskompetenz nach »oben« orientieren will, kann sich zum Beispiel mit Menschen in glücklichen Familienverhältnissen umgeben und von diesen auch dann lernen, wenn sie ein geringeres Einkommen haben als man selbst. Ich werde oft gefragt, wie man den für sich besten Coach findet. Meine Antwort: Wenn der Coachee (modernes Wort für Schüler) innerlich wirklich bereit ist, wird der Lehrer kommen. Auch werde ich gefragt, was einen erfolgreichen von einem erfolglosen Schüler unterscheidet. Die Antwort ist einfach: Wenn der Trainer sagt: »Spring an der Wand hoch und berühre mit deinen Fingern die Kante da oben.« Dann fragt der Erfolgreiche: »Wie oft?« Und der Erfolglose: »Warum?«

Die wenigsten Menschen entwickeln sich in allen Lebensbereichen synchron, deshalb müssen wir genau hinschauen, wen wir uns für was als Vorbild, Mentor oder Coach wählen. Viele Erfolgsmenschen sind übrigens sauer, wenn andere sie überholen. Ich frage mich, wie es mir wohl gehen wird, wenn mich mal jemand in meiner Position als Führungsexperte überholen sollte. Der Tag wird kommen. Bis es so weit ist, hoffe ich, das Prinzip des Loslassens immer weiter verinnerlicht zu haben. Die Freude am Wachstum anderer ist hoffentlich größer. Das letzte Mal habe ich dieses Gefühl erlebt, als einer auf meiner Stammposition in der Rollstuhl-Rugby-Nationalmannschaft besser wurde als ich. Es hat ein bisschen gedauert mit der Freude.

Wenn Sie jetzt glauben, ich sei der perfekte Menschenentwickler, dann muss ich Sie leider enttäuschen. Auch in mir wechseln die Rollen des Menschenentwicklers und des Gutmenschen immer wieder ab. Mit zunehmender Erfahrung weiß ich aber immer besser damit umzugehen. Und dann nimmt der Menschenentwickler in mir immer mehr Raum ein. Dennoch, es bleibt ein Kampf. Ein Kampf, den es zu kämpfen lohnt.

Nachwort: Mehr Charakter wagen

Sogenannte Imageberater haben seit einiger Zeit Konjunktur. Wir rufen sie zu Hilfe, um uns besser darzustellen und besser dazustehen. »Wirken« heißt das Zauberwort der verunsicherten Perfektionisten, die immer und überall sicherstellen wollen, dass die anderen sie genau so sehen, wie sie sich selbst am liebsten sehen. Und so lassen wir uns beraten, damit die Krawatte zum Teint passt und das Kostüm zur Frisur. Wir lernen, an welchen Orten wir Urlaub machen sollen und welche Automarke für uns »gar nicht geht«. Wir lesen uns Kenntnisse über Weingüter und Käsesorten an, lernen Golf spielen und Segeln, gehen in die Oper statt zum Open-Air-Konzert, obwohl wir bei Wagner immer einschlafen. Wir richten unser Haus nicht ein, wie es uns gefällt, sondern wie »man« es eben einrichtet, je nachdem, ob wir der »klassische« oder der »avantgardistische« Typ sind. Natürlich entscheiden wir das nicht selbst, der Imageberater erklärt es uns. Und endlich haben wir auch die Armbanduhr, die zu uns passt, auch wenn wir immer von einer anderen geträumt haben. Und weil nicht nur das Aussehen zählt, sondern jedes Wort, das aus unserem Mund kommt, lernen wir in einem Rhetorikseminar, typgerechtes Hochdeutsch zu sprechen.

Rundgelutscht und glattgeschliffen – wer so beschaffen ist, eckt niemals an. Es ist leichter, einen Pudding an die Wand zu nageln, als die Gutmenschen dazu zu bringen, eindeutig Position zu beziehen. Bei allem, was sie sagen und tun, ist die Hintertür ein offenes Scheunentor. Die Alternative zur unverbindlichen Wohlgefälligkeit der Gutmenschen heißt *Charakter*. Das eigentliche Ziel jeder Form von Menschenführung ist deshalb Charakterbildung. Charakter heißt, sich den anderen so zu zeigen, wie man in diesem Moment gerade ist, wissend, dass man nie vollkommen sein kann. Wer den Mut hat, seine eigenen hellen und dunklen Seiten zu erkennen und zu akzeptieren, der kann auch mit der Fehlbarkeit anderer besser leben.

Eine der größten Geißeln der Menschheit ist der Perfektionismus – der Wunsch, ein idealer Mensch zu sein oder einem idealen Menschen zu folgen. Dabei verblendet der Perfektionismus unsere Wahrnehmung und hält uns von unserem eigenen Charakter – unserer inneren Realität – fern. Er zeigt sich unter anderem in dem Bild der »Unverletzbarkeit«, das manche nach außen abzugeben versuchen. Weil wir aber niemals vollkommen sind, sondern immer vor der nächsten Entwicklungsstufe stehen, zerreißt uns die äußerlich demonstrierte Perfektion innerlich. Wir brennen aus. Menschen mit Charakter zeigen nach außen, auf welcher Stufe der Entwicklung sie stehen. Dadurch gewinnen sie ihren unverwechselbaren Charakter, doch gleichzeitig werden sie verletzbarer.

Charaktertestgelände

Vor einiger Zeit habe ich zu diesem Thema einen Vortrag vor 400 Unternehmern im Rheinland gehalten. An einem Punkt fragte ich die Zuhörer: »Was geht in Ihnen vor?« Von den 400 Leuten meldeten sich drei Frauen zu Wort – natürlich Frauen, denn Männer sind oft zu feige, um auf eine solche Frage vor anderen etwas zu sagen. Seinen Standpunkt vor anderen zu überdenken, das wäre ein Zeichen von Schwäche. Eine der drei Frauen sagte: »Ich fühle mich schrecklich demaskiert. Mir ist klargeworden, dass ich alles tue, um gebraucht zu werden.« Darauf antwortete ich ihr: »Sie haben meine höchste Anerkennung. Hier sind 400 Leute im Raum, und in allen geht etwas vor. Sie sprechen aus, was in Ihnen vorgeht. Für alle.« Und dann hat der ganze Saal applaudiert.

Die zwei Sätze dieser Frau waren unendlich viel wert. Diese Führungskraft hat Charakter bewiesen und damit nicht nur meinen Vortrag, sondern die ganze Gruppe bereichert. In solchen Situationen denke ich: Allein dafür hat es sich gelohnt, hierherzukommen.

Charakter zu besitzen heißt, zu zeigen, wer ich bin. Wer ich wirklich bin. Um mich so zu zeigen, wie ich wirklich bin, muss ich etwas ganz Einfaches tun, das gleichzeitig das Schwierigste überhaupt ist – ich muss mich selbst so annehmen, wie ich bin. Wenn ich mich selbst ungeschminkt ansehe und aushalte, kann ich lernen, meine Unvollkommenheit zu lieben. Sich selbst zu lieben bedeutet nicht, ein Idealbild von sich zu zeichnen und dieses Idealbild zu lieben. Das ist keine Selbstliebe, sondern Selbstverliebtheit. Sich selbst zu lieben bedeutet auch nicht, Bedingungen für diese Liebe zu stellen. Etwa: Wenn ich erst reich genug bin, den besseren Job habe, die perfekte Ehefrau, ein großes Haus, tolle Kinder und so weiter, dann kann ich mich auch lieben. Nein, Selbstliebe heißt, sich zu lieben trotz – oder vielleicht sogar wegen – der eigenen Unvollkommenheit. Hier stehe ich und sehe mich selbst mit allen meinen Fehlern und weiß, wie weit der Weg ist, den ich noch vor mir habe. Aber ich finde mich selbst super dabei. Ich stehe zu meinen Fehlern und ich liebe mich selbst. Vielleicht ist ja gerade das Interessante an diesen Worten, dass sie ein schwerstbehinderter Krüppel schreibt.

Doch Vorsicht: Zu seinen Fehlern zu stehen bedeutet nicht, mit vermeintlichen Fehlern zu kokettieren. Auch die Gutmenschen wissen, dass es nicht gut »wirkt«, allzu glatt und perfekt sein zu wollen. Zu dem Bild der Authentizität, das sie gerne abgeben möchten, gehört deshalb auch, sich demonstrativ zu »Fehlern« zu bekennen. »Ach, mit dem Kleinkram kenne ich mich nicht aus«, sagt dann etwa ein Unternehmer, »die Detailarbeit machen meine Assistenten.« Das ist kein offener Umgang mit Fehlern, sondern Eitelkeit pur! Der Kleinkram wird ihn in der Zukunft noch einholen, wenn er die Details von Verträgen nicht millimetergenau durchdacht hat. Das wäre verantwortungslos.

Ich kenne eine Führungskraft, die sofort eine Auszeit geplant und durchgeführt hat, als das sogenannte Sabbatical oder Sabbatjahr zur Mode wurde. Seine mehrmonatige Reise hatte er im Vorfeld generalstabsmäßig geplant. Er überließ nichts dem Zufall. Erst nach der Reise wurden seine wahren Motive deutlich. Überall und ständig erzählte er, wie toll er das Ganze geplant und durchgezogen hatte. Es gab sogar diverse Presseveröffentlichungen zu seinem »Ausstieg«. Seine Auszeit war also kein Eingeständnis einer beruflichen Überforderung. Sie sollte vielmehr bedeuten: Ich bin so großartig, dass ich es schaffe, eine Auszeit zu nehmen und die Geschäfte im Vorfeld so gut zu organisieren, dass sie trotzdem problemlos weiterlaufen. Wir sind alle keine Heiligen. Dennoch: Ein gewisses Bemühen um Selbsterkenntnis sollte jeder vorweisen können. François de La Rochefoucauld bemerkte dazu: »Wir müssten uns unserer guten Taten schämen, wenn die Beweggründe ans Licht kämen.«

> Ungeduld ist ein verheerender Charakterfehler.

Fast schon ein Klassiker ist das Bekenntnis zur »Ungeduld« als persönlicher Fehler. Wenn angehende Führungskräfte im Bewerbungsgespräch die mittlerweile voraussehbare Frage gestellt bekommen, was ihr größter Fehler sei, antworten sie wie aus der Pistole geschossen: Ungeduld. In Wirklichkeit sehen sie das natürlich gar nicht als Fehler, sondern denken, ihre Ungeduld sei ein Beweis ihrer besonderen Dynamik und Entschlussfreude. Deshalb sagen auch Politiker und Konzernlenker in Interviews gerne, sie seien ja so ungeduldig. Ungeduld hat mit Dynamik und Entschlussfreude nicht das Geringste zu tun. Ungeduld ist ein verheerender Charakterfehler. Ungeduld heißt Angst zu haben, etwas nicht zu schaffen. Ungeduld ist ein Merkmal mangelnden Vertrauens in sich selbst und andere. Sie zeigt oft auch mangelnden Ehrgeiz, denn für hohe Ziele braucht man sehr viel Geduld.

Ich würde niemals eine Führungskraft einstellen, die mit stolzgeschwellter Brust von sich behauptet, ungeduldig zu sein. Wirklich ungeduldige Menschen sind zur Führung anderer charakterlich nicht geeignet. Wenn dagegen eine angehende Führungskraft im Bewerbungsgespräch auf die Frage nach ihrem größtem Fehler antworten würde »Ich bekomme immer einen Wutanfall, wenn ein Mitarbeiter eine meiner Entscheidungen kritisiert«, dann wäre ich neugierig auf den Mann oder die Frau. Denn diese Antwort würde Charakter zeigen. Charakter ist der offene Umgang mit der dunklen Seite der eigenen Persönlichkeit.

Ich wünschte mir, mehr Menschen könnten einfach von sich sagen: Ja, ich bin statussüchtig. Ich will das 35-qm-Eckbüro, den S-Klasse-Dienstwagen und die Senator-Karte. Ich will es, weil ich ohne Ende geil darauf bin! Oder: Ja, ich will gebraucht werden. Ich will Menschen helfen, weil es sich so gut anfühlt, und ich genieße es total, wenn Hilfsbedürftige mit Dackelblick zu mir aufschauen. Oder: Ja, ich bin empfindlich. Ich vertrage eigentlich überhaupt keine Kritik. Mit Menschen, die sich zu solchen Dingen offen bekennen, kann der Menschenentwickler arbeiten. Weil sie ihre wirklichen Gründe nennen, beginnen sie, Charakter zu zeigen. Vor allem:

> Ich wünschte, mehr Menschen würden sagen: Ich bin statussüchtig!

Wer so über seine Fehler redet, besitzt Selbstbewusstsein. Und wo sich realistische Erkenntnis der eigenen Person mit Selbstbewusstsein paart, da ist die Chance, Fehler zu transformieren. Dann wird vielleicht aus der Statussucht die Liebe zu Ergebnissen, aus dem Gebraucht-Werden die Haltung des Menschenentwicklers und aus der Empfindlichkeit Vertrauensstärke.

Charakter zu zeigen heißt, sich zu erkennen zu geben. Ja, es kann sogar heißen, sich selbst zu demaskieren. Der Preis, den man für diese Öffnung zahlt, ist die Verletzbarkeit. Im Gegenzug bekommt man Vertrauen. Vertrauen darin, dass die Wahrheit heilt. Und wer wirklich »aufmacht«, kann für andere zum Vorbild werden, wenn auch sicher nicht in allen Bereichen. Aber bei einem Menschen mit Charakter erkenne ich die Schwächen ebenso genau wie die Stärken und kann mich an den Stärken orientieren. Wer dagegen ein Image der Perfektion kultiviert, der glaubt, für alles Vorbild zu sein. Werdet so wie ich, lautet seine Botschaft. Ich mache es richtig! Doch diese Charakterlosigkeit ist eine Sackgasse – für den Betreffenden selbst und für alle, die ihm folgen.

Mutprobenzeit

»Wir wollen mehr Demokratie wagen«, sagte Bundeskanzler Willy Brandt in seiner ersten Regierungserklärung vor dem Deutschen Bundestag im Jahr 1969. Am Ende seiner Rede sagte er: »Wir stehen nicht am Ende unserer Demokratie, wir fangen erst richtig an.« Dafür wurde er zum Teil heftig kritisiert. Die Leute fragten sich: Ist die jetzige Bundesrepublik denn keine Demokratie? Wie viel demokratischer sollen wir denn noch werden? Doch »mehr Demokratie wagen« wurde zum geflügelten Wort, weil Menschen begriffen, welcher Mut des Aufbruchs in dieser Aussage steckte. Es ist oft schwieriger, den zweiten Schritt zu gehen als den ersten. In der »Stunde null«, nach dem Zusammenbruch des Nationalsozialismus, war Deutschland eine Demokratie geworden. Aber nur mit Hilfe von außen, mit Unterstützung der westlichen Siegermächte. Knapp 25 Jahre später, als Willy Brandt Kanzler wurde, war es an der Zeit, diese Demokratie inhaltlich zu gestalten und zum demokratischen System auch eine demokratische Gesinnung zu entwickeln.

Genau wie 1969 die Zeit reif war für mehr Demokratie und Mitbestimmung, so ist jetzt die Zeit reif für mehr Charakter.

Denn genau wie 1968 die Menschen die alten, unnahbaren Autoritäten leid waren und das »preußische« System von nicht hinterfragbarem Befehl und bedingungslosem Gehorsam in Frage stellten, so sind wir heute die unnahbaren Perfektionisten leid, die uns über die Medien ihr von den Beratertrupps designtes Image vermitteln wollen. Nicht, was oder wie wir sind, sondern wie wir nach außen hin erscheinen, zählt. Kein Wunder, dass der Wunsch nach etwas »Echtem« heute immer stärker wird. Die höchste Kunst der Imageberater besteht darum mittlerweile auch darin, uns zu zeigen, wie wir mit all der Inszenierung dennoch »authentisch« wirken – nicht, wie wir authentisch sind. Auch Authentizität lässt sich also vortäuschen. Die Folge: Wir sehnen uns nach Menschen mit Charakter, so wie sich die Jugend 1968 nach sexueller Befreiung und neuen Lebensformen gesehnt hat.

> Die Zeit ist reif für mehr Charakter.

Noch ein anderer ehemaliger deutscher Bundeskanzler kommt mir bei diesem Thema in den Sinn: Helmut Kohl hatte im Mai 1991 die ostdeutsche Chemieregion Bitterfeld besucht und war auf dem Weg zu einem Empfang im Rathaus von Halle. Auf dem Rathausplatz bewarfen ihn Demonstranten plötzlich mit Tomaten und Eiern. Als Kohl an Kopf und Schultern von Eiern getroffen wurde, bekam er einen Wutanfall. Der Hüne schob seine Personenschützer zur Seite, um auf die Eierwerfer loszugehen. Nur ein Absperrgitter verhinderte, dass Kohl die Angreifer krankenhausreif prügelte. Ein halbes Dutzend Personenschützer zerrten den Kanzler schließlich von dem Absperrgitter zurück, um ihn vor den Folgen seiner eigenen Wut zu schützen. Mir wurde Helmut Kohl durch diesen Vorfall sympathischer, und ich weiß, dass es vielen anderen, die damals diese Fernsehbilder gesehen haben, auch so ergangen ist. Auch ein Bundeskanzler ist nicht unverletzbar. Mit seinem Wutausbruch hat Kohl genau das zugegeben und Charakter bewiesen.

Einige Jahre später hat Kohl dagegen viele Sympathien

verspielt, als er sich im Zuge der Spendenaffäre der CDU weigerte, einen Fehler zuzugeben und öffentlich mitzuteilen, wer ihm zwei Millionen Mark zugesteckt hatte. Dadurch verlor er nicht nur den Ehrenvorsitz seiner Partei, sondern auch die Verehrung mancher seiner ehemaligen Bewunderer. Ich wünsche mir, dass Politiker, Top-Manager und andere Persönlichkeiten des öffentlichen Lebens in Zukunft ein Klima vorfinden, in dem sie sich offen zu Fehlern bekennen können, und dass darin ein Zeichen charakterlicher Stärke erkannt wird. Ich wünsche mir auch, dass man jederzeit seine Meinung ändern kann, ohne dass einem danach Inkonsequenz vorgeworfen wird.

Selbst Robert McNamara, der ehemalige Ford-Manager und berüchtigte amerikanische Verteidigungsminister, der den Vietnamkrieg vorantrieb und es während der Kuba-Krise beinahe auf einen Atomkrieg ankommen ließ, hat seine Meinung später geändert. In seinen 1995 erschienenen Memoiren bezeichnete er den Vietnamkrieg als »furchtbaren Irrtum«. Dass die Kuba-Krise glimpflich ausging, sei nicht seinem oder Präsident John F. Kennedys Geschick als Politiker zuzuschreiben, sondern »Glück« und »purer Zufall« gewesen.

In seinen letzten Lebensjahren setzte sich McNamara für bedingungslose atomare Abrüstung ein. Schon Unfälle mit atomaren Gefechtsköpfen seien so gefährlich, dass eine weitere Nutzung zu riskant sei, meinte der ehemalige Verfechter atomarer Aufrüstung.

Er hatte seine Meinung geändert.

Als McNamara bei einer Gedenkveranstaltung am Washingtoner Mahnmal für die Gefallenen des von ihm maßgeblich verantworteten Vietnamkriegs sprechen sollte, stockte ihm die Stimme und er brachte keinen Ton heraus. So schwieg Robert McNamara und zeigte gleichzeitig Charakter. Er hatte seine Meinung geändert, weil er sich weiterentwickelt hatte.

Konsequent zu sein heißt, seine Meinung zu ändern, wenn es neue Erkenntnisse gibt, die eine neue Bewertung der Situation verlangen. Eine neue Erkenntnis zu unserer Gesellschaft könnte heute lauten: Gutmenschen sind keine guten Menschen, und Weltverbesserer schaffen es nicht, die Welt zu verbessern. Ihre Mahnungen und Appelle verhallen bestenfalls ungehört. Ihr Aktionismus verläuft im günstigsten Fall im Sande. Schlimmstenfalls schaffen sie noch mehr Unrecht und noch mehr Unterdrückung. Nur wer anderen nichts vorwirft und sie nicht mit vorgefertigten Urteilen bevormundet, gibt ihnen Gelegenheit, sich selbst ein Urteil zu bilden und sich selbst so weit wie möglich zu helfen. Wir brauchen eine starke Gemeinschaft aus starken Individuen, die bereit sind, Verantwortung zu übernehmen und sich konstruktiv mit anderen auseinanderzusetzen. Darum müssen wir alle mehr Charakter wagen.

Deshalb sage ich allen Populisten, Gutmenschen und Weltverbesserern, allen Altruisten, Supermuttis und Kuschelvätern, allen Pausenbrotschmierern und Teechenkochern: Schluss mit den guten Gefühlen auf Kosten der Schwachen! Helft endlich den Schwachen, sich selbst helfen zu können, damit sie aus der Abhängigkeit von euch Egoisten herauskommen. Damit sie ihr Leben in die Hand nehmen können und nicht mehr Dienstleister für euer moralisches Wohlgefühl sein müssen. Wie das geht? Indem ihr selbst stark werdet. Und zwar ab jetzt, aus euch selbst heraus und nicht mehr auf Kosten anderer. Es ist in Ordnung, wenn ihr gebraucht werden wollt. Es ist in Ordnung, wenn ihr geliebt werden wollt. Es ist in Ordnung, wenn ihr Einfluss und Karriere wollt. Aber wenn ihr das wollt, dann dient gefälligst der Entwicklung anderer! Der wirklich Starke macht andere stark, das ist sein hervorstechender Charakterzug.

Danksagung

Stellvertretend für alle Menschenentwickler, denen ich begegnet bin und von denen ich lernen durfte, sei an dieser Stelle Dr. Horst Strohkendl genannt. Bis zu seiner Pensionierung war er Dozent an der Heilpädagogischen Fakultät zu Köln. Ich kenne keinen anderen Menschen, dessen Herz so selbstlos für die Entwicklung anderer schlägt. Seine Mission ist es, behinderte Menschen in ein selbstbestimmtes Leben zu führen. Er verfolgt dieses Ziel im Bereich des Behindertensports, wobei seine Leidenschaft zuerst dem Rollstuhl-Basketball galt, später dann dem Rollstuhl-Rugby.

Dabei ist sein Engagement nicht durch eine eigene Lebenserfahrung oder durch sein persönliches Umfeld motiviert. Er folgt einfach seiner Berufung. Ich durfte viele Jahre an seiner Seite verbringen und lernen, was es heißt, sich einer Sache mit ganzem Herzen zu verpflichten. Wie viele Widerstände er auch aus dem Weg zu räumen hatte, um seine Ziele zu erreichen, nie hat er sich aufhalten lassen. Außerdem bewundere ich seinen permanent hohen Antrieb. Große Motivationslöcher kennt er nicht. Er dient einer Sache, die größer ist als er selbst, und das erfüllt ihn.

Diese Lebensleistung ist der Welt nicht verborgen geblieben. Durch die Ergebnisse seiner Arbeit ist er ein weltweit gefragter und beachteter Experte auf seinem Gebiet geworden. Manche nennen ihn liebevoll »Rollstuhlpapst«. Lieber Horst, ich verneige mich vor dir und deinem Lebenswerk.

ANTWORTEN ZUR MENSCHENFÜHRUNG

»Der Menschenentwickler. Ein Stehaufmann, der seinesgleichen sucht. So gesehen, darf Boris Grundl als eine Art Mutter - in seinem Fall natürlich eher Vater - aller Mutmacher bezeichnet werden.«
SÜDDEUTSCHE ZEITUNG

»Boris Grundl ist einer der gefragtesten Managementtrainer Deutschlands.«
ARD

»Wir machen mit der systematischen Menschenentwicklung dort weiter, wo die meisten Managementlehren aufhören.«
BORIS GRUNDL

Richard Kohler Weg 8   D-78647 Trossingen
info@grundl-akademie.de   www.grundl-akademie.de
Fon: +49 7425 / 3282 - 62   Fax: +49 7425 / 3282 - 60

Grundl.
leadership
akademie

Ein Buch über das, worauf es im Leben ankommt

Boris Grundl · **Steh auf!**
Bekenntnisse eines Optimisten
232 Seiten, Hardcover mit Schutzumschlag
€ [D] 19,90 · € [A] 20,50
ISBN 978-3-430-20041-7

Wie man Krisen in Chancen verwandelt, wie man Stärke und Größe entwickelt, obwohl man am Tiefpunkt ist, wie man sich selbst führt, sich überwindet und am Ende erfolgreich ist – Boris Grundl nimmt Sie mit auf seine Reise nach innen. Sie beginnt an dem Tag, an dem er sich den Hals bricht.

»Ein Stehaufmann, der seinesgleichen sucht«
Süddeutsche Zeitung

»Grundl schreibt eingängig und lehrreich,
die gekonnte Dramaturgie treibt den Leser durch den Stoff.«
Financial Times Deutschland

Hart aber fair – die wirksamsten Verhandlungsstrategien

Matthias Schranner · **Teure Fehler**
Die 7 größten Irrtümer in schwierigen Verhandlungen
208 Seiten mit s/w-Abbildungen, Klappenbroschur
€ [D] 18,00 · € [A] 18,50
ISBN 978-3-430-20075-2

Verhandeln ist eine Kunst! Ohne strategische Vorbereitung sind gravierende Verhandlungsfehler vorprogrammiert. Und die können Sie teuer zu stehen kommen. Niemand weiß mehr über diese Fehler als Matthias Schranner, Deutschlands führender Verhandlungsprofi. Anhand vieler Beispiele und Tipps zeigt Schranner, wie Sie diese folgenschweren Fehler vermeiden und zum erfolgreichen Verhandlungsführer werden.

»Eine super Vorbereitung auf jede Verhandlung – für Einsteiger wie für Profis«
Hamburger Abendblatt

»Dieses Buch hilft, die richtigen Entscheidungen zu treffen«

New York Times

Richard H. Thaler
Cass R. Sunstein

Wie man kluge
Entscheidungen anstößt

Econ

Richard H. Thaler / Cass R. Sunstein · **Nudge**
Wie man kluge Entscheidungen anstößt
388 Seiten · Gebunden mit Schutzumschlag
€ [D] 22,90 · € [A] 23,60
ISBN 978-3-430-20081-3

Nudge – so heißt die Formel, mit der man andere dazu bewegt, die richtigen Entscheidungen zu treffen. Denn Menschen verhalten sich von Natur aus nicht rational. Nur mit einer Portion List können sie dazu gebracht werden, vernünftig zu handeln. Aber wie schafft man das, ohne sie zu bevormunden? Wie erreicht man zum Beispiel, dass sie sich um ihre Altervorsorge kümmern, umweltbewusst leben oder sich gesund ernähren? Darauf gibt Nudge die Antwort.

Econ